필리핀어
회화 사전

DIKSYUNARYO PARA SA
USAPANG - FILIPINO

필리핀어 회화 사전

초판 3쇄 인쇄 2019년 10월 29일
초판 3쇄 발행 2019년 11월 4일

지은이 이기선

발행인 서덕일
펴낸곳 문예림
주소 경기도 파주시 회동길 366 (10881)
전화 (02)499-1281~2
팩스 (02)499-1283
E-mail info@bookmoon.co.kr

출판등록 1962.7.12 (제406-1962-1호)
ISBN 978-89-7482-829-5 (13790)

DIKSYUNARYO
PARA SA
USAPANG-FILIPINO

필리핀어 회화 사전

이기선 지음

문예림

머리말

2012년 12월을 기해서 드디어 연간 한국인의 필리핀 방문자가 100만을 넘어 섰다. 하루 평균 3천 명이라는 어마어마한 숫자의 한국인들이 필리핀을 방문하고 있다는 뜻이다.

필리핀은 7000여 개의 섬으로 이루어져 있고, 겨울이 없는 열대 나라이다. 더욱이 필리핀은 동남아 열대 국가들 중 에서 비행기로 3시간 반 정도면 도착할 수 있는 가장 가까운 나라이다. 거기에 영어가 공용어라 필리핀은 우리에게 해외 여행지로서 최고의 조건을 갖추었다고 해도 과언이 아니다.

단기간의 단순한 관광여행이라면 어느 나라나 마찬가지로 세계 공용어인 영어 하나만으로 의사소통이 가능하다. 관광여행 중에 만나는 사람들은 대부분 관광업에 관련된 사람들이라 기본적인 영어를 구사할 수 있기 때문이다. 더구나 필리핀은 영어가 공용어라 더 쉽게 영어로 의사소통을 할 수 있다.

그러나 필리핀에 장기간 체류한다면 체류 목적에 상관없이 필리핀어(따갈로그어)를 알아야 한다. 그들도 우리와 마찬가지로 영어는 외국어이다. 우리가 우리끼리는 한국말 하듯이 그들도 그들끼리는 그들의 고유어로 대화하는 것이 당연하지 않겠는가? 그들의 고유어를 모른다면 당신은 언제까지나 이방인의 한 사람으로서 취급될 것이고, 이방인으로서의 심리적 부담을 갖고 하루하루를 보내게 될 것이다.

이제 한국인도 어느 정도 해외여행에 익숙해져서 타국에서 한국인으로서의 품위와 예의 지키기가 예전보다는 많이 향상되었다는 느낌이다. 여기에 더하여 영어가 아닌 그들의 고유어로 의사소통을 하게 된다면 우리의 위상은 한층 더 높아질 것이다. 다른 나라의 고유어를 습득한다는 것은 그 나라의 모든 것을 이해하고, 존중하고, 애정을 갖고 있다는 의미이기도 하니까...

필리핀에서 무엇인가 이루고자 한다면, 영어에 병행하여 필리핀어(따갈로그어)에도 동등한 노력을 기울여 그들의 내면에 깊이 감추어져 있는 귀중한 보석들을 찾게 되기를 기원한다. 이것이 국위선양이고, 애국이고, 진정한 선진국 구현의 초석이라는 것을 잊지 말자.

본 교재는 필리핀 생활에서 분야별로 유용하게 활용할 수 있는 회화용 문장들을 발췌하여 수록하였으니 따갈로그어 향상과 더불어 필리핀 생활에 많은 보탬이 되기를 기원한다.

2015년 4월, 필리핀 바탕가스 주에서

이기선

목차

❖ 따갈로그어 철자 및 읽기

A. 철자

철자	읽기	철자	읽기
A a	아	N n	나
B b	바	NG ng	ㅇ아
K k	까	O o	오
D d	다	P p	빠
E e	에	R r	라
G g	가	S s	사
H h	하	T t	따
I i	이	U u	우
L l	라	W w	와
M m	마	Y y	야

※ 따갈로그어 철자는 20(자음;15, 모음;5)자로 구성되어 있다.

B. 모음: A[아], E[에], I[이], O[오], U[우]

* 복모음; ay[아이], aw[아우], uy[우이], oy[오이], ey[에이], iw[이우]

baboy[바-보이] -- 돼지 kilay[끼-ㄹ라이] -- 눈섭

C. 자음: B, K, D, G, H, L, M, N, NG, P, R, S, T, W, Y

1) 발음: K, P, NG, T를 제외하고 영어의 자음 알파벳과 같다.

2) K는 'ㄲ'에 가깝게, P는 'ㅃ'에 가깝게, T는 'ㄸ'에 가깝게 발음한다.

kaibigan[까이비-간] -- 친구 pulís[뿔리스] -- 경찰

tayo[따 -요] -- 우리(복수 1인칭] pagkain[빡까-인] -- 음식

3) NG

a) 뒤의 모음과 결합하면 鼻音(비음)이 가미된 [ㅇ] 으로 발음한다.

nga[ㅇ아], nge[ㅇ에], ngi[ㅇ이], ngo[ㅇ오], ngu[ㅇ우]

ngipin[ㅇ이-삔] -- 치아 ngunit[ㅇ우-닛] -- 그러나

b) 단독으로 사용되면 [낭]으로 발음된다.

lapis ng gurò[라-삐스 낭 구-로']; 선생님의 연필

c)앞의 모음과 결합하면 [ㅇ]으로 발음된다.

ang[앙] -- 주격관사 sayang[사-양] -- 안 됐군요!

4)d는 다음에 따라오는 철자가 iy(또는 y)인 경우 'ㅈ'으로 발음한다.

diyés[지예스] -- 10 radyo[라-죠] -- 라디오

diyán[지얀] -- 거기 Diyós[지요스] --- 신, 하느님

D. 악센트

1)악센트 표시가 없는 2음절 이상의 단어

* 단어의 끝에서 두 번째 음절을 강하고 길게 발음한다.
* 악센트 종류 중 가장 많은 단어가 여기에 해당된다.

lalaki[랄라-끼] -- 남자 babae[바바-에] -- 여자

2)마지막 음절의 일반 악센트; (΄)

* 강하지만 길지 않게 발음한다.
* "1)"의 악센트와 거의 유사할 정도로 많은 단어의 악센트 유형이다.

anák[아낙] -- 자녀 amá[아마] -- 아버지

3)마지막 둘째 음절 장모음 및 마지막 음절 성문폐쇄 복합 악센트; (`)

* 단어의 끝에서 두 번째 음절은 강하고 길게 발음하고, 마지막 음절은 강하게 발음하면서 기관지 구멍을 빨리 닫아 발음을 짧게 끊는다.

lawà[라-와'] -- 호수 punò[뿌-노'] --- 나무

4)마지막 음절 성문폐쇄 악센트; (^)

* 마지막 음절에서 기관지 구멍을 빨리 닫아 모음을 짧게 끊어 발음한다,

basâ[바사'] -- 젖은 sampû[삼뿌'] -- 10

5)세음절 이상의 단어에서 마지막 음절이 아닌 위치에 표시된 일반 악센트는 1)항과 같이 강하고 길게 발음하고 마지막 음절의 악센트는 2)항과 같이 발음한다.

diyánitór[지얘-니또르] -- 수위 kaáalís[까아-알리스] -- 막 출발했다

6)성문폐쇄 악센트(^)와 성문폐쇄 복합 악센트(`)는 연결어(~ng)가 사용되면 아래의 예처럼 변한다.

lawà → lawang malakí[라-왕 말라끼]: 큰 호수

1)과 같은 악센트가 된다.

punò → punong mataás[뿌-농 미따아스]: 키가 큰 나무

1)과 같은 악센트가 된다.

basâ → basáng damít[바상 다밑]: 젖은 옷

2)와 같은 악센트가 된다.

sampû → sampúng piso[삼뿡 삐-소]: 10 페소

2)와 같은 악센트가 된다.

◆ 따갈로그어 문법 요약

A. 인칭대명사와 지시대명사

1) 인칭대명사(단수)

구분		1인칭	2인칭	3인칭
주격		akó[아꼬]:나	ikáw/ka[이까우/까]:너	siyá[시야]:그이
소유격(~의)	전부수식	akin[아-낀] :나의	iyó[이요]:너의	kanyá[깐야]:그의
	후부수식	ko[꼬]	mo[모]	niyá[니야]
조격(~에 의해)		ko: 나에 의해	mo: 너에 의해	niyá: 그에 의해
목적격(간접)	sa[사](~에게)	sa akin:나에게	sa iyó:너에게	sa kanyá;그에게
	para sa[빠-라사](~를 위해)	para sa akin :나를 위해	para sa iyó:너를 위해	para sa kanyá:그를 위해

☞'전부수식'은 소유격 인칭대명사가 단어 앞에서, 후부수식'은 단어 뒤에서 수식하는 경우이다.

Ang aking bahay(=Ang bahay ko) ay malakí.(나의 집은 크다.)

[앙 아-낑 바-하이(=앙 바-하이 꼬) 아이 말라끼]

☞ Ikáw는 1형식 문장(주어+서술어)에서, ka는 2형식 문장(서술어+주어)에서 사용한다.

Ikáw ay estudyante.[이까우 아이 에스뚜쟈-ㄴ떼]: 너는 학생이다.

Estudyante.[에스뚜쟈-ㄴ떼]: 너는 학생이다.

☞ siyá는 남성, 여성(he, she) 모두에게 사용한다.

☞ siyá와 niyá의 회화발음은 [샤], [냐]로 들리니 유의할 것.

2)인칭대명사(복수)

구분		1인칭		2인칭	3인칭
주격		tayo[따-요] : 우리	kamí[까미] : 우리	kayó[까요] : 너희들	silá[실라] : 그들
소유격	전부수식	atin[아-띤] : 우리의	amin[아-민] : 우리의	inyó[인요] : 너희들의	kanilá[까닐라] : 그들의
	후부수식	natin[나-띤]	namin[나-민]	ninyó[닌요]	nilá[닐라]
조격		natin : 우리에 의해	namin : 우리에 의해	ninyó : 너희들에 의해	nilá : 그들에 의해
목적격 (간접)	sa	sa atin : 우리에게	sa amin : 우리에게	sa inyó : 너희들에게	sa kanilá : 그들에게
	para sa	para sa atin : 우리를 위해	para sa amin : 우리를 위해	para sa inyó : 너희들을 위해	para sa kanilá : 그들을 위해

☞ kamí는 대화를 듣고 있는 상대를 제외(나와 제 3자), tayo는 대화를 듣고 있는 상대까지 포함(나, 너, 제 3자).

Ikáw ay si John.[이카우 아이 시 존] ; 너는 존이다.

Bago ang aming kotse.(=Bago ang kotse namin.) ; 우리 차는 새 것이다.

[바-고 앙 아-밍 꼬-체(=바-고 앙 꼬-체 나-민)]

☞ kayó는 2인칭 복수와 2인칭 단수에 대한 존칭(당신, 귀하 등)의 의미를 동시에 가지고 있다.

☞ 사람이름의 소유격 표시는 이름 앞에 ni(복수 : nina)를 사용하고 보통명사는 ng(복수 : ng mga)를 사용한다.

Lapis ni Jose[라-피스 니 호세] : 호세의 연필

Ang aklát ng gurò[앙 아끌랕 낭 구-로'] ; 선생님의 책

3) 지시대명사(itó[이또], iyán[이얀], iyón[이욘])와 파생어

구분	소유(~의)	장소	위치/방향 (~에)	비유(~처럼,~와 같이)	보이는 대상물의 위치/방향(~에)
itó/이것	nitó [니또]	dito[디-또] /여기	nárító [나-리또]	ganitó [가니또]	eto[에-또] (heto[헤-또])
iyán/그것	niyán [니얀]	diyán[지얀] /거기	náriyán [나-리얀]	ganyán [간얀]	ayán[아얀] (hayán[하얀])
iyón/저것	niyón [니욘]	doón[도온]/저기	nároón [나-로온]	ganoón [가노온] (ganón[가논])	ayún[아윤] (hayún[하윤])

☞ iyán[이얀]과 iyón[이욘]은 회화에서 yan[얀], yon[욘]으로 자주 사용된다.

Itó ay si Tom.[이또 아이 시 톰]; 이 사람은 톰이다.

Doón tayó pumuntá.[도온 따-요 뿌문따]; 저기로 가자.

Náritó ang bahay ko.[나-리또 앙 바-하이 꼬]; 나의 집은 여기에 있다.

B. 관사 및 연결어

1)관사

a) si(복수 sina): 사람 이름 앞에서만 사용(인칭관사).

b) ang(복수 ang mga): 보통명사가 주격일 때 사용(주격관사).

2)연결어

a) ay: 1형식 문장에서 주어와 서술어를 연결해 주는 기능 외에 다른 의미는 없다.(2형식 문장에서는 없어진다.)

Akó ay pulís.[아꼬 아이 뿔리스]:나는 경찰이다.-- 1형식

Pulís akó.[뿔리스 아꼬]:나는 경찰이다.------- 2형식

*필리핀어는 2형식이 기본문장이고, 1형식은 도치된 문장으로서 공식적인 문장(서류, 연설문 등)에 주로 이용한다.

*형식 문장에서 주어인 대명사(kamí 제외)의 마지막 철자가 모음인 경우, ay를 'y로 줄여서 쓰기도 한다.

Akó'y pulís.[아꼬이 뿔리스]: 나는 경찰이다.

Silá'y mga estudyante.[실라이 망아 에스뚜쟈-ㄴ떼]: 그들은 학생들이다.

b) na/~ng: 명사와 명사, 명사와 형용사, 형용사와 명사, 명사와 대명사, 대명사와 형용사등의 사이에 두어 서로 수식하는 관계를 나타낸다.

① na는 앞의 단어가 'n'을 제외한 자음으로 끝난 경우

bahay na malakí[바-하이 나 말라끼]:큰 집

② ~ng은 모음으로 끝난 단어의 접미사로 붙여서 사용.

magandáng babae[마간당 바바-에]:아름다운 여자

③ n으로 끝난 단어는 n대신 ng를 붙인다.

uláng malakás[울랑 말라까스]:세차게 내리는 비

*수식관계의 두 단어는 위치가 바뀌어도 의미는 동일하다.

uláng malakás=malakás na ulán[말라까스 나 울란]

④ 단어와 문장을 연결시키는 관계대명사의 기능을 수행한다.

aklát na ang balát ay makapál[아끌랃 나 앙 발랃 아이 마까빨]

;표지가 두꺼운 책

C.동사의 활용

필리핀어 동사는 명사 또는 형용사의 어근에 여러 가지 접사를 붙여서 능동형 의미와 수동형 의미를 비롯하여 여러 가지 의미를 표현하는 동사로 변형시켜 활용한다.

접사의 종류에 따라 활용하는 방법(부정사, 명령, 과거, 현재, 미래)도 다르다.

접사의 종류는 크게 능동형 접사와 수동형 접사로 구분한다.

아래에 열거한 접사별 동사의 종류는 극히 일부임을 참고 바란다.

* 능동사용 접사 : um[움], mag[막], ma[마], maka[마까], mang[망] 등이며, 행위자 중심의 문장을 구성한다.
* 수동사용 접사 : in(hin)[인/힌], ma[마], paki[빠끼], i[이], an(han)[안/한], pa-in(hin)[빠~인/힌] 등이며 행위대상중심, 방향중심 등으로 구분된다.

1)UM동사(예): 행위자 중심 능동사

어근	부정사	명령/과거	현재(진행)	미래	뜻
awit[아-윌]	umawit	umawit	umááwit	ááwit	노래하다
bilí[빌리]	bumilí	bumilí	bumíbilí	bíbilí	사다

Umááwit ang mga batà sa páaralán.

[움아-아-윌 앙 망아 바-따' 사 빠-아랄란]

아이들이 학교에서 노래를 부르고 있습니다.(현재진행)

Bumilí akó ng isáng kuwaderno.

[부밀리 아꼬 낭 이상 꾸와데-르노]

나는 공책을 한 권 샀다.(과거)

2)MAG동사(예): 행위자 중심 능동사

어근	부정사/명령	과거	현재(진행)	미래	뜻
bayad [바-야드]	magbayad	nagbayad	nagbábáyad	magbábáyad	지불하다
linis [리-니스]	maglinis	naglinis	naglílínis	maglílínis	청소하다

Nagbayad siyá kahapon.

[낙바-얀 시야 까하-뽄]

그는 어제 지불했습니다.

Maglílínis ka ba ng silíd mo sa Linggó?

[막리-리-니스 까 바 낭 실릳 모 사 링고]
너는 이번 일요일에 너의 방을 청소하느냐?(미래)

* ng의 용법
  - 능동태 문장에서 보통명사의 목적격(위 예문 참조)
  - 보통명사의 소유격:
    kotse ng gurò[꼬-체 낭 구-로']; 선생님의 자동차
  - 수동태 문장에서 보통명사의 조격
    Kinain ng aso ang isdâ.
    [끼나-인 낭 아-소 앙 이스다']
    그 생선은 개에게(개에 의해) 먹혔다.

3) MA동사(예): 행위자 중심 능동사

어근	부정사/명령	과거	현재(진행)	미래	뜻
hulog [후-ㄹ로그]	mahulog	nahulog	nahúhúlog	mahúhúlog	떨어지다
takot [따-꼳]	matakot	natakot	natátákot	matátákot	두려워하다

Nahulog siyá mulâ sa bubóng.
[나후-ㄹ록 시야 물라' 사 부봉]
그는 지붕에서 떨어졌다.(과거)
Huwág kang matakot.
[후왁 깡 마따-꼳]
두려워하지 마라.(명령)

4) IN/HIN동사(예): 행위 대상 중심 수동사

어근	부정사/명령	과거	현재(진행)	미래	뜻
kain[까-인]	kainin	kinain	kinákáin	kákaínin	먹히다
hatì[하-띠']	hatiin	hinatì	hináhatì	háhatíin	반으로 나누어지다

Kákaínin ni Tom ang isdâ.
[까-까이-닌 니 톰 앙 이스다']
생선은 톰에 의해 먹힐 것이다.→톰은 생선을 먹을 것이다.(미래)
Hatiin mo itó.
[하띠-인 모 이또]

이것을 반으로 나누어라.(명령)

*필리핀인은 일상회화에서 수동태문장을 선호한다. 따라서 우리는 수동형문장이라도 능동형 의미로 받아들여야 한다.

*수동태문장에서 행위자가 사람이름일 경우 ni, 기타 명사일 경우는 ng을 앞에 둔다.

5) AN/HAN동사(예): 방향중심 수동사

어근	부정사/명령	과거	현재(진행)	미래	뜻
anyaya [안야-야]	anyayahan	inanyayahan	ináanyayáhan	áanyayáhan	초대받다
bukás [부까스]	buksán	binuksán	binúbuksán	búbuksán	열리다

Anyayahan mo si Juan sa salu-salo.

[안야야-한 모 시 후안 사 사-ㄹ루 사-ㄹ로]

너에 의해 후안이 파티에 초대받도록 해라.→후안을 파티에 초대해라.(명령)

Buksán mo ang bintanà.

[북산 모 앙 빈따-나']

너에 의해 창문이 열려라.→창문을 열어라.(명령)

D. 의문문

1) 일반 의문문: 의문조사 ba를 사용하는 의문문(문장 끝에서 억양을 올림.)

a) 1형식 문장; 주어 다음에 ba를 사용.

Silá ba áalís na?

[실라 바 아-알리스 나?]

그들은 지금 떠납니까?

b) 2형식 문장: 서술어 다음에 ba를 사용

Kákáin ba akó?

[까-까-인 바 아꼬]

먹어도 될까요?

*8개 단음절 단어(ka, ko, mo, na, pa, din, daw, pô)는 특별히 지정된 단어의 수식어가 아니면 문장형식에 상관없이 ba의 앞에 둔다.

Kumain ka na ba?

[꾸마-인 까 나 바?]

식사 했느냐?

2)의문사 의문문: 의문사를 사용하는 의문문(일반적으로 ba를 사용하지 않으나 격식을 차리거나 강조의 의미로 사용하기도 하며, 문장 끝에서 억양을 내림.)

의문사	뜻	예문
Sino[시-노]	누구?	Sino pô ba kayó? [시-노 뽀' 바 까요?] 당신은 누구십니까?
Anó[아노]	무엇?	Anó pô ang pangalan ninyó? [아노 뽀' 앙 빵아-ㄹ란 닌요?] 당신의 존함은 무엇입니까?
Alín[알린]	어느 것?	Alín pô ang inyóng gustó? [알린 뽀' 앙 인용 구스또?] 당신이 좋아하는 것은 어느 것입니까?
Kanino[까니-노]	누구의?	Kaninong bahay na iyán? [까니-농 바-하이 나 이얀?] 그것은 누구의 집이냐?
	누구에게 ?	Kanino ipinadalá mo ang pera? [까니-노 이삐나달라 모 앙 뻬-라?] 너는 누구에게 돈을 보냈느냐?
Kung kanino [꿍 까니-노]	누구와?	Kung kanino ba siyá sumama? [꿍 까니-노 바 시야 수마-마?] 그는 누구와 함께 갔느냐?
Para kanino [빠-라 까니-노]	누구를 위해?	Para kanino pô ba iyán? [빠-라 까니-노 뽀' 바 이얀?] 그것은 누구를 위한 것입니까?
Ilán[일란]	몇… ?	Ilán pô ang anák ninyó? [일란 뽀' 앙 아낙 닌요?] 당신의 아이는 몇 명입니까?
Kailán[까일란]	언제?	Kailán kayó dumatíng sa Pilipinas? [까일란 까요 두마띵 사 삘리삐-나스?] 당신은 언제 필리핀에 도착했습니까?
Násaán[나-사안]	어디?	Násaán na siyá? [나-사안 나 시야?] 그는 지금 어디에 있느냐?
Saán[사안]	어디로?	Saán pumuntá siyá? [사안 뿌문따 시야?] 그는 어디로 갔느냐?
Magkano[막까-노]	(가격)얼마?	Magkano pô ang aklát na itó? [막까-노 뽀' 앙 아끌랕 나 이또?] 이 책은 얼마입니까?
Paano[빠아-노]	어떻게?	Paano ka púpuntá doón? [빠아-노 까 뿌-뿐따 도온?] 너는 거기에 어떻게 가느냐?

Bakit[바-낃]	왜?	Bakit siyá nagágálit? [바-낃 시야 나가-가-릳?] 왜 그는 화를 내느냐?
Gaano[가아-노]	얼마나?	Gaano kalayò ang bahay ninyó? [가아-노 깔라-요' 앙 바-하이 닌요] 당신의 집은 얼마나 멉니까?

*pô는 존칭으로서 경어를 써야 할 상대(연장자, 손님 등)에게 쓴다. 친구나 나이가 아래인 상대에게는 사용하지 않는다. 영어의 sir 또는 madam에 해당된다.

3)간접 의문문: 종속접속사 kung[꿍](~인지, ~하는지)을 사용한다.

Dî ko alám kung siyá ay estudyante.

[디' 꼬 알람 꿍 시야 아이 에스뚜쟈-ㄴ떼]

나는 그가 학생인지 모른다.

* dî는 hindî의 약어.

Sabihin mo kung anó ang gustó mo.

[사비-힌 모 꿍 아노 앙 구스또 모]

네가 무엇을 좋아하는지 말해라.

Ewan ko kung sino ang sino.

[에-완 꼬 꿍 시-노 앙 시-노]

나는 누가 누구인지 모른다.

E. 긍정과 부정

1)상대의 질문에 대해 "예" 라고 하는 표현은 Oo[오-오]이며, 경어체는 Opò[오-뽀'](Yes, sir) 또는 Oh[오-호']이다.

Oo, si Smith akó.

[오-오 시 스미쓰 아꼬]

예, 나는 스미쓰입니다.

2)"아니오"라고 하는 표현은 hindî[힌디']이며, 경어체는 hindî pô[힌디' 뽀']이다.

Hindî magandá ang babae.

[힌디' 마간다 앙 바바-에]

그 여자는 아름답지 않습니다.

F. 접속사: at, o, ngunit 등

1) at[앝]: 그리고, ~와

gabí at araw[가비 앝 아-라우]: 밤과 낮

앞의 단어가 모음으로 끝나면 at를 't로 줄여서 사용한다.

gabí't araw[가빝 아-라우]: 밤과 낮

ikáw at akó[이까우 앝 아꼬]:너와 나

2) o[오]: 또는, ~아니면

Gustó kong lumakad o lumangóy.

[구스또 꽁 루마-깓 오 루망오이]

나는 걷거나 수영하기를 좋아합니다.

ikáw o akó[이까우 오 아꼬]: 너 아니면 나

3) nguni't[ㅇ우-닡], pero[뻬-로]:그러나

Ang kutsilyo ay malakí nguni't magaán.

[앙 꾸치-ㄹ료 아이 말라끼 ㅇ우-닡 마가안]

그 칼은 크지만 가볍다.

Siyá ay mayaman pero waláng anák.

[시야 아이 마야-만 뻬-로 왈랑 아낙]

그는 부자이지만 자녀가 없다.

* 회화체에서는 pero를 주로 사용한다.

G. 전치사

따갈로그어는 일부를 제외하고 sa 하나로 장소, 방향 등을 나타내는 대부분의 전치사적 표현(~로, ~부터, ~안에, ~안으로, ~곁에, ~위에, ~에서, ~를 통해)이 가능하다.

Umawit kamí sa silíd-aralán.

[움아-윝 까미 사 실릳 아랄란]

우리는 교실에서 노래하였다.

Pumuntá siyá sa Seoul kahapon.

[뿌문따 시야 사 서울 까하-뽄]

그들은 어제 서울로 갔다.

Ang mga mansanas sa mesa ay sariwà.

[앙 망아 만사-나스 사 메-사 아이 사리-와']

테이블 위에 있는 사과들은 신선하다.

H. 중요 전치사구

dahil sa ~[다-힐 사]: ~ 때문에

tungkól sa ~[뚱꼴 사]: ~에 대하여

bukód sa ~[부꼳 사]: ~에 추가하여

mulâ sa ~[물라' 사]: ~로 부터

hanggáng sa ~[항강 사]: ~ 까지

para sa ~[빠-라 사]: ~를 위해

liban sa ~[리-반 사]: ~를 제외하고

alinsunod sa ~[알린수-놛 사]: ~에 따라, ~에 부응하여

alang-alang sa ~[아-ㄹ랑 아-ㄹ랑 사]: ~를 위해, ~를 대신하여, ~를 고려하여

sa pamamagitan ng ~[사 빠마마기-딴 낭]: ~를 이용하여, ~에 의해

sa halíp ng ~[사 할맆 낭]: ~ 대신

*따라 오는 명사가 보통명사일 경우에는 sa와 ng이지만 고유명사(사람 이름)일 경우에는 sa는 kay[까이], ng은 ni[니]로 바뀐다.

Bukód sa pera ay kailangan din ang maraming oras.
[부꼳 사 뻬-라 아이 까일라-ㅇ안 딘 앙 마라-밍 오-라스]
돈에 추가하여 많은 시간도 역시 필요하다.

Namatáy si Jesus sa krus alang-alang sa atin.
[나마따이 시 헤-수스 사 끄루스 아-ㄹ랑 아-ㄹ랑 사 아-띤]
예수는 우리를 대신해서 십자가에서 죽으셨다.

Sa halíp ng Inglés gustó kong mátutuhan ang Tagalog.
[사 할맆 낭 잉글레스 구스또 꽁 마-뚜뚜한 앙 따가-ㄹ록]
영어대신 따갈로그어를 배우고 싶다.

I. 형용사

1)일부를 제외하고 대부분의 형용사는 어근인 명사에 여러 가지 접사를 붙여서 형용사적 의미의 단어로 사용한다.

* 형용사 접사 종류; ma, an/han, ka, maka, pang, nápaka...... 등

a) MA 형용사; 가장 대표적인 형용사용 접두사

magandá[마간다]; 아름다운(ma+gandá)

b) AN/HAN 형용사; 크기, 정도, 풍부함을 의미하는 접미사

uluhan[울루-한];머리가 큰(ulo+han)

c) IN/HIN 형용사; 쉽게 받아 들이는 모양을 의미하는 접미사

sipunin[시뿌-닌]; 감기 잘 걸리는(sipon+in)

* MA형용사는 어근의 첫음절을 반복하면 복수를 의미하는 형용사가 된다.

magagandá[마가간다]: (다수가)아름다운

2) 원급, 비교급, 최상급

a) 원급에 의한 비교(kasíng+형용사 어근; ~처럼 ~하다)

Si Mary ay kasínggandá ni Kelly.

[시 메리 아이 까싱간다 니 켈리]

메리는 켈리처럼 아름답다.

* 형용사 어근의 첫 글자가 d, l, r, s, t인 경우는 kasín~[까신~], b, p인 경우는 kasím~[까심~], 그 외에는 모두 kasíng[까싱~]이 된다.

b) 비교급(mas+형용사; ~보다 못하다, hindî kasíng+형용사 어근;~만큼 ~않다)

Si Smith ay mas marunong kaysá kay Tom.

[시 스미쓰 아이 마스 마루-농 까이사 까이 톰]

스미쓰는 톰보다 똑똑하다.

Si Mary ay hindî kasínggandá ni Kelly.

[시 메리 아이 힌디' 까시-ㅇ간다 니 켈리]

메리는 켈리만큼 예쁘지 않다.

c) 최상급(pinaka[삐나까]+형용사; 가장 ~하다)

Si Mary ay pinakamagandá sa klase.

[시 메리 아이 삐나까마간다 사 끌라-세]

메리는 반에서 가장 아름답다.

J. 수사

따갈로그어로 된 기수와 서수, 스페인어로 된 기수와 서수가 모두 동등한 수준으로 함께 사용되고 있으니 유의할 것.

1. 기수

숫자	따갈로그어	스페인어

1	isá	이사	uno	우-노
2	dalawá	달라와	dos	도스
3	tatló	따뜰로	tres	뜨레스
4	apat	아-빧	kuwatro	꾸와-뜨로
5	limá	리마	singko	시-ㅇ꼬
6	anim	아-님	saís	사이스
7	pitó	삐또	siyete	시예-떼
8	waló	왈로	otso	오-초
9	siyám	시얌	nuwebe	누웨-베
10	sampû	삼뿌'	diyés	지예스
11	labing-isá	라빙이사	onse	오-ㄴ세
12	labindalawá	라빈달라와	dose	도-세
13	labintatló	라빈따뜰로	trese	뜨레-세
14	labing-apat	라빙아-빧	katorse	까또-르세
15	labinlimá	라빈리마	kinse	끼-ㄴ세
16	labing-anim	라빙아-님	disisaís	디시사이스
17	labimpitó	라빔삐또	disisiyete	디시시예-떼
18	labingwaló	라빙왈로	disiotso	디시오-초
19	labinsiyám	라빈시얌	disinuwebe	디시누웨-베
20	dalawampû	달라왐뿌'	beinte	베인떼
21	dalawampú't isá	달라왐뿥 이사	beinte uno	베인떼 우-노
25	dalawampú't limá	달라왐뿥 리마	beinte singko	베인떼 시-ㅇ꼬
30	tatlumpû	따뜰룸뿌	treinta	뜨레인따
36	tatlumpú't anim	따뜰룸뿥 아-님	treinta'y saís	뜨레인따이 사이스
40	apatnapû	아빹나뿌'	kuwarenta	꾸와레-ㄴ따
47	apatnapú't pitó	아빹나뿥 삐또	kuwarenta'y siyete	꾸와레-ㄴ따이 시예떼

50	limampû	리맘뿌'	singkuwenta	싱꾸웨-ㄴ따
55	limampú't limá	리맘뿥 리마	singkuwenta'y sinko	싱꾸웨-ㄴ따이 시-ㅇ꼬
60	animnapû	아님나뿌'	sesenta	세세-ㄴ따
70	pitumpû	삐뚬뿌'	setenta	세떼-ㄴ따
80	walumpû	왈룸뿌'	otsenta	오체-ㄴ따
90	siyamnapû	시얌나뿌'	nobenta	노베-ㄴ따
100	sandaán	산다안	siyento	시예-ㄴ또
101	sandaá't isá	산다앝 이사	siyento uno	시예-ㄴ또 우-노
110	sandaá't sampû	산다앝 삼뿌'	siyento diyés	시예-ㄴ또 지예스
200	dalawáng daán	달라왕 다안	dos siyentos	도스 시예-ㄴ또스
400	apat na raán	아-빹 나 라안	kuwatro siyentos	꾸와-뜨로 시예-ㄴ또스
500	limáng daán	리망 다안	kinyentos	낀예-ㄴ도스
1000	sanlibo	산리-보	mil	밀
2000	dalawáng libo	달라왕 리-보	dos mil	도스 밀
5000	limáng libo	리망 리-보	singko mil	시-ㅇ꼬 밀
만	sampúng libo	삼뿡 리-보	diyés mil	지예스 밀
십만	isáng daán libo	이상 다안 리-보	siyento mil	시예-ㄴ또 밀
백만	sang-angaw	상아-ㅇ아우	milyón	밀욘
10억	sanlibong angaw	산리-봉 아-ㅇ아우	bilyón	빌욘

*십 단위에서 일자리 숫자의 첫 글자가 d, l, r, s, t인 경우는 labin~[라빈~], b, p 인 경우는 labim~[라빔~], 그 외에는 모두 labing[라빙~]이 되고, 모음일 경우에는 연자부호(-)를 삽입한다.

2. 서수

a. ika+필리핀어 기수; una[우-나](첫째), ikalawá[이깔라와](둘째), ikatló[이까뜰로] (셋째), ikaapat[이까아-빹](넷째), …

b. pang+필리핀어 기수; panguna[빵우-나], pangalawá[빵알라와], pangatló[빠아뜰로], pangapat[빵아-빹], …

분야별 회화용 문장

01 사람을 만났을 때 표현

일상적인 인사

(1) 아래의 4가지 인사말은 전부 "안녕하세요?"로 해석된다.

Magandáng umaga.[마간당 우마-가] 오전

Magandáng hapon.[마간당 하-뽄] 오후

Magandáng gabí.[마간당 가비] 저녁

Magandáng araw.[마간당 아-라우] 낮

Magandáng hapon.[마간당 하–뽄]을 Magandáng Hapón.[마간당 하뽄]으로, 즉, hapon의 악센트를 마지막 음절에 두면 "아름다운(친절한) 일본(일본 사람)"의 의미로 해석되니 악센트 위치에 주의할 것.

존댓말(안녕하십니까?)

Magandáng umaga pô.[마간당 우마-가 뽀']

Magandáng hapon pô.[마간당 하-뽄 뽀']

Magandáng gabí pô.[마간당 가비 뽀']

Magandáng araw pô.[마간당 아-라우 뽀']

pô는 존칭(영어의 sir 또는 madam에 해당)으로서 경어체를 써야 할 상대(연장자, 손님 등)에게 쓴다. 친구나 나이가 아래인 상대에게는 사용하지 않는다.

(2) 위의 인사에 대한 대답: 예, 안녕하세요?

Magandáng umaga namán(또는 din).[마간당 우마-가 나만(딘)]

Magandáng tanghalì namán(또는 din).[마간당 땅하-ㄹ리' 나만(딘)]

Magandáng hapon namán(또는 din).[마간당 하-뽄 나만(딘)]

Magandáng gabí namán(또는 din).[마간당 가비 나만(딘)]

Magandáng araw namán(또는 din).[마간당 아-라우 나만(딘)]

정확한 해석은 "당신도 역시 안녕하세요?"가 된다.

namán[나만], din[딘]: 역시, 마찬가지로

존댓말: 예, 안녕하십니까?

Magandáng umaga pô namán/din.[마간당 우마-가 뽀' 나만/딘]

Magandáng tanghalì pô namán/din.[마간당 땅하-ㄹ리' 뽀' 나만/딘]

Magandáng hapon pô namán/din.[마간당 하-뽄 뽀' 나만/딘]

Magandáng gabí pô namán/din.[마간당 가비 뽀' 나만/딘]

Magandáng araw pô namán/din.[마간당 아-라우 뽀' 나만/딘]

다수의 상대에 대한 인사

Magandáng umaga sa inyó.
[마간당 우마-가 사 인요]
여러분, 안녕하세요.(오전 인사)

Magandáng gabí sa inyóng lahát.
[마간당 가비 사 인용 라핱]
여러분 모두, 안녕하세요.(저녁/밤 인사)

Magandáng hapon pô sa inyó.
[마간당 하-뽄 뽀' 사 인요]
여러분, 안녕하십니까?(오후 인사)

Magandáng araw pô sa inyóng lahát.
[마간당 아-라우 뽀' 사 인용 라핱]
여러분, 모두 안녕하십니까?(낮 인사)

안부 묻기

Kumustá ka?

[꾸무스따 까?]

어떻게 지내느냐?

Mabuti namán, salamat.

[마부-띠 나만 살라-맡]

아주 잘 지내. 고마워.

상기 문장에서 "namán"의 의미는 "정말, 아주, 과연"을 뜻한다.

Mabuti namán. Ikaw?

[마부-띠 나만. 이까우?]

아주 잘 지내. 너는 어때?

Hindî mabuti at hindî masamâ./Ok lang.

[힌디' 마부-띠 앝 힌디' 마사마'/오케이 랑]

그저 그렇습니다.

Kumustá pô kayó?

[꾸무스따 뽀' 까요?]

안녕하십니까?/어떻게 지내십니까?

Mabuti namán, salamat pô.

[마부-띠 나만, 살라-맡 뽀']

잘 지냅니다. 감사합니다.

kayó는 단수 2인칭 ka(너)의 복수형이지만 단수 2인칭에 대한 존칭으로도 쓰인다.

Kumustá ang iyóng asawa?

[꾸무스타 앙 이용 아사-와?]

부인(또는 남편)은 잘 지내?

Mabuti rin, salamat.

[마부-띠 린 살라-맛]

역시 잘 지내. 고마워.

존댓말은 iyóng[이용] 대신 inyóng[인용]을 사용한다.

Ikumustá mo akó kay Edgar./Ipakibatì mo akó kay Edgar.
[이꾸무스따 모 아꼬 까이 시 에드가/이빠끼바-띠' 모 시 에드가]
에드가에게 나 대신 안부 전해줘.

Kumustahín mo si Haidi para sa akin./Batiin mo si Haidi.
[꾸무스따힌 모 시 하이디 빠-라 사 아-낀/바띠-인 모 시 하이디]
하이디에게 나 대신 인사 전해줘.

Kumustá pô ang inyóng asawa?
[꾸무스타 뽀' 앙 인용 아사-와?]
부인(또는 남편)은 잘 지내십니까?

Ikumustá pô ninyó akó sa inyóng misis.
[이꾸무스따 뽀' 닌요 아꼬 사 인용 미-시스]
사모님에게 안부 전해주십시오.

Kumustá ang negosyo mo?
[꾸무스따 앙 네고-쇼 모?]
너의 사업은 잘되고 있어?

방문(환영)

Maligayang pagdatíng.
[말리가-양 빡다띵]
환영합니다.

Tulóy kayó.
[뚤로이 까요]
들어오세요.

kayó는 2인칭 복수 또는 2인칭 단수에 대한 존칭의 의미를 갖는다.

Tulóy ka na.
[뚤로이 까 나]
들어와.

Tulóy pô kayó.
[뚤로이 뽀' 까요]
들어오십시요.

Natútuwâ akó sa pagparito ninyó.
[나뚜-뚜와 아꼬 사 빡빠리-또 닌요]
와 주셔서 기쁩니다.

Umupô kayó sa sopá.
[움우뽀' 까요 사 소빠]
소파에 앉으세요.

Maáarì bang ikuha ko kayó ng ínúmin?
[마아-아-리' 방 이꾸-하 꼬 까요 낭 이-누-민?
음료수 좀 가져 올까요?

Ibig ba ninyó ang malamíg na tubig?
[이-빅 바 닌요 앙 말라믹 나 뚜-빅?]
냉수 좀 드시겠습니까?

ba[바]는 의문문에서만 사용되는 의문조사(interrogative particle)이다.

ninyó[닌요]는 단수 2인칭의 존칭(kayó[까요])의 조격

Gustó ba ninyóng magsigarilyo?
[구스또 바 닌용 막시가리- ㄹ료?]
담배 피우시겠습니까?

Hindî akó naninigarílyo.
[힌디' 아꼬 나니-니가리- ㄹ료]
저는 담배를 피우지 않습니다.

Ibig ba ninyóng makiníg ng tugtóg?
[이-빅 바 닌용 마끼-닉 낭 뚝똑]
음악을 들으시겠습니까?

Opò, salamat.
[오-뽀', 살라-맡]
예, 감사합니다.

Oo[오-오]는 "예"(영어; yes), hindî 또는 dî[힌디'/디']는 "아니요"(영어;no/not)

Oo의 존댓말은 Opò[오-뽀'](영어; Yes, sir/madam) 또는 Ohò[오-호'], hindî의 존댓말은 hindî pô[힌디' 뽀']

Gustó mo bang kainin ang prutas?
[구스또 모 방 까이-닌 앙 쁘루-따스?]
과일 먹을래?

Ibig ko sana'y isáng basong tubig na malamíg.
[이-빅 꼬 사나이 이상 바-송 뚜-빅 나 말라믹]
시원한 물 한 잔 부탁드립니다.

헤어질 때(환송)

Kailangang umalís na akó, may naghíhintáy sa akin.
[까일라-ㅇ앙 움알리스 나 아꼬, 마이 낙히-힌따이 사 아-낀]
기다리는 사람이 있어서 지금 돌아가야 하겠습니다.

Sige, hanggáng sa mulíng pagkikita.
[시-게, 항강 사 물링 빡끼끼-따]
그렇게 하세요. 다음에 또 만나요.

Sige, magkita na lamang tayo.
[시-게, 막끼-따 나 라-망 따-요]
그렇게 하세요. 조만간 만납시다.

Maáarì ba kitáng ihatíd sa inyóng bahay?
[마아-아-리' 바 끼땅 이하띠드 사 인용 바-하이?]
집까지 모셔드려도 되겠습니까?

Gabí na. Tayo nang umuwî.
[가비 나. 따-요 낭 움우위']
늦었습니다. 이제 집에 돌아갑시다.

Paalam na. Maraming salamat.
[빠아-ㄹ람 나. 마라 -밍 살라-맏]
안녕히 계세요. 대단히 감사했습니다.

Salamat para sa lahát.
[살라-맡 빠-라 사 라핱]
모든 것이 다 고맙습니다.

Salamat sa inyóng lahát.
[살라-맡 사 인용 라핱]
여러분 모두에게 감사드립니다.

Paalam na. Hanggáng sa mulî.
[빠아-ㄹ람 나. 항강 사 물리']
안녕히 가십시오. 다음에 또.

Higít pa kitáng tátanggapín.
[히깉 빠 끼땅 따-땅가삔]
당신을 대환영 하겠습니다.

Pumarito kayó ulî.
[뿌마리-또 까요 울리']
또 오세요.

Gustó ko nang magpaalam.
[구스또 꼬 낭 막빠아-ㄹ람]
이제 작별인사를 하고 싶습니다.

Nais kitáng mákítang mulî.
[나이스 끼땅 마-끼-땅 물리']
다시 당신을 만나고 싶습니다.

Adyós!
[아디요스]
안녕히 계세요.(안녕히 가세요.)

Ibig ko nang umadyós.
[이-빅 꼬 낭 움아디요스]
이제 작별인사를 해야겠군요.

Sana, matulog ka nang mahimbíng.
[사-나, 마뚜-ㄹ록 까 낭 마힘빙]
편안한 숙면이 되기를 바랍니다.(안녕히 주무세요.)

소개

Gustó kong ipakilala ang sarili ko sa inyó.
[구스또 꽁 이빠낄라-ㄹ라 앙 사리-ㄹ리 꼬 사 인요]
여러분에게 저를 소개하고 싶습니다.

Maáarì bang magpakilala ng aking sarili?
[마아-아-리' 방 막빠낄라-ㄹ라 낭 아-낑 사리-ㄹ리?]
저를 소개해도 되겠습니까?

Ang pangalan ko ay si Sunja.
[앙 빵아-ㄹ란 꼬 아이 시 순자]
나의 이름은 순자입니다.

Akó ay si Sunja.
[아꼬 아이 시 순자]
저는 순자입니다.

Ang palayaw ni Bb. Kimberly ay si Kim.
[앙 빨라-야우 니 비니비-닝 킴벌리 아이 시 킴]
킴벌리양의 별명(애칭)은 킴이다.

미혼 여성 이름 앞에는 Binibíning[비니비-닝](영어; Miss)을 사용하며 약어는 Bb.이다. Binibíning은 Binibíni와 연결어 na가 결합한 형태이다.

인칭에 붙이는 관사
si[시]; 주격 인칭관사(복수; sina[시나])
ni[니]; 소유격 인칭관사(복수; nina[니나]), "~의"로 해석

Ikinagágalák kong mákilala kayó.
[이끼나가-갈락 꽁 마-낄랄라 까요]
알게 되어 기쁩니다.

Ikinalúlugód kong mákita kitá.
[이끼나루-ㄹ루곧 꽁 마-끼-따 끼따]
만나서 반갑습니다.

Natútuwâ akó sa pagkikita natin.
[나뚜-뚜와' 아꼬 사 빡끼끼-따 나-띤]
만나게 되어 기쁩니다.

Gustó kong makisama ng mabuti sa inyóng lahát.
[구스또 꽁 마끼사-마 낭 마부-띠 사 인용 라핟]
여러분 모두와 잘 지내고 싶습니다.

Saán ka nakatirá?
[사안 까 나까띠라?]
어디서 살아요(거주합니까)?

Anó ang pangalan mo?
[아노 앙 빵아-ㄹ란 모]
너의 이름은 무엇이냐?

ang은 보통명사의 격이 주격임을 나타내는 주격 관사(복수; ang mga)

Anó ang palayaw mo?
[아노 앙 빨라-야우 모]
너의 별명(평소에 간단하게 부르는 이름)은 무엇이냐?

Anó ang apelyido mo?
[아노 앙 아뻴위-도 모]
너의 성은 무엇이냐?

Iláng taón ka na?/Iláng edad mo?
[일랑 따온 까 나?/일랑 에-닫 모.]
너는 몇 살이냐?

Iláng taón pô kayó?
[일랑 따온 뽀 까요?]
연세가 어떻게 되십니까?

Akó ay tatlumpúng taón na.
[아꼬 아이 따뜰룸뿡 따온 나]
저는 현재 서른 살입니다.

Anó ang iyóng hanapbuhay?(Anó ang iyóng trabaho?)
[아노 앙 이용 하낲부-하이?(아노 앙 이용 뜨라바-호?)]
당신의 직업은 무엇입니까?

Hayaan mong ipakilala kitá kay G. Santos.
[하야-안 몽 이빠낄라-ㄹ라 끼따 까이 기노-옹 산또스]
당신을 산또스씨에게 소개코자 합니다.

인칭용 전치사
kay[까이]; 간접 목적격(복수; kina[끼나]), ~에게
para kay[빠라 까이]; 간접 목적격(복수; para kina[빠라 끼나]), ~를 위해

남성 이름 앞에는 Ginoóng[기노옹](영어; Mr.)을 사용하며 약어는 G.이다. Ginoóng은 Ginoó+na(연결어)가 결합한 형태이다.

Maáarì bang ipakilala ko sa iyó si G. Tom?
[마아-아-리' 방 이빠낄라-ㄹ라 꼬 사 이요 시 기노-옹 톰?]
톰씨를 너에게 소개해도 될까?

bang[방]: ba와 연결어(na)가 결합된 상태로서 ba는 의문문에서만 사용되는 의문조사이다.

Itó ay aking kaibigan, si G. Chulsoo Kim.
[이또 아이 아-낑 까이비-간 시 기노-옹 철수 김]
이분은 나의 친구, 김 철수 씨입니다.

Akó ay mámamayáng Koreano.
[아꼬 아이 마-마마양 꼬레아-노]
저는 한국 시민권자입니다.

Siyá ay mámamayáng Pilipino.
[시야 아이 마-마마양 삘리비-노]
그는 필리핀 시민권자입니다.

Naníniraha akó sa lunsód ng Subic.
[나니-니라한 아꼬 사 룬손 낭 슈-빅]
저는 슈빅시에 살고 있습니다.

Naníniraha kamí sa lunsód ng Seoul, Korea.
[나니-니라한 까미 사 룬손 낭 서울, 코리아]
우리들은 한국의 서울시에 살고 있습니다.

Matagál ka na ba rito?
[마따갈 까 나 바 리-또?]
여기는 벌써 오래 있었습니까?

Iiláng araw lamang.
[이일랑 아-라우 라-망]
불과 며칠 됐습니다.

Anó pô ang inyóng pangalan?
[아노 뽀' 인용 빵아-ㄹ란]
당신의 이름은 무엇입니까?

Kayó ba si G. Smith?
[까요 바 시 기노옹 스미쓰]
당신은 스미쓰씨입니까?

Opò, si Smith akó.
[오-뽀', 시 스미쓰 아꼬]
예, 스미쓰입니다.

Hindî pô, akó ay hindî si Smith.
[힌디' 뽀', 아꼬 아이 힌디' 시 스미쓰]
아닙니다. 저는 스미쓰가 아닙니다.

May-asawa ka ba?
[마이 아사-와 까 바?]
결혼했습니까?

Akó ay may-asawa.(akó ay kasál.)
[아꼬 아이 마이 아사-와(아꼬 아이 까살)]
저는 결혼했습니다.

Akó ay nagsósólo.(Akó ay nag-íisá)
[아꼬 아이 낙소-소-ㄹ로(아꼬 아이 낙이-이사)]
저는 독신입니다.

Biyudo(Biyuda) akó.
[비유-도(비유-다) 아꼬]
저는 홀아비(과부)입니다.

Ikákasál ka na ba?
[이까-까살 까 나 바?]
약혼했습니까?(결혼 예정입니까?)

May kásintahan ka ba?
[마이 까-신따한 까 바?]
애인 있습니까?

Walâ ka na roón.(Walâ kang pakialám.)
[왈라' 까 나 로온(왈라' 깡 빠끼알람)]
당신이 알 바 아닙니다.

인사(실전회화)

<A: G. Kim(남편), **B: Kelly(A**의 아내), **C: Gng. Cruz**(이웃집 부인)**>**

C : Magandáng gabí pô, Ginoóng Kim.
[마간당 가비 뽀', 기노옹 킴]
안녕하십니까, 김 선생님(또는 사장님 등)?

남성 이름 앞에는 Ginoóng[기노옹](영어; Mr.)을 사용하며 약어는 G.이다. Ginoóng은 Ginoó+na(연결어)가 결합한 형태이다.

기혼 여성 이름 앞에는 Ginang[기-낭](영어; Mrs.)을 사용하며 약어는 Gng. 이다. Ginang은 연결어를 사용하지 않는다.

A : Magandáng gabí pô namán, Ginang Cruz. Kumustá pô kayó?
[마간당 가비 뽀' 나만, 기-낭 크루즈. 꾸무스따 뽀' 까요?]
네, 안녕하십니까, 크루즈 여사님? 잘 지내십니까?

C : Mabuti pô namán, at kayó?
[마부-띠 뽀' 나만, 앝 까요?]
잘 지냅니다. 김 선생님은 어떠세요?

A : Mabuti pô namán din, Ginang Cruz. Itó pô si Kelly, maybahay ko.
[마부-띠 뽀' 나만 딘, 기-낭 크루즈. 이또 뽀' 시 켈리, 마이바-하이 꼬]
역시 잘 지냅니다, 크루즈 여사님. 이쪽은 저의 아내 켈리입니다.

C : Ikinagágalák kong mákilala kayó, Ginang Kim.
[이끼나가-갈락 꽁 마-낄랄라 까요, 기-낭 킴]
김 여사님, 알게 되어 기쁩니다.

B : Nagágalák din pô akóng mákilala kayó, Ginang Cruz.
[나가-갈락 딘 뽀' 아꽁 마-낄랄라 까요, 기-낭 크루즈]
크루즈 여사님, 저도 알게 되어 기쁩니다.

소개(실전회화)

<A: G. Turner, B: Gng. Gonzales, C: G. Kim>

A : Magandáng gabí pô, Gng. Gonzales.
[마간당 가비 뽀', 기-낭 곤잘레스]
곤잘레스 여사님, 안녕하십니까?

B : Magandáng gabí rin, G. Turner. Kumustá kayó?
[마간당 가비 린, 기노옹 터나. 꾸무스따 까요?]
안녕하세요, 터너씨? 어떻게 지내세요?

kayó[까요]는 2인칭 복수가 아니고 2인칭 단수의 존칭이다.

A : Mabuti namán pô. Gustó kong ipakilala sa inyó ang kaibigan ko, si G. Kim na galing sa Korea.
[마부-띠 나만 뽀'. 구스또 꽁 이빠낄라-ㄹ라 사 인요 앙 까이비-간 꼬, 시 기노옹 킴 나 가-ㄹ링 사 코리아]
잘 지냅니다. 저의 친구 한국에서 온 김씨를 소개드리고 싶습니다.

B : Nagágalák akóng mákilala kayó.
[나가-갈락 아꽁 마-낄랄라 까요]
당신을 알게되어 기쁩니다.

C : Gayón din pô akó.
[가욘 딘 뽀' 아꼬]
저도 그렇습니다.

B : Matagál na ba kayó sa Pilipinas?
[마따갈 나 바 까요 사 삘리삐-나스?]
필리핀에는 벌써 오래 계셨는가요?

C : Hindî pô. Dalawáng buwán lang.
[힌디' 뽀'. 달라왕 부완 랑]
아닙니다. 두 달 밖에 안됐습니다.

존댓말 사용(실전회화-1)

연장자나 대중 앞에서 말할 때 "pô[뽀']"를 사용하는 존댓말 표현은 매우 중요하다.

문장에서 "pô"가 빠지면 반말로 들릴 수 있으므로 예의를 차려야 할 상대에게는 문장 속에 반드시 "pô"를 넣어야 한다.

"pô"를 사용하기 위해서는, 존칭으로 사용되는 인칭 대명사 "kayó[까요]"와 함께 "inyó[인요], ninyó[닌요]"의 활용법을 확실히 기억해 두어야 한다.

<A: 딸, B: 엄마>

A : Mommy, maáarì pô ba akóng lumabás?
[마미, 마아-아-리' 뽀' 바 아꽁 루마바스?]
엄마, 바깥에 나가도 되겠어요?

B : Maáarì, pero sandalî ka lamang.
[마아-아-리', 뻬-로 산달리' 까 라-망]
그래, 그러나 잠깐만이야.

A : Mommy, maáarì pô bang dagdagán ninyó ang beinte peso ko ng sampúng piso?
[마미, 마아-아-리' 뽀 방 닥다간 닌요 앙 베이-ㄴ떼 페-소 꼬 낭 쌈뿡삐-소]
엄마, 저의 20 페소에 10 페소를 더해 주실 수 있어요?
Bakâ pô kulangin ang pambilí ko ng papél at lapis.
[바까' 뽀' 꿀라-ㅇ인 앙 빰빌리 꼬 낭 빠뻴 앝 라-삐스]
종이하고 연필 사는데 부족할 것 같아서요.

B : O, heto.
[오, 헤-또]
그래, 여기 있다.

A : Salamat pô.
[살라-맡 뽀']
고맙습니다.

존댓말 사용(실전회화-2)

<A: Alberto, B: Mark C: Mark의 엄마>

A : Magandáng umaga pô.
[마간당 우마-가 뽀‘]
안녕하세요.
Maáarì pô ba magtanóng?
[마아-아-리‘ 뽀’ 바 막따농?]
좀 여쭈어 봐도 되겠습니까?
Náritó pô ba si Mark?
[나-리또 뽀‘ 바 시 마-크]
Mark가 여기에 있습니까?

C : Oo, náritó siyá.
[오-오, 나-리또 시야]
맞아. 그 애는 여기 있어.
Mark, may humáhánap sa iyó.
[마-크, 마이 후마-하-낲 사 이요]
Mark야, 누가 너를 찾는다.

B : Ah, si Alberto. Mommy, siyá pô ay si Alberto, ang kaklase ko.
[아-, 시 알베르또. 마미, 시야 뽀‘ 아이 시 알베르또, 앙 까끌라세 꼬]
아, Alberto구나. 엄마, 얘는 급우인 Alberto입니다.
Alberto, siyá ang Mommy ko.
[알베르또, 시야 앙 마미 꼬]
Alberto야, 이 분은 나의 엄마이셔.

A : Kumustá pô kayó?
[꾸무스따 뽀‘ 까요?]
어떻게 지내십니까?

C : Mabuti namán. Tulóy ka, iho.

[마부-띠 나만. 뚤로이 까, 이-호]

잘 지낸다. 얘야, 들어오너라.

iho[이-호]: 다른 집의 남자 아이를 친근하게 부르는 호칭

A : Salamat pô.

[살라-맡 뽀']

감사합니다.

02 사교를 위한 표현

감사

Salamat!
[살라-맡!]
고마워!

Salamat, ha!
[살라-맡 하!]
고마워, 정말!

Salamat sa baít mo!
[살라-맡 사 바잍 모!]
친절히 대해줘서 고마워!

Waláng anumán!
[왈랑 아누만!]
천만에!/별거 아니야!

Salamat sa iyóng pagdatíng!
[살라-맡 사 이용 빡다띵!]
와 줘서 고마워!

Maraming salamat sa tulong mo!
[마라-밍 살라-맡 사 뚜-ㄹ롱 모!]
도와줘서 매우 고마워!

Salamat pô!
[살라-맡 뽀'!]
감사합니다!

Salamat pô ulit.
[살라-맡 뽀' 우-ㄹ릳]
다시 감사드립니다.

Salamat pô sa inyóng regalo!
[살라-맡 뽀‘ 사 인용 레가-ㄹ로]
선물을 주셔서 감사합니다.

Walâ pong anumán!
[왈라‘ 뽕 아누만!]
천만에요!(약소했습니다!)

Ang baít ninyó namán!
[앙 바잍 닌요 나만!]
매우 친절하십니다.

Maraming salamat pô!
[마라-밍 살라-맡 뽀‘!]
대단히 감사합니다!

Utang muna sa inyó.
[우-땅 무-나 사 인요]
일단 신세 지겠습니다.

Marami na akóng utang.
[마라-미 나 아꽁 우-땅]
신세 많이 졌습니다.

Marami na akóng pagpapalà.
[마라-미 나 아꽁 빡빠빠-ㄹ라‘]
은혜를 많이 입었습니다.

Sana, makagantí rin akó.
[사-나, 마까간띠 린 아꼬]
저도 보답할 수 있게 되기를 기원합니다.

Sana, swertihín kayó.
[사-나, 스웨르띠힌 까요]
행운이 함께 하시기를 기원합니다.

Maraming-maraming salamat pô sa mga payo ninyó!
[마라-밍 마라-밍 살라-맡 뽀' 사 망아 빠-요 닌요!]
여러 가지 충고에 대단히 감사합니다!

ninyó[닌요]는 단수 2인칭 존칭(kayó[까요])의 후부수식 소유격

Gustó kong magpasalamat sa inyóng lahát!
[구스또 꽁 막빠살라-맡 사 인용 라핱!]
여러분 모두에게 감사하고 싶습니다!

Akó pô ang dapat magpasalamat.
[아꼬 뽀' 앙 다-빹 막빠살라-맡]
감사해야 할 사람은 저입니다.

축하

Maligayang batì!
[말리가-양 바-띠'!]
축하한다!/축하합니다!

Maligayang batì sa kapangánákan mo!
[말리가-양 바-띠' 사 까빵아-나-깐 모!]
생일 축하해!

영어를 공용어로 사용하는 관계로 "Happy birthday![해피 버쓰데이!]"라는 표현을 더 많이 쓴다.

상대가 손위인 경우에는 "Happy birthday, pô![해피 버쓰데이, 뽀'!]"라고 하면 된다.

Binábatì kitá sa iyóng tagumpáy.
[비나-바-띠' 끼따 사 이용 따굼빠이]
너의 성공을 축하한다.

Binábatì kitá sa pagsilang ng sanggól.
[비나-바-띠' 끼따 사 빡시-ㄹ랑 낭 상골]
아기 낳은 것을 축하해.

Maligayang batì pô!
[말리가-양 바-띠‘ 뽀’!]
축하드립니다!

Binábatì ko pô kayó sa pagsilang ng apó.
[비나-바-띠‘ 꼬 뽀’ 까요 사 빡시-ㄹ랑 낭 아뽀]
손자의 탄생을 축하드립니다.

Masayá akóng nakabalità ng iyóng tagumpáy sa iksamen.
[마사야 아꽁 나까발리-따‘ 낭 이용 따굼빠이 사 익사-멘]
너의 시험 합격 소식을 듣고 행복했다.

Ikinalúlugód kong náriníg ang iyóng tagumpáy sa negosyo.
[이끼나루-ㄹ루곧 꽁 나-리닉 앙 이용 따굼빠이 사 네고-시요]
네가 사업에 성공했다는 얘기를 듣고 기분이 좋다.

Binatì ko ang aking kaibigan sa kanyáng tagumpáy.
[비나-띠‘ 꼬 앙 아-낑 까이비-간 사 깐양 따굼빠이]
성공한 친구에게 축하했다.

Tumanggáp akó ng maraming batì sa aking kaarawán.
[뚜망갚 아꼬 낭 마라-밍 바-띠‘ 사 아-낑 까아라완]
나는 생일 축하를 많이 받았다.

애도

Nakíkiramay akó.
[나끼-끼라마이 아꼬]
삼가 조의를 표합니다.

Tanggapín mo ang aking pakikiramay.
[땅가삔 모 앙 아-낑 빠끼끼라-마이]
나의 위로를 받아주게.

Ay! Yumao ang lola mo.
[아이! 유마-오 앙 로-ㄹ라 모]
아아! 너의 할머니가 돌아가시다니.

Nakiramay akó sa kanyá.
[나끼라-마이 아꼬 사 깐야]
나는 그에게 조의를 표했다./나는 그를 위로했다.

Malungkót akó nang labis dahil sa kamatayan ng lolo ninyó.
[말룽꼳 아꼬 낭 라-비스 다-힐 사 까마따-얀 낭 로-ㄹ로 닌요]
당신의 할아버지가 돌아가셔서 너무 슬픕니다.

Nalungkót akó sobra nang mábalitaan kong namatáy ang iná mo.
[날룽꼳 아꼬 소-브라 낭 마-발리따안 꽁 나마따이 앙 이나 모]
네 모친이 돌아가셨다는 소식에 나는 무척 슬펐다.

Nakíkidalamhatì kamí sa iyó sa pagkamatáy ng iyóng iná.
[나끼-끼달람하-띠' 까미 사 이요 사 빡가마따이 낭 이용 이나]
우리는 너의 모친상에 대해 애도를 표한다.

Nagpahatíd akó pakikidalamhatì sa pamilya ng namatáy.
[낙빠하띧 아꼬 빠끼끼달람하-띠' 사 빠미-ㄹ랴 낭 나마따이]
나는 유족에게 애도의 뜻을 전했다.

Malungkót akó pagká't bumaksák ka sa iksamen.
[말룽꼳 아꼬 빡깓 부막삭 까 사 익사-멘]
나는 네가 시험에 떨어져서 슬프다.

Sayang! Nawalâ ang pera mo.
[사-양! 나왈라' 앙 뻬-라 모]
너가 돈을 잃어버려서 유감이다.

Kay lungkót ninyó dahil yumao ang lolo!
[까이 룽꼳 닌요 다-힐 유마-오 앙 로-ㄹ로]
할아버지가 돌아가셔서 매우 슬프시겠습니다!

Ang lungkót mo namán sa pagkawalâ ng tutà!
[앙 룽꼳 모 나만 사 빡까왈라' 낭 뚜-따'!]
강아지가 없어져서 많이 슬프겠구나!

사과

Pasensya ka na.
[빠세-ㄴ샤 까 나]
미안하네.

Pasensiya na pô kayó.
[빠세-ㄴ샤 나 뽀' 까요]
죄송합니다.

Ipagpaumanhín mo akó.
[이빡빠우만힌 모 아꼬]
미안하네.(용서하게.)

Patawarin pô./Patawad pô.
[빠따와-린 뽀'/빠따-왇 뽀']
죄송합니다.

Ipagpatawad pô ninyó.
[이빡빠따-와드 뽀' 닌요]
죄송합니다.

Patawarin mo akó.
[빠따와-린 모 아꼬]
미안하네.

Pinagsísíhan ko pô ang aking pagkakámalì.
[삐낙시-시-한 꼬 뽀' 앙 아-낑 빡까까-마-ㄹ리']
저의 실수를 뉘우치고 있습니다.

Humíhingî akó ng patawad(paumanhín).
[후미-힝이' 아꼬 낭 빠따-왇(빠우만힌)]
용서해 주기 바랍니다.

Humíhingî akó ng paumanhín sa pagkabanggâ sa iyó.
[후미-힝이' 아꼬 낭 빠우만힌 사 빡까방가' 사 이요]
부딪쳐서 죄송합니다.

Ipagpatawad(Ipagpaumanhín) mo ang kanyáng masamáng asal.
[이빡빠따-왇(이빡빠우만힌) 모 앙 깐양 마사망 아-살]
그 사람의 잘못을 용서해 주세요.

Patawad pô sa pagkakátápak sa inyóng paá.
[빠따-왇 뽀' 사 빡까까-따-빡 사 인용 빠아]
발을 밟아 죄송합니다.

Hindî ko sinadyâ, aksidente pô lang iyón.
[힌디' 꼬 시나쟈', 악시데-ㄴ떼 뽀' 랑 이욘]
그것은 의도적이 아니고, 그냥 사고입니다.

Waláng anumán iyán. Huwág kang mabahalà tungkól doón.
[왈랑 아누만 이얀. 후왁 깡 마바하-ㄹ라' 뚱꼴 도온]
그것은 괜찮습니다. 그것에 대해서 염려하지 마세요.

Maááring mangyari itó kanino man.
[마아-아-링 망야-리 이또 까니-노 만]
이것은 누구에게나 생길 수 있습니다.

03 화술

말 걸기

Saglít(Sandalî) pô lamang. Maáarì ba akóng magtanóng sa inyó?
[사글릳(산달리') 뽀 라-망. 마아-아-리' 바 아꽁 막따농 사 인요?]
잠깐 실례하겠습니다. 좀 여쭈어 보아도 되겠습니까.

Maáarì pô bang tulungan ninyó akó?
[마아-아-리' 뽀 방 뚤루-ㅇ안 닌요 아꼬?]
저를 좀 도와 주실 수 있습니까?

Anó ang magágawâ ko para sa inyó?
[아노 앙 마가-가와' 꼬 빠-라 사 인요?]
무엇을 도와 드릴까요?

Pasensya, walâ na akóng panahón.
[빠세-ㄴ샤, 왈라' 나 아꽁 빠나혼]
미안합니다. 시간이 없습니다.

Kumain ka na ba?
[꾸마-인 까 나 바?]
식사 했어?

Kumain pô ba kayó?
[꾸마-인 뽀' 바 까요?]
식사 하셨습니까?

Anó'ng balità?
[아노-옹 발리-따?]
무슨 일입니까?(무슨 뉴스입니까?)

"Anó'ng"은 "Anó ang"을 줄인 말로서 Anóng[아농]과 다르게 발음한다.

Oy, anó iyán('yan)?
[오이, 아노 이얀(얀)?
어이, 그거 뭐야?

실제 대화에서는 iyán[이얀]을 줄여서 'yan[얀]으로 발음하는 경우가 많다.

Sama-sama tayo, ha?
[사-마 사-마 따-요, 하?]
우리 함께 갑시다. 괜찮죠?

ha: "확인, 강조" 등의 이미를 부여하는 문미조사

Excuse me pô. Puwede ba akóng magtanóng?
[익스큐스 미 뽀'. 뿌웨데 바 아꽁 막따농?]
실례합니다. 질문해도 되겠습니까?

Marunong ka ba ng Tagalog?
[마루-농 까 바 낭 따가-ㄹ록?]
따갈로그어를 아느냐?

Nagsásalitâ pô ba kayó ng Tagalog?
[낙사-살리따' 뽀' 바 까요 낭 따가-ㄹ록?]
따갈로그어를 말하십니까?

Mahusay kayóng magsalitâ ng Tagalog.
[마후-사이 까용 막살리따' 낭 따가-ㄹ록]
따갈로그어를 잘 하시는군요.

Tagasaán pô kayó?
[따가사안 뽀' 까요?]
어디 출신입니까?/고향은 어디입니까?

taga~[따가~]: 출신지역, 살고 있는 곳, 직업 등을 의미하는 접두사로서, 고유명사의 경우에만 연자부호(-)를 삽입하여 연결하고, 그 외에는 바로연결한다.

Ex)taga-Cebú[따가세부]: 세부출신

taga-Amerika[따가아메리까]: 미국 출신, 미국 사람

tagarito[따가리-또]: 이 지역 출신 사람

tagalutò[따가루-또']: 요리사

tagapayong[따가빠-용]: 우산 받쳐주는 사람(골프장 등)

Saán pô kayó nakatirá?
[사안 뽀' 나까띠라 까요?]
당신은 어디에서 살고계십니까?

Anó ang pinakaimportanteng paksâ sa mga araw na itó?
[아노 앙 삐나까임뽀따-ㄴ뗑 빡사 사 망아 아-라우 나 이또?]
요즈음 가장 중요한 화젯거리는 무엇입니까?

mga는 mangá[망아]의 줄임말로 두 개 이상의 복수임을 뜻한다.

pinaka~[삐나까~]: 형용사를 최상급으로 만드는 접두사
Ex)pinakamagandá[삐나까마간다]: 가장 아름다운
pinakabatà[삐나까바-따']: 가장 어린, 가장 젊은
pinakamasipag[삐나까마시-빡]: 가장 열심인

말 걸기(실전회화)

〈**P**: 필리핀 남자, **K**: 한국인 관광객 남자〉

P : Magandáng tanghalì pô.
[마간당 땅하-ㄹ리' 뽀']
안녕하십니까?

K : Magandáng tanghalì pô namán.
[마간당 땅하-ㄹ리' 뽀' 나만]
예, 안녕하십니까?

P : Tagasaán pô kayó?
[따가사안 뽀 까요?]
어디서 오셨습니까?

K : Taga-Seoul, Korea pô.
[따가서울 코리아 뽀']
한국의 서울에서 왔습니다.
Tagarito pô ba kayó?
[따가리-또 뽀' 바 까요?]
당신은 이곳 출신이십니까?

P : Hindî pô. Taga-Maynila akó.
[힌디' 뽀'. 따-가 마이니-ㄹ라 아꼬]
아닙니다. 저는 마닐라 출신입니다.
Gustó pô ba ninyó ang Pilipinas?
[구스또 뽀' 바 닌요 앙 삘리삐-나스?]
필리핀이 마음에 드십니까?

K : Opò, gustúng-gustó ko ang Pilipinas.
[오-뽀', 구스뚱 구스또 꼬 앙 삘리삐-나스]
예, 필리핀을 아주 좋아합니다.

P : Anó pô ang gustó ninyó sa Pilipinas?
[아노 뽀' 앙 구스또 닌요 사 삘리삐-나스?]
필리핀에서 뭐가 마음에 드십니까?

K : Magandá ang Pilipinas at mabaít ang mga Pinóy.

[마간다 앙 삘리삐-나스 앝 마바잍 앙 망아 삐노이]

필리핀은 아름답고 필리핀 사람들은 친절합니다.

P : Salamat pô. Sana, maligayang biyahe ninyó sa Pilipinas.

[살라-맡 뽀‘. 사-나, 말 리가-양 비야-헤 닌요 사 삘리삐-나스]

감사합니다. 필리핀에서 즐거운 여행하시기를 기원합니다.

sana[사-나]: 말하는 사람의 기원, 희망을 뜻하며, 소망(기원, 희망)하다, 바라다 등으로 해석된다.

K : Maraming salamat pô.

[마라-밍 살라-맡 뽀‘]

대단히 감사합니다.

맞장구

Tunay ba?
[뚜-나이 바?]
정말이야?

Tunay ba iyán?
[뚜-나이 바 이얀?]
그거 정말이예요?

Oo ngâ.
[오-ㅇ ㅇ아']
아, 그렇군요.

Oo namán.
[오-오 나만]
정말 그렇습니다.

Oo ngâ palá.
[오-오 ㅇ아' 빨라]
아, 정말 그렇군요.

Bakit kayâ?
[바-낕 까야'?]
왜 그렇지요?/어째서요?

Kayâ palá!
[까야' 빨라]
바로 그것 때문이군요.

Kayâ ngâ.
[까야' ㅇ아']
그렇습니다./맞아요.

ngâ[ㅇ아']는 단독으로 사용되지 않고 항상 다른 단어의 뒤에 따라 나오는 보족어로서 "과연, 정말" 등의 뜻으로 앞 단어의 의미를 강조한다.

읽을 때는 "ㅇ"을 앞 단어의 받침으로 붙여서 발음한다. 따라서 Kayâ ngâ.의 실제 발음은 [까양아'], Oo ngâ는 [오-옹아']이다

Talagá!
[딸라가]
과연 그렇군요!

Talagá ba?
[딸라가 바?]
사실인가요?

Siyempre pô.
[시예-ㅁ쁘레 뽀']
물론입니다.

O sige pô.
[오 시-게 뽀']
아-, 그렇게 하십시오.

되묻기

〈**T**: 질문(**Tanong**), **S**: 답변(**Sagot**)〉

T : Pandák si Tom, dî ba?
[빤닥 시 톰, 디' 바?]
톰은 키가 작습니다. 안 그렇습니까?

S : Hindî, matangkád siyá.
[힌디', 마땅까드 시야]
아니요, 그는 키가 큽니다.

T : Siyá ay mayaman, dî ba?
[시야 아이 마야-만, 디' 바?]
그는 부자입니다. 안 그래요?

S : Oo, mayaman siyá.
[오-오', 마야-만 시야]
예, 그는 부자입니다.

T : Malinis ang hardín ng bahay, anó?
[말리-니스 앙 하르딘 낭 바하이, 아노?]
그 집의 정원은 깨끗합니다. 안 그렇습니까?

S : Oo, malinis ang hardín ng bahay.
[오-오' 말리-니스 앙 하르딘 낭 바-하이]
예, 그 집 정원은 깨끗합니다.

S : Hindî, marumí ang hardín ng bahay.
[힌디' 마루미 앙 하르딘 낭 바-하이]
아니요, 그 집 정원은 더럽습니다.

T : Hindî mahál ang kotse, anó?
[힌디' 마할 앙 꼬-체, 아노?]
그 차는 비싸지 않습니다. 그런가요?

S : Oo, hindî mahál ang kotse.

[오-오', 힌디' 마할 앙 꼬-체]

예, 그 차는 비싸지 않습니다.

S : Hindî, mura ang kotse.

[힌디', 무-라 앙 꼬-체]

아니요, 그 차는 쌉니다.

이해 및 확인

Náiintindihán mo ba?
[나-이인띤디한 모 바?]
알겠어?/이해했어?

Náiintindihán pô ba ninyó?
[나-이인띤디한 뽀' 바 닌요?]
이해하셨습니까?

Náintindihán ko na.
[나-인띤디한 꼬 나]
알겠습니다.

Hindî ko náiintindihán.
[힌디' 꼬 나-이인띤디한]
모르겠습니다.

Pakiulit pô lamang.
[빠끼우-ㄹ릿 뽀' 라-망]
다시 한 번 말씀해 주십시오.

Kuha mo ba ang sinabi ko?
[꾸-하 모 바 앙 시나-비 꼬?]
내가 한 말 이해했어?

Sumasang-ayon ka ba sa sinabi ko?
[수마-상 아-욘 까 바 사 시나-비 꼬?]
내가 한 말에 찬성하느냐?

Tamà ba ang sabi ko?
[따-마' 바 앙 사-비 꼬?]
내가 말한 것이 맞습니까?

Huwág kang magkámalî ng pag-unawà sa sabi ko.
[후왁 깡 막까-말리' 낭 빡우나-와' 사 사-비 꼬]
내말을 오해하지 마.

04 필리핀어(따갈로그어) 관련

▶ 따갈로그어를 할 수 있는지 물어보기

Marunong ka ba ng Tagalog?
[마루-농 까 바 낭 따가-ㄹ록?]
너 따갈로그어 알고 있어?

Marunong ka bang magtagalog?
[마루-농 까 방 막따가-ㄹ록?]
너는 따갈로그어를 할 수 있느냐?

Marunong pô ba kayó ng Tagalog?
[마루-농 뽀' 바 까요 낭 따가-ㄹ록?]
따갈로그어를 알고 계십니까?

Nagsásalitâ ka ba ng Tagalog?
[낙사-살리따' 까 바 낭 따가-ㄹ록?]
너는 따갈로그어를 말하느냐?

Puwede pô ba kayóng magtagalog?
[뿌웨-데 뽀' 바 까용 막따가-ㄹ록?]
따갈로그어를 하실 수 있습니까?

▶ 따갈로그어 관련 물어보기

Anó itó sa Tagalog?
[아노 이또 사 따가-ㄹ록?]
이거 따갈로그어로 뭐라 합니까?

Anó ang tawag niyán sa Tagalog?
[아노 앙 따-왁 니얀 사 따가-ㄹ록?]
그것은 따갈로그어로 무엇입니까?

Anó ang Tagalog-salitâ nitó?
[아노 앙 따가-ㄹ록 살리따' 니또?]
이것의 따갈로그어 단어는 무엇입니까?

Anó sa Tagalog ang airplane ng Inglés?
[아노 사 따가-ㄹ록 앙 에어플레인 낭 잉글레스]
영어의 airplane(비행기)는 따갈로그어로 무엇입니까?

Ang airplane ay eruplano sa Tagalog.
[앙 에어플레인 아이 에루쁠라-노 사 따가-ㄹ록]
airplane은 따갈로그어로 eruplano입니다.

Eruplano iyán.
[에루쁠라-노 이얀]
그것은 eruplano입니다.

Paano mo sásabíhin itó sa Tagalog?
[빠아-노 모 사-사비-힌 이또 사 따가-ㄹ록?]
너는 이것을 따갈로그어로 어떻게 말하느냐?

Paano ko sásabíhin itó sa Tagalog?
[빠아-노 꼬 사-사비-힌 이또 사 따갈로그?]
나는 이것을 따갈로그어로 어떻게 말해야 합니까?

Iturò mo ngâ sa akin ang "good-bye" sa salitâ ng Tagalog.
[이뚜-로' 모 ㅇ아' 사 아-낀 앙 굳바이 사 살리따' 낭 따가-ㄹ록]
Good-bye를 따갈로그어로 좀 가르쳐 줘.

Pakiturò pô ninyó kung anóng salitâ ng Tagalog ang "thank you".
[빠끼뚜-로' 뽀' 닌요 꿍 아농 살리따' 낭 따가-ㄹ록 앙 땡큐]
Thank you가 따갈로그어로 무엇인지 가르쳐 주십시오.

Iwastô mo ang malî sa aking pangungusap ng Tagalog.
[이와스또' 모 앙 말리' 사 아-낑 빵웅우-삽 낭 따가-ㄹ록]
나의 따갈로그어 문장에 잘못된 곳을 고쳐 줘.

Tamà ba ang pangungusap na itó, "Kumustá ang pamilya mo?"
[따-마' 바 앙 빵웅우-삽 나 이또, "꾸무스따 앙 빠미-ㄹ랴 모?"]
"너의 가족은 잘 있느냐?" 이 문장이 맞습니까?

Tamà ba itó, "Huwág mong kalimutan akó."
[따-마' 바 이또, "후왁 몽 깔리무-딴 아꼬"]
"나를 잊지마." 이것 맞습니까?

따갈로그어로 대화하기

Magtagalog tayo mulâ ngayón.
[막따가-ㄹ록 따-요 물라' ㅇ아욘]
지금부터 따갈로그어로 얘기합시다.

Uy! Marunong ka ng Tagalog.
[우이! 마루-농 까 낭 따가-ㄹ록]
와! 너 따갈로그어를 아는구나.

Abá! Mahusay kang magsalitâ ng Tagalog.
[아바! 마후-사이 깡 막살리따 낭 따가-ㄹ록]
와! 너 따갈로그어를 잘 하는구나.

Anó ang kahulugan nitó?
[아노 앙 까훌루-간 니또?]
이것의 뜻이 뭐예요?

Anóng ibig sabihin niyán?
[아농 이-빅 사비-힌 니얀?]
그것의 말 뜻은 뭡니까?

Anóng ibig mong sabihin?
[아농 이-빅 몽 사비-힌?]
너는 무엇을 말하려고 하느냐?(무슨 말을 하려느냐?)

Tamà pô ba ang sabi ko sa Tagalog?
[따-마' 뽀' 바 앙 사-비 꼬 사 따가-ㄹ록?]
저가 따갈로그어로 말한 것이 정확합니까?

Anó ang sinabi mo?
[아노 앙 시나-비 모?]
뭐라고 말했어?

Anó pô ang sinabi ninyó?
[아노 뽀' 앙 시나-비 닌요?]
뭐라고 말씀하셨습니까?

Dî ko máintindihán ang ibig mong sabihin.
[디' 꼬 마-인띤디한 앙 이-빅 몽 사비-힌]
나는 네가 무슨 말을 하는지 이해 못하겠다.

Náiintindihán mo ba ang ibig kong sabihin?
[나-이인띤디한 모 바 앙 이-빅 꽁 사비-힌?]
너는 내가 무슨 말하는지 이해하고 있어?

Náiintindihán pô ba ninyô ang ibig kong sabihin?
[나-이인띤디한 뽀' 바 닌요 앙 이-빅 꽁 사비-힌?]
저가 무슨 말하는지 이해하십니까?

Maáarì pô bang magsalitâ kayó nang mas mabagal.
[마아-아-리' 뽀' 방 막살리따' 까요 낭 마스 마바-갈]
좀 더 천천히 말해 주실 수 있습니까?

Huwág pô kayóng magkámalî ng pag-unawà sa akin.
[후왁 뽀' 까용 막까-말리' 낭 빡우나-와' 사 아-낀]
저를 오해하지 마십시오.

04

▶ 생활회화용 문장 모음

Dinaramdám ko.
[디나람담 꼬]
유감입니다.

Pasensya ka na.
[빠세-ㄴ샤 까 나]
미안해.

Nagmámadalî na akó.
[낙마-마달리' 나 아꼬]
나는 지금 바빠요.

Anó ba itó(iyán, iyón)?
[아노 바 이또(이얀, 이욘)?]
이것(그것, 저것)은 무엇입니까?

회화체에서는 아래와 같이 사용한다.
Anó ba 'to('yan, 'yon)?
[아노 바 또(얀, 욘)?]

Ewan ko.
[에-완 꼬]
나는 모른다.

Dî ko alám din.
[디' 꼬 알람 딘]
나도 역시 모른다.

Ikáw ang bahalà.
[이까우 앙 바하-ㄹ라']
너한테 달렸다.

Ikáw ang másusunód.
[이까우 앙 마-수수놋]
너가 해야 할 일이다.

Bahalà ka.
[바하-ㄹ라’ 까]
너가 알아서 해.

Kayó ang bahalà.
[까요 앙 바하-ㄹ라‘]
당신에게 달렸습니다./당신 책임입니다.

Akó ang bahalà.
[아꼬 앙 바하-ㄹ라‘]
저가 처리하겠습니다./저가 결정할 일입니다.

Iyán ang gustó mo.
[이얀 앙 구스또 모]
너가 좋을 대로 해.(너가 원하는 대로 해.)

Bahalà na.
[바하-ㄹ라‘ 나]
될 대로 되라지 뭐.

Pakinggán mo pô akó.
[빠낑간 모 뽀‘ 아꼬]
저의 말을 들어 보십시요.

Dalangan mo ang pagsasalitâ.
[달라-ㅇ안 모 앙 빡사살리따‘]
천천히 말해라.

Dalangan pô ninyó ang pagsasalitâ.
[달라-ㅇ안 뽀‘ 닌요 앙 빡사살리따’]
천천히 말씀해 주십시오.

Tulungan mo akó.
[뚤루-ㅇ안 모 아꼬]
도와줘.

Tulungan pô ninyó akó.
[뚤루-ㅇ안 뽀‘ 닌요 아꼬]
도와 주십시오.

Sumunód ka sa akin.
[수무놋 까 사 아-낀]
나를 따라 오너라.

Máuná ka sa akin.
[마-우나 까 사 아-낀]
앞서서 가거라./너를 따라 가겠다.

Tumawag kayó ng taksi.
[뚜마-왁 까요 낭 따-ㅋ시]
택시 불러 주세요.

Sayang!
[사-양?]
안됐군요./유감입니다.

Ayoko.
[아요-꼬]
싫어요.

Magtaksi na lang tayo.
[막따-ㅋ시 나 랑 따-요]
택시타고 갑시다.

Gamitin natin ang kotse mo.
[가미-띤 나-띤 앙 꼬-체 모]
너의 차를 사용하자.

Hindî bale.
[힌디' 바-ㄹ레]
신경 쓰지마./걱정마.

Mangyari pa.
[망야-리 빠]
물론이지.

Siyempre.
[시예-ㅁ쁘레]
물론./당연히.

Sa anú't anó man
[사 아눝 아노 만]
어떠한 경우에도

Sa anumáng mangyari
[사 아누망 망야-리]
무슨 일이 발생하더라도

Halika.
[할리-까]
이리 와.(단수)

Halikayó.
[할리까요]
모두 이리 오너라.(복수)

Tayo na.
[따-요 나]
가자.

Tara na.
[따-라 나]
출발하자.

Sásáma ka ba?
[사-사-마 까 바?]
너 같이 갈꺼야?

Mangyari pa, sásáma akó.
[망야-리 빠, 사-사-마 아꼬]
물론 함께 가겠다.

Sa anumáng mangyari, sásáma akó.
[사 아누망 망야-리, 사-사-마 아꼬]
무슨 일이 발생하더라도 함께 가겠다.

Paniwalaan mo akó.
[빠니왈라-안 모 아꼬]
나를 믿어라.

형용사 반대어 모음

mahál↔mura[마할↔무-라] ······ 비싼↔싼(헐한)

makapál↔manipís[마까빨↔마니삐스] ······ 두꺼운↔얇은

mabaít↔malamíg[마바잍↔말라믹] ······ 친절한/쌀쌀한

makinis↔magalasgás[마끼-니스/마갈라스가스] ······ 매끄러운↔거친

matigás↔malambót[마띠가스↔말람봍] ······ 딱딱한/연한

mataás↔mababà[마따아스/마바-바'] ······ 높은↔낮은

mabangó↔mabahò[마방오↔마바-호'] ······ 향기로운↔악취나는

matangkád↔pandák[마땅깓↔빤닥] ······ 키 큰↔땅딸막한

mahabà↔maiklî[마하-바'↔마이끌리'] ······ 긴↔짧은

matalino↔bobo(tangá)[마딸리-노↔보-보(땅아)] ······ 현명한↔우둔한

matapang↔duwág[마따-빵↔두왁] ······ 용감한↔겁많은

masipag↔tamád[마시-빡↔따맏] ······ 근면한↔게으른

malamíg↔mainit[말라믹↔마이-닡] ······ 차가운, 추운↔뜨거운, 따뜻한

mayaman↔mahirap[마야-만↔마히-랖] ······ 부유한↔가난한

maputî↔maitím[마뿌띠'↔마이띰] ······ 흰↔검은

maingay↔tahimik[마이-ㅇ아이↔따히-믹] ······ 시끄러운↔조용한

lutò↔hiláw[루-또'↔힐라우] ······ 조리된↔날것의

tamà↔malî[따-마'↔말리'] ······ 맞다↔틀리다

malalim↔mababaw[말라-림↔마바-바우] ······ 깊은↔얕은

madalî↔mahirap[마달리'↔마히-랖] ······ 쉬운↔어려운

magaán↔mabigát[마가안↔마비갈] ······ 가벼운↔무거운

maawaín↔malupít[마아와인↔말루삩] ······ 자비로운↔잔인한

maluwáng↔makitid[말루왕↔마끼-띧] ······ 넓은↔좁은

maluwáng↔masikíp[말루왕↔마시낖] ······ 느슨한↔쪼이는

marunong↔mangmáng[마루-농↔망망] ······ 유식한↔무식한

maligaya↔malungkót[말리가-야↔말룽꽅] ······ 행복한(즐거운)↔불행한(슬픈)

matabâ↔payát[마따바'↔빠얕] ······ 뚱뚱한↔야윈(날씬한)

04

pangó↔matangos[빵오↔마땅-ㅇ오스] ················ 납작 코의↔코가 뾰족한
magaspáng↔pino[마가스빵↔삐-노] ························ 조악한↔정교한
hinóg↔hiláw(bubót)[히녹↔힐라우(부봍)] ···················· 익은↔덜 익은
maasim↔matamís[마아-심↔마따미스] ································ 신↔단
alat↔tabáng[아-ㄹ랕↔따방] ··························· 짠↔소금기 없는
maliwanag↔madilím[말리와-낙↔마딜림] ···················· 밝은↔어두운
matalím↔mapuról[마딸림↔마뿌롤] ···························· 예리한↔둔한
bukás↔sarado[부까스↔사라-도] ································ 열린↔닫힌
basâ↔tuyô[바사↔뚜요] ·· 젖은↔마른
matuwíd↔kilô(likô)[마뚜윋↔낄로(리꼬)] ···················· 똑바른↔굽은
patáy↔buháy[빠따이↔부하이] ···························· 죽은↔살아 있는
maaga↔náhulí[마아-가↔나-훌리] ···································· 이른↔늦은
maangháng↔matabáng[마앙항↔마따방] ························ 매운↔순한
mayabang↔mahinhín[마야-방↔마힌힌] ···················· 허풍떠는↔겸손한
magalang↔bastós[마가-ㄹ랑↔바스또스] ···················· 예의바른↔무례한
mabilís↔mabagal[마빌리스↔마바-갈] ························ 빠른↔느린
mabuti↔masamâ[마부-띠↔마사마'] ·························· 좋은↔나쁜
magandá↔pangit[마간다↔빠-ㅇ잍] ·························· 아름다운↔추한
malakí↔maliít[말라끼↔말리잍] ···································· 큰↔작은
batà↔matandâ[바-따'↔마딴다] ································ 젊은↔늙은
bago↔lumà[바-고↔루-마'] ···································· 새로운↔낡은
makabago↔makalumà[마까바-고↔마까루-마'] ············ 현대적인↔구식인
malakás↔mahinà[말라까스↔마히-나'] ························ 강한↔약한
malinis↔marumí[말리-니스↔마루미] ························ 깨끗한↔더러운
matipíd↔bulagsák[마띠삗↔불락삭] ···················· 절약하는↔낭비하는
totoó↔sinungaling[또또오↔시눙아-ㄹ링] ···················· 진실된↔거짓의

Ang tamà ay kasalungát ng malî.
[앙 따-마' 아이 까사룽앋 낭 말리']
Tamà(맞다)는 Malî(틀리다)의 반대말이다.

Ang hiláw ay singkahulugán ng bubót.
[앙 힐라우 아이 싱까훌루간 낭 부봍]
Hiláw는 Bubót(덜 익은)의 비슷한 말이다.

Ayaw ko sa isáng lalaking duwág.
[아-야우 꼬 사 이상 랄라-낑 두왁]
나는 겁쟁이 남자를 좋아하지 않는다.

Lalong gustó ng mga lalaki ang magandáng babae kaysá pangit na babae.
[라-ㄹ롱 구스또 낭 망아 랄라-끼 앙 마간당 바바-에 까이사 빠-ㅇ잍 나 바바-에]
남자들은 추녀보다 미녀를 더 좋아한다.

Mabahò ang karné na binilí ni Ismael.
[마바-호' 앙 까르네 나 비닐리 니 이스마엘]
이스마엘이 구매한 고기는 악취가 난다.

Siyá ay magalang na binatà.
[시야 아이 마가-ㄹ랑 나 비나-따']
그는 예의바른 젊은이이다.

Sarado ang tindahan para sa táunang pag-iimbentaryo.
[사라-도 앙 띤다-한 빠-라 사 따-우-낭 빡이임벤따-료]
그 가게는 년간 재고조사를 위해 닫혀 있다.

Matandâ na ang aking lolo.
[마딴다' 나 앙 아-낑 로-ㄹ로]
나의 할아버지는 이미 늙으셨다.

Huwág kang bulagsák.
[후왁 깡 불락삭]
낭비하지 마라.

Nakasuót siyá makalumang damít.
[나까수옽 시야 마까루-망 다밑]
그는 유행이 지난 옷을 입고 있다.

Tabáng ang tubig na iyán, hindî alat.
[따방 앙 뚜-빅 나 이얀, 힌디' 아-ㄹ랕]
그 물은 소금기가 없어 짜지 않다.

Sa totoóng salitâ, ayoko siyá.
[사 또또옹 살리따', 아요-꼬 시야]
솔직히 말해서 그를 좋아하지 않는다.

Huwág kang magsalitâ ng bastós na salitâ.
[후왁 깡 막살리따' 낭 바스또스 나 살리따']
무례한 말을 하지마라.

Mahinà ang katawán niyá.
[마히-나' 앙 까따완 니야]
그의 몸은 허약하다.

Malakás ang hukbó ng Estados Unidos.
[말라까스 앙 훅보 낭 에스따-도스 우니-도스]
미국 군대는 강하다.

Parang masikíp ang manggás.
[빠-랑 마시낖 앙 망가스]
소매가 좀 쪼이는 기분입니다.

Ang salitâ ng tamád ay isáng pang-urì.
[앙 살리따 낭 따맏 아이 이상 빵우-리']
"게으르다"라는 단어는 형용사다.

따갈로그어와 필리핀어(실전회화)

〈**D** : 외국인, **P** : 필리핀인〉

D : Anó ang sariling wikà ninyó?
[아노 앙 사리-ㄹ링 위-까' 닌요?]
당신이 사용하는 고유 지방언어는 무엇입니까?

P : Tagalog ang wikà namin dito sa Kamaynilaan at sa mga kalapít na probinsya.
[따가-ㄹ록 앙 위-까' 나-민 디-또 사 까마이닐라-안 앝 사 망아 깔라삩 나 쁘로비-ㄴ샤]
이곳 마닐라 지역과 근처의 여러 지방 주(州)에서 우리가 사용하는 언어는 따갈로그어입니다.

Ka--an: 도시 이름에 부쳐서 그 도시와 근교까지 전체적인 지역을 의미하는 혼합사.
Ex)Tagaytáy[따가이따이] → Katagaytayán[까따가이따얀]: 따가이따이 지역
Maynila[마이니-ㄹ라] → Kamaynilaan[까마이닐라-안]: 마닐라 지역

Isá sa walóng pángunahíng wikà sa Pilipinas ang Tagalog.
[이사 사 왈롱 빠-ㅇ우나힝 위-까' 사 삘리삐-나스 앙 따가-ㄹ록]
따갈로그어는 필리핀의 주요 8개 지방언어 중 하나입니다.

D : May pambansáng wikà ba kayó?
[마이 빰반상 위-까' 바 까요?]
당신들은 국어가 있습니까?

P : Merón. Noóng 1946, ideklarang pambansáng wikà ang Pilipino.
[메론. 노옹 산리-보 시얌 나 라안 아-빹나뿥 아-님 나 따온, 이데끌라-랑 빰반상 위-까' 앙 삘리삐-노]
있습니다. 1946년에 삘리삐노어를 국어로 선포했습니다.

1946년 : Sanlibo siyám na raán apatnapú't anim na taón
[산리-보 시얌 나 라안 아빹나뿥 아-님 나 따온]

Ibinase ang Pilipino sa Tagalog.
[이비나-세 앙 삘리삐-노 사 따가-ㄹ록]
삘리삐노어는 따갈로그어를 기초로 했습니다.

D : Pareho ba ang Tagalog at Pilipino?
[빠레-호 바 앙 따가-ㄹ록 앝 삘리삐-노?]
따갈로그어와 필리피노어는 동일하겠군요?

P : Oo, parehung-pareho.
[오-오, 빠레-홍 빠레-호]
네, 완벽하게 일치합니다.
Pareho siláng may dalawampúng letra ng alpabeto, pareho ng bokabularyo, ayos ng mga salitâ, gramátiká at istraktura ng pangungusap.
[빠레-호 실랑 마이 달라왐뿡 레-뜨라 낭 알빠베-또, 빠레-호 낭 보까불라-료, 아-요스 낭 망아 살리따', 그라마-띠까 앝 이스뜨랔뚜-라 낭 빵웅우-삽]
그들은 동일하게 20개 철자의 알파벳을 사용하고, 또 어휘도 같고, 단어 구성, 문법, 문장의 구조도 같습니다.

D : E, anó namán ang Filipino?
[에, 아노 나만 앙 필리삐-노?]
그러면, 필리삐노어는 도대체 무엇입니까?

A : Tinawag na Filipino sa halíp ng Pilipino ang pambansáng wikà mulâ noón 1987.
[띠나-왁 나 필리삐-노 사 할맆 낭 삘리삐-노 앙 빰반상 위-까' 물라' 노온 산리-보 시얌 나 라안 왈룸뿥 삐똥 따온]
1987년부터 국어는 삘리삐노어 대신 필리삐노어라고 말하고 있습니다.

1987년: Sanlibo siyám na raán walumpú't pitóng taón
[산리-보 시얌 나 라안 왈룸뿥 삐똥 따온]

Filipino가 현재 필리핀 국어의 공식명칭이므로 공식적인 우리말 표현은 "따갈로그어"보다는 "필리핀어" 또는 "필어"라고 하는 것이 타당하겠다.
그러나 실제 현지인들과의 대화에서는 여전히 Tagalog라는 표현이 이해가빠르고 자연스럽다.

D : Magkáibá ba ang Filipino at Pilipino?
[막까-이바 바 앙 필리삐-노 앝 삘리삐-노?]
필리삐노어와 삘리삐노어는 서로 틀립니까?

P : Halos pareho rin, liban sa dagdág ng walóng bagong letra sa alpabeto ng Pilipino.
[하-ㄹ로스 빠레-호 린, 리-반 사 닥닥 낭 왈롱 바-공 레-뜨라 사 알빠베-또 낭 삘리삐-노]
삘리삐노어의 알파벳에 8개의 새로운 철자를 추가한 것을 제외하고는 역시 거의 같습니다.

liban sa~[리-반 사]: ~을 제외하고

D : Anó ang láyúnin sa dagdág ng walóng bagong letra?
[아노 앙 라-유-닌 사 닥닥 낭 왈롱 바-공 레-뜨라?]
8개의 새로운 철자를 추가한 목적은 무엇입니까?

P : Upang isama sa Filipino ang mga gamitíng salitâ mulâ sa wikang Inglés, Kastilà at ibá pang katutubong wikà sa Pilipinas.
[우-빵 이사-마 사 필리삐-노 앙 망아 가미띵 살리따' 물라' 사 위-깡 잉글레스, 까스띠-ㄹ라' 앝 이바 빵 까뚜뚜-봉 위-까' 사 삘리삐-나스]
필리삐노어에 영어, 스페인어, 그리고 여러 가지 필리핀 지방언어들로부터 유입되어 사용되고 있는 단어들을 흡수시키기 위해서입니다.

D : A, náintindihán ko na.
[아, 나-인띤디한 꼬 나]
아~, 이제 알겠습니다.

P : Anó sa palagáy ninyó ang pinakapréstihiyóso? Tagalog, Pilipino o Filipino?
[아노 사 빨라가이 닌요 앙 삐나까쁘레-스띠히요-소? 따가-ㄹ록, 삘리삐-노 오 필리삐-노?]
우선권을 갖는 것은 뭐라고 생각하십니까? 따갈로그어, 삘리삐노어 아니면 필리삐노어?

D : Siyempre Filipino.

[시예- ㅁ쁘레 필리삐-노]
당연히 필리삐노어입니다.

05 몇 가지 중요표현에 대한 심층 분석

▶ 존재(있다, 없다)의 표현

(1) "있다(존재한다)"라는 표현에는 may[마이] 또는 mayroón[마이로온]이 사용된다.
이 두 가지 단어는 시제를 나타내는 파생어가 없기 때문에 문장 내에 별도의 시제를 표현하는 단어가 없으면 현재를 의미한다.
may는 항상 존재대상과 함께 사용해야 하지만, mayroón은 독립적으로 사용되는 단어이므로 존재대상과의 사이에는 연결어가 필요하다.
mayroón은 실제 회화 중에는 merón[메론]으로 줄여서 말하는 경우가 많다.

May tao sa loób.
[마이 따-오 사 로옵]
안에 사람이 있다.

May mga tao sa labás.
[마이 망아 따-오 사 라바스]
바깥에 사람들이 있다.

May tao ba sa kuwarto?
[마이 따-오 바 사 꾸와-르또?]
방에 사람이 있습니까?

May klase bukas.
[마이 끌라-세 부-까스]
내일 수업이 있다.

May bisita kanina.
[마이 비시-따 까니-나]
조금 전에 방문객이 있었다.

May isáng baka sa likód ng bahay.
[마이 이상 바-까 사 리꼳 낭 바-하이]
집 뒤에 소가 한 마리 있다.

May maraming bundók sa Korea.
[마이 마라-밍 분독 사 코레-아]
한국에는 많은 산들이 있다.

Mayroóng pistá rito sa Mayo.
[마이로옹 삐스따 리-또 사 마-요]
여기는 5월에 축제가 있다.

mayroóng: mayroón + na(연결어)

Mayroón bang sine sa lunsód ng Batangas?
[마이로온 방 시-네 사 룬솓 낭 바따-ㅇ가스?]
바탕가스 시에 영화관이 있습니까?

Mayroóng larô mámayâ rito.
[마이로옹 라로' 마-마야' 리-또]
나중에 여기에서 시합이 있을 것이다.

dito[디-또]는 앞의 단어의 마지막 철자가 모음인 경우 rito[리-또]로 변화한다.

May mga asong maliliít dito at mayroóng malalakí doón.
[마이 망아 아-송 말릴리잍 디-또 앝 마이로옹 말랄라끼 도온]
여기에는 작은 개들이 있고, 저기에는 큰 개들이 있다.

May gágawín pa ba?
[마이 가-가윈 빠 바?]
할 일이 더 있습니까?

Merón pa bang gágawín?
[메론 빠 방 가-가윈?]
할 일이 더 있습니까?

Oo, mayroón.
[오-오, 마이 로온]
예, 있습니다.

(2) "없다(존재하지 않는다)"라는 표현은 walâ[왈라']를 사용한다.

Waláng bulaklák sa hardín ng bahay niyá.
[왈랑 불락락 사 하르딘 낭 바-하이 니야]
그의 집 정원에는 꽃이 없다.

Waláng bundók na mataás sa Korea.
[왈랑 분독 나 마따아스 사 코레-아]
한국에는 높은 산이 없다.

Walâ bang telebisyón sa sala?
[왈라' 방 뗄레비숀 사 사-ㄹ라?]
거실에 텔레비전이 없습니까?

Waláng masaráp na pagkain dito.
[왈랑 마사랖 나 빡까-인 디-또]
여기에는 맛있는 음식이 없다.

Walâ pang tao rito.
[왈라' 빵 따-오 리-또]
여기는 아직 아무도 없다.

Walâ pa bang balità galing kay Juan?
[왈라' 빠 방 발리-따' 가-ㄹ링 까이 후-안?]
아직 후안에게서는 소식이 없습니까?

Walâ nang malinís na tubig doón.
[왈라' 낭 말리니스 나 뚜-빅 도온]
저기에는 이제 더 이상 깨끗한 물이 없다.

May asukal ba sa bote?
[마이 아수-깔 바 사 보-떼?]
병에 설탕이 있습니까?

Walâ.
[왈라']
없습니다.

Walâ na.
[왈라' 나]
더 이상 없습니다.

Mayroón.(Merón.)
[마이로온(메론)]
있습니다.

Mayroón(Merón) pa.
[마이로온(메론) 빠]
아직 있습니다.

Kontî lang.
[꼰띠' 랑]
조금 밖에 없어요.

05

(3) "많이 있다"와 "조금 있다"라는 표현은 marami[마라–미]와 kontî[꼰띠']를 사용한다.

Maraming batà sa kalye kahapon.
[마라-밍 바-따' 사 까-ㄹ예 까하-뽄]
어제 거리에 많은 어린이들이 있었다.

Maraming tao sa aplaya.
[마라-밍 따-오 사 아쁠라-야]
해변에 사람이 많다.

Maraming punò sa bundók.
[마라-밍 뿌-노' 사 분독]
산에 나무가 많다.

Marami pang kanin sa saingán.
[마라-미 빵 까-닌 사 사잉안]
솥에 아직 밥이 많이 있다.

Kontíng tao sa sine kahapon.
[꼰띵 따-오 사 시-네 까하-뽄]
어제 영화관에 사람이 약간 있었다.

Kontî na ang salapî sa kahón ng mesa.
[꼰띠' 나 앙 살라삐' 사 까혼 낭 메-사]
지금 설합 속에 돈이 조금 있다.

Kontî na ang tao sa aplaya.
[꼰띠' 나 앙 따-오 사 아쁠라-야]
지금 해변에 사람이 조금 있다.

Kontî ang tao sa aplaya kagabí.
[꼰띠' 앙 따-오 사 아쁠라-야 까가비]
어제 밤 해변에 사람이 조금 있었다.

Kontî pa ang kanin sa saingán.
[꼰띠' 빠 앙 까-닌 사 사잉안]
솥에 아직 밥이 조금 있다.

Kontíng punong-kahoy sa bundók.
[꼰띵 뿌-농 까-호이 사 분독]
산에 나무가 조금 있다.

(4) "여기(거기, 저기)에 있다(없다)" 표현은 "Ná + ritó(riyán, roón)"와 "Walâ rito(riyán, roón)"를 사용한다.
시제는 상황에 따라 현재 또는 과거로 해석되며, 미래시제에는 사용할 수 없다.

Náritó silá.
[나-리또 실라]
여기에 그들이 있다(있었다).

Walâ silá rito.
[왈라' 실라 리-또]
그들은 여기에 없다(없었다).

Náritó ang aklát kaní-kanina.
[나-리또 앙 아끌랕 까니 까니-나]
바로 조금 전에 여기에 책이 있었다.

Walâ rito ang aklát kaní-kanina.
[왈라' 리또 앙 아끌랕 까니 까니-나]
바로 조금 전에 여기에 책은 없었다.

Náriyán ang lapis.
[나-리얀 앙 라-삐스]
거기에 연필이 있다(있었다).

Náriyán ba ang pamburá?
[나-리얀 바 앙 빰부라]
거기에 지우개가 있습니까(있었습니까)?

Walâ riyán ang lapis.
[왈라' 리얀 앙 라-삐스]
거기에 연필은 없다(없었다).

Nároón ang mga batà.
[나-로온 앙 망아 바-따']
저기에 아이들이 있다(있었다).

Walâ roón ang mga batà.
[왈라' 로온 앙 망아 바-따']
저기에 아이들이 없다(없었다).

Walâ ba roón ang mga batà?
[왈라' 바 로온 앙 망아 바-따']
저기에 아이들이 없습니까(없었습니까)?

▶ 소유(가지고 있다, 없다)의 표현

존재를 표현하는 단어들이 동일한 용도로 사용된다.
마찬가지로 문장에서 시제를 표현할 수 없으므로 시제를 표현하는 추가적인 단어나 구가 필요하다.
차이점은 존재 표현에서는 존재의 대상만 문장에 포함되면 되지만, 소유 표현에서는 소유 대상과 소유행위자가 함께 문장에 포함된다.
may와 mayroón이 사용되는 문장에서 소유대상과 소유행위자가 어떤 순서로 구성되는지 아래 예문을 보고 파악하기 바란다.
특히 소유행위자가 보통명사, 대명사, 고유명사(사람이름)에 따른 문장구성의 순서와 연결어 위치에 유의하여야 한다.

(1) "가지고 있다, 소유하다"

May pulong tayo.
[마이 뿌-ㄹ롱 따-요]
우리는 회의가 있다.

May tanóng akó.
[마이 따농 아꼬]
나는 질문이 있다.

May tanóng ka ba?
[마이 따농 까 바?]
너 질문 있느냐?

May bahay akó sa Pilipinas.
[마이 바-하이 아꼬 사 삘리삐-나스]
나는 필리핀에 집을 가지고 있다.

May bahay ka ba sa Pilipinas?
[마이 바-하이 까 바 사 삘리삐-나스?]
너는 필리핀에 집을 가지고 있느냐?

Si Kelly ay may magandáng hardín.
[시 켈리 아이 마이 마간당 하르딘]
켈리는 아름다운 정원을 가지고 있다.

Akó ay may kotse na mahál.
[아꼬 아이 마이 꼬-체 나 마할]
나는 비싼 차를 가지고 있다.

Siyá ay may bagong lapis.
[시야 아이 마이 바-공 라-삐스]
그는 새 연필을 가지고 있다.

05

Siyá ba ay may bagong lapis?
[시야 바 아이 마이 바-공 라-삐스?]
그는 새 연필을 가지고 있느냐?

May utang sa akin ang lalaking iyón.
[마이 우-땅 사 아-낀 앙 랄라-낑 이욘]
저 남자는 나에게 빚을 지고 있다.

May ginágawâ silá.
[마이 기나-가와' 실라]
그는 하고 있는 일이 있다.

May gágawín si G. Santos.
[마이 가-가윈 시 기노옹 사-ㄴ또스]
산토스씨는 해야 할 일이 있다.

May ginawâ siyá kahapon.
[마이 기나와' 시야 까하-뽄]
그는 어제 뭔가를 했다.

May gágawín ka ba?
[마이 가-가윈 까 바?]
너는 할 일이 있으냐?

Akó ay may gágawín.(=Mayroón akóng gágawín.)
[아꼬 아이 마이 가-가윈(=마이로온 아꽁 가가윈)]
나는 할 일이 있다.

May sásabíhin akó sa iyó.(=Mayroón akóng sásabíhin sa iyó.)
[마이 사-사비-힌 아꼬 사 이요(=마이로온 아꽁 사-사비-힌 사 이요)]
나는 너에게 할 말이 있다.

Mayroón siláng pera ngayón.
[마이로온 실랑 뻬-라 ㅇ아욘]
그들은 지금 돈을 가지고 있다.

Mayroón pa ba siyáng lagnát?
[마이로온 빠 바 시양 라그낱?]
아직 그는 열이 있습니까?

Mayroón na akóng nobya.
[마이로온 나 아꽁 노-비야]
나는 이미 약혼녀가 있습니다.

Mayroón pô ba kayóng bagong kotse?
[마이로온 뽀‘ 바 까용 바-공 꼬-체?]
당신은 새 차를 가지고 계십니까?

Mayroón din siyáng bagong kotse.
[마이로온 딘 시양 바-공 꼬-체]
그도 역시 새 차를 가지고 있다.

Mayroóng pusà si Mary.
[마이로옹 뿌-사‘ 시 메리]
메리는 고양이를 가지고 있다.

Mayroóng anák na babae si Gng. Santos.
[마이로옹 아낰 나 바바-에 시 기-낭 사-ㄴ또스]
산토스 부인은 딸이 있다.

(2) walâ[왈라’]에 의한 “가지고 있지 않다, 없다”
소유행위자가 보통명사, 대명사, 고유명사에 따른 문장구성의 순서 및 연결어 위치에 유의하여야 한다.

Walâ akóng anák na lalaki.
[왈라 아꽁 아낰 나 랄라-끼]
나는 아들이 없다.

Waláng anák na lalaki si Juan.
[왈랑 아낰 나 랄라-끼 시 후-안]
후안은 아들이 없다.

Walâ ba siyáng anák na lalaki?
[왈라 바 시양 아낙 나 랄라-끼?]
그는 아들이 없습니까?

Walâ bang anák na lalaki ang kaibigan mo?
[왈라 방 아낙 나 랄라-끼 앙 까이비-간 모?]
너의 친구는 아들이 없느냐?

05

Walâ rin siyáng magandáng barò.
[왈라‘ 딘 시양 마간당 바-로’]
그도 역시 예쁜 옷을 가지고 있지 않습니다.

rin[린]: 앞의 단어의 마지막 철자가 모음인 경우 din[린]이 발음의 편의상 변화한 것임.

Walâ rin akóng malakíng bahay.
[왈라 린 아꽁 말라낑 바-하이]
나도 역시 큰 집을 가지고 있지 않습니다.

Walâ siláng konsiderasyón sa ibáng tao.
[왈라‘ 시-ㄹ랑 사 이방 따-오]
그들은 타인에 대한 배려가 없다.

Walâ akóng gágawín bukas.
[왈라 아꽁 가-가윈 부-까스]
나는 내일 할 일이 없다.

Walâ akóng sásabíhin sa iyó.
[왈라 아꽁 사-사비-힌 사 이요]
나는 너에게 할 말이 없다.

May aklát ng kasaysayan ka ba?
[마이 아끌랕 낭 까사이사-얀 까 바?]
너는 역사책을 가지고 있느냐?

Oo, mayroón.
[오-오, 마이로온]
응, 가지고 있어.

Oo, mayroón akóng aklát ng kasaysayan.
[오-오, 마이로온 아꽁 아끌랕 낭 까사이사-얀]
응, 나는 역사책을 가지고 있어.

Walâ.
[왈라']
없어.

Walâ akóng aklát ng kasaysayan.
[왈라' 아꽁 아끌랕 낭 까사이사-얀]
나는 역사책을 갖고 있지 않아.

Mayroón pô ba kayóng bahay?
[마이로온 뽀' 바 까용 바-하이?]
당신은 주택을 보유하고 계십니까?

Opò, mayroón.
[오-뽀', 마이로온]
예, 가지고 있습니다.

Opò, mayroón akóng bahay.
[오-뽀', 마이로온 아꽁 바-하이]
예, 저는 집을 보유하고 있습니다.

Walâ pô.
[왈라' 뽀']
없습니다.

Walâ pô akóng bahay.
[왈라' 뽀' 아꽁 바-하이]
집이 없습니다.

(3) "많이 가지고 있다"
Marami siyáng kaibigan.
[마라-미 시양 까이비-간]
그는 친구가 많다.

Siyá ay maraming kaibigan.
[시야 아이 마라-밍 까이비-간]
그는 친구가 많다.

Marami siyáng salapî.
[마라-미 시양 살라삐']
그는 돈이 많다.

05

Marami akóng ginágawâ.
[마라-미 아꽁 기나-가와']
나는 하고 있는 일이 많다.

Maraming gágawín si G. Santos.
[마라-밍 가-가윈 시 기노옹 사-ㄴ또스]
산토스씨는 앞으로 해야 할 일이 많다.

Maraming ginawâ ang dating pangulo.
[마라-밍 기나와' 앙 다-띵 빵우-ㄹ로]
전임 대통령은 많은 일을 했다.

Marami ka bang gágawín?
[마라-미 까 방 가-가윈?]
너는 할 일이 많으냐?

(4) "조금 가지고 있다"

Kontî ang aking salapî.
[꼰띠' 앙 아-낑 살라삐']
나는 돈을 조금 가지고 있다.

Kontî ang aking salapî kahapon.
[꼰띠' 앙 아-낑 살라삐' 까하-뽄]
나는 어제 돈을 조금 가지고 있었다.

Kontî lang ang panahón sa akin.
[꼰띠' 랑 앙 빠나혼 사 아-낀]
나는 시간이 조금 밖에 없다.

Kontî ang aking gágawín.
[꼰띠' 앙 아-낑 가-가윈]
나는 할 일이 조금 있다.

Kontî ang kanyáng ginawâ.
[꼰띠' 앙 깐양 기나와']
그가 한 일은 조금 이다.

Kontî ang pag-aarì mo noóng sampúng taón.
[꼰띠' 앙 빡아아-리' 모 노옹 삼뿡 따온]
너는 10년 전에 재산을 조금 가지고 있었다.

Kontî ba ang pera nilá?
[꼰띠' 바 앙 뻬-라 닐라?]
그들이 가지고 있는 돈은 조금입니까?

Kontî na ba ang inyóng panahón?
[꼰띠' 나 바 앙 인용 빠나혼?]
지금 시간이 조금 있으십니까?

Kontíng panahón na ba sa inyó?
[꼰띵 바나혼 나 바 사 인요?]
지금 시간이 조금 있으십니까?

Kontíng pera lang sa akin.
[꼰띵 뻬-라 랑 사 아-낀.]
나에게 돈이 조금 밖에 없다.

(5) 시제를 나타내는 "소유" 동사

동사 magkaroón[막까로온]과 능동사용 접두사 magka~[막까~]는 "…를 가지고 있다." 라는 소유의 의미를 시제와 함께 표현할 수 있는 단어이다.

may 및 mayroón은 소유하는 상태만 표현할 뿐, 시제를 나타내지 못하는 반면에 magkaroón과 magka~는 시제 표현이 가능하다.

Ex) magkaroón ng pera[막까로온 낭 뻬-라] = magkapera[막까뻬-라]: 돈을 가지고 있다

부정사: magkaroón ng pera = magkapera

과거: nagkaroón ng pera[낙까로온 낭 뻬-라] = nagkapera[낙까뻬-라]

현재: nagkákaroón ng pera[낙까-까로온 낭 뻬-라] = nagkákapéra[낙까-까뻬-라]

미래: magkákaroón ng pera[막까-까로온 낭 뻬-라] = magkákapéra[막까-까뻬-라]

Magkákaroón ka ng trabaho.
[막까-까로온 까 낭 뜨라바-호]
=Magkákatrabáho ka.
[막까-까뜨라바-호 까]
너는 직업을 구할 것이다.

Dapat kayóng magkaroón ng anák.
[다-빹 까용 막까로온 낭 아낰]
=Dapat kayóng magkaanák.
[다-빹 까용 막까아낰]
너희들은 아이를 가져야 한다.

Nagkaroón siyá ng sakunâ sa ngayóng umaga.
[낙까로온 시야 낭 사꾸나' 사 ㅇ아용 우마-가]
=Nagkasakunâ siyá sa ngayóng umaga.
[낙까사꾸나' 시야 사 ㅇ아용 우마-가]
그는 오늘 아침 사고를 당했다.

Nagkaroón ng pera ang aking anák na lalaki.
[낙까로온 낭 뻬-라 앙 아-낑 아낰 나 랄라-끼]
=Nagkapera ang aking anák na lalaki.
[낙까뻬-라 앙 아-낑 아낰 나 랄라-끼]
나의 아들은 돈을 가지고 있었다.

Nagkaroón ang babae ng sipon.
[낙까로온 앙 바바-에 낭 시-뽄]
=Nagkasipon ang babae.
[낙까시-뽄 앙 바바-에]
그 여자는 감기에 걸렸다.

Nagkaroón siyá ng anák na kambál.
[낙까로온 시야 낭 아낙 나 깜발]
=Nagkaanák siyá ng kambál.
[낙까아낙 시야 낭 깜발]
그 여자는 쌍둥이를 낳았다.

“알고 있다”라는 표현

(1) kilalá[낄랄라] 또는 nákikilala[나-끼낄랄라]: 통상 사람을 알고 있다는 의미로 사용된다. 문장은 수동태이므로 실제 행위자는 조격 (대)명사이다.

Kilalá(Nákikilala) ko siyá.
[낄랄라(나-끼낄랄라) 꼬 시야.]
나는 그를 알고 있다.

Kilalá(Nákikilala) mo ba siyá?
[낄랄라(나-끼낄랄라) 모 바 시야?]
그 사람을 알고 있느냐?

Hindî ko nákikilala si Pedro.
[힌디‘ 꼬 나-끼낄랄라 시 뻬-드로.]
나는 페드로를 알지 못합니다.

Hindî ko masyadong kilalá siyá.
[힌디‘ 꼬 마샤-동 낄랄라 시야]
나는 그를 잘 알지 못합니다.

Ikinagágalák kong mákilala kitá.
[이끼나가-갈락 꽁 마-낄랄라 끼따]
너를 알게 되어 기쁘다.

Ikinalúlugód ko pong mákilala kayó.
[이끼나루-ㄹ루곧 꼬 뽕 마-낄랄라 까요]
알게 되어 기쁩니다.

위의 두 문장에서 mákilala[마—낄랄라]는 수동사로서 부정사형이다.
nákilala[나—낄랄라]: 과거형(알았다)
nákikilala[나—끼낄랄라]: 현재형(알고 있다)
mákikilala[마—끼낄랄라]: 미래형(알게 될 것이다)

05

(2) marunong[마루-농]: 지식, 방법 등, 학습이나 노력으로 심도있게 알고 있는 의미로 사용된다.
marunong은 형용사이므로 능동태 문장이 된다.

Marunong siyá ng Pransés.
[마루-농 시야 낭 쁘란세스]
그는 불어를 알고 있다.(할 수 있다.)

Marunong ka ba ng Tagalog?
[마루-농 까 바 낭 따가-록?]
너는 따갈로그어를 알고 있느냐?(할 수 있느냐?)

Hindî akóng marunong ng Tagalog.
[힌디' 아꽁 마루-농 낭 따가-록]
나는 따갈로그어를 모릅니다.

Marunong ka bang lumangóy?
[마루-농 까 방 루망오이?]
너는 수영을 할 줄 아느냐?(할 수 있느냐?)

Marunong pô ba kayóng sumayáw?
[마루-농 뽀' 바 까용 수마야우?]
춤을 출 줄 아십니까?

Marunong siyáng bumasa at sumulat.
[마루-농 시양 부마-사 앝 수무-ㄹ랕]
그는 읽고 쓸 수 있다.(읽고 쓰는 것을 안다.)

Marunong magdasál ang batang iyán.
[마루-농 막다살 앙 바-땅 이얀]
그 아이는 기도하는 것을 알고 있다.(기도를 할 수 있다.)

Marunong tumugtóg ng piyano si Mary.
[마루-농 뚜묵똑 낭 삐야-노 시 메리]
메리는 피아노를 연주할 수 있다.

Marunong siyáng makisama.
[마루-농 시양 마끼사-마]
그는 다른 사람들과 어울리는 방법을 알고 있다.(잘 어울린다.)

Marunong akóng magmaneho ng kotse.
[마루-농 아꽁 막마네-호 낭 꼬-체]
나는 자동차를 운전할 수 있다.

(3) "alám[알람]: 사물, 사안 등을 듣거나 봄으로써 알고 있는 의미로서 많이사용하는 표현이다.
문장은 수동태이므로 실제 행위자는 조격 대명사(명사)이다.

Alám mo ba ang pangalan niyá?
[알람 모 바 앙 빵아-ㄹ란 니야?]
너 그 사람 이름 알고 있어?

Alám ko ang daáng patungo sa palengke.
[알람 꼬 앙 다앙 빠뚜-ㅇ오 사 빨레-ㅇ께]
나는 시장에 가는 길을 알고 있다.

Alám ko kung anóng gágawín ko.
[알람 꼬 꿍 아농 가-가윈 꼬]
나는 내가 앞으로 무엇을 해야 하는지를 알고 있다.

Alám niyá ang kanyáng ginágawâ.
[알람 니야 앙 깐양 기나-가와']
그는 현재 자기가 하고 있는 행위를 알고 있다.(인식하고 있다.)

Alám ng henerál ang galáw ng kaaway.
[알람 낭 헤네랄 앙 갈라우 낭 까아-와이]
장군은 적군의 움직임을 알고 있다.

Alám ni Helen ang araw ng pag-alís ko.
[알람 니 헬렌 앙 아-라우 낭 빡알리스 꼬]
헬렌은 내가 떠나는 날을 알고 있다.

Alám ng lahát na tayo ay sa bus sásakáy.
[알람 낭 라핱 나 따-요 아이 사 부-스 사-사까이]
우리는 모두 버스를 타고 가는 것으로 알고 있다.

Alám kong hindî mo akó minámahál.
[알람 꽁 힌디' 모 아꼬 미나-마할]
나는 네가 나를 사랑하지 않고 있다는 것을 알고 있다.

Alám mo bang minámahál kitá?
[알람 모 방 미나-마할 끼따?]
내가 너를 사랑하는 거 알고 있어?

▶ "공부하다"와 "배우다(배워 습득하다) " 표현

(1) "mag-aral[막아-랄]"은 학문적 차원에서 수업, 책등을 통해서 공부하는 것을 의미한다. mag-aral은 능동사이므로 문장도 능동태가 된다.

Gustó kong mag-aral ng wikáng Tagalog.
[구스또 꽁 막아-랄 낭 위깡 따가-ㄹ록]
나는 따갈로그어를 공부하고 싶습니다.

Nag-ááral akó ng Inglés araw-araw.
[낙아-아-랄 아꼬 낭 잉글레스 아-라우 아-라우]
나는 매일매일 영어를 공부합니다.

Nag-ááral akó upang magíng doktór.
[낙아-아-랄 아꼬 우-빵 마깅 독또르]
나는 의사가 되기 위해 공부하고 있습니다.

Nag-ááral siyá ng medisina.
[낙아-아-랄 시야 낭 메디시-나]
그는 의학을 이수하고 있습니다.

Mag-aral ka ng Tagalog.
[막아-랄 까 낭 따가-ㄹ록]
따갈로그어를 공부해라.(배워라.)

Mag-aral kayó nang mabuti sa eskuwelahán.
[막아-랄 까요 낭 마부-띠 사 에스꾸웰라한]
학교에서 공부 열심히들 해라.

Akó ay nag-aral ng matemátiká kahapon.
[아꼬 아이 낙아-랄 낭 마떼마-띠까 까하-뽄]
나는 어제 수학을 공부했습니다.

(2) 기술이나 방법 등을 배워서 습득한다는 의미의 표현은 "mátúto[마뚜-또]" 또는 "mátutuhan[마-뚜뚜한]"을 자주 사용한다.
mátúto는 능동사이고 mátutuhan 수동사임을 유의할 것.

Nátúto akóng magkumpuní ng mga relós.
[나-뚜-또 아꽁 막꿈뿌니 낭 망아 렐로스]
나는 여러 가지 시계를 수리하는 기술을 배웠다.

Mátúto ka ng pagmamaneho sa lalong madalíng panahón.
[마-뚜-또 까 낭 빡마마네-호 사 라-ㄹ롱 마달링 빠나혼]
가능한 빨리 차 운전을 배워라.

Madalíng nátutúto siyá ng mga larô.
[마달링 나-뚜뚜-또 시야 낭 망아 라로']
그는 게임들을 쉽게 배운다.

Gustó kong mátutuhan ang paggawâ niyán.
[구스또 꽁 마-뚜뚜한 앙 빡가와' 니얀]
나는 그것을 만드는 방법을 배우고 싶습니다.

niyán[니얀]: iyán[이얀]의 소유격으로 "그것의"라는 뜻을 의미함.

Gustó kong mátutuhan ang pagmamaneho.
[구스또 꽁 마-뚜뚜한 앙 빡마마네호]
나는 차 운전을 배우고 싶습니다.

Mátutuhan mo ang pagpapaandár ng mákináng itó.
[마-뚜뚜한 앙 빡빠빠안다르 낭 마-끼낭 이또]
이 기계를 작동하는 방법을 배워라.

"~를 좋아하다"와 "~를 하고 싶다" 표현

(1) "~를 좋아하다"라는 표현은 의사동사인 gustó[구스또] 또는 형용사인 mahilig[마히-ㄹ릭]을 주로 사용한다.
gustó의 경우는 수동태형 문장이 되고, mahilig은 능동태형 문장이 된다.

05

Gustó ko itó(iyán, iyón) .
[구스또 꼬 이또(이얀, 이욘)]
나는 이것을(그것을, 저것을) 좋아한다.

Gustó kitá.
[구스또 끼따]
나는 너를 좋아한다.

kitá[끼따]: "너는 나에 의해"를 의미하는 이중 인칭대명사

Gustó ko ang aplayang itó.
[구스또 꼬 앙 아쁠라-양 이또]
나는 이 바닷가를 좋아한다.

Gustó mo ba ang damít na pulá?
[구스또 모 바 앙 다밑 나 뿔라?]
너는 붉은 색 옷을 좋아 하느냐?

Gustó pô ba ninyó ang klima ng Pilipinas?
[구스또 뽀' 바 닌요 앙 끌리-마 낭 삘리삐-나스?]
당신은 필리핀 기후를 좋아 하십니까?

Mahilig siyá sa pritong manók.
[마히-ㄹ릭 시야 사 쁘리-똥 마놐]
그는 튀김 닭을 좋아한다.

Mahilig sa beisbol ang aking kaibigan.
[마히-ㄹ릭 사 베이스볼 앙 아-낑 까이비-간]
내 친구는 야구를 좋아한다.

Masyadong mahilig sa alak ang harì.
[마샤-동 마히-ㄹ릭 사 아-ㄹ랔 알 하-리']
왕은 포도주를 너무 좋아한다.

Mahilig ba silá sa putbol?
[마히-ㄹ릭 바 실라 사 뿌-ㅌ볼?]
그들은 축구를 좋아합니까?

Gustúng-gustó ko siyá.
[구스뚱 구스또 꼬 시야]
나는 그를 매우 좋아한다.

(2) 일상생활에 종종 쓰이는 "~를 하고 싶다"라는 표현은 본동사에 대해 조동사로서 활용되는 gustó를 주로 사용한다.
gustó와 함께 사용되는 본동사는 부정사형 이어야 한다.
조격 대명사(행위자) 와 본동사 사이에는 연결어 na(조격 대명사의 마지막 철자가 모음 또는 모음+n일 경우 ~ng) 를 사용한다.

Gustó kong inumín ang malamíg na tubig.
[구스또 꽁 이누민 앙 말라믹 나 뚜-빅]
시원한 물을 마시고 싶습니다.

Gustó ni Susan na magbiyahe sa Korea.
[구스또 니 수-산 나 막비야-헤 사 코리아]
수산은 한국으로 여행을 가고 싶어 합니다.

고유명사에 대한 조격관사는 ni(복수: nina) 이다.

Gustó ng kaibigan kong tumakbó tuwíng umaga.
[구스또 낭 까이비-간 꽁 뚜막보 뚜윙 우마-가]
나의 친구는 아침마다 달리고 싶어 합니다.

Gustó mo bang lumangóy sa dagat?
[구스또 모 방 루망오이 사 다-같?]
너는 바다에서 수영을 하고 싶으냐?

Gustó niláng maglarô ng básketból.
[구스또 닐랑 막라로' 낭 바-스껱볼]
그들은 농구를 하고 싶어 합니다.

Gustó ba niyáng umakyát sa bundók?
[구스또 바 니양 움아끼얕 사 분돜?]
그는 등산을 하고 싶어 합니까?

Gustúng-gustó kong sumama sa iyó.
[구스뚱 구스또 꽁 수마-마 사 이요]
나는 정말로 너와 함께 가고 싶다.

05

"~를 위한(위해) "와 "~를 하기위한(하기위해) " 표현

(1) "~를 위한(위해) " 표현은 대상이 명사/대명사인 경우는 para sa ~[빠-라 사], 고유명사인 경우는 para kay~[빠-라 까이]이다.

Ang damít na itó ay para sa iyó.
[앙 다밑 나 이또 아이 빠-라 사 이요]
이 옷은 너를 위한 것이다.

Binilí ko ang mansanas para sa mga anák ko.
[비닐리 꼬 앙 만사-나스 빠-라 사 망아 아낙 꼬]
나는 나의 아이들을 위해 사과를 샀다.

Ang sombrerong iyán ay para kay Mary.
[앙 솜브레-롱 이얀 아이 빠-라 까이 메리]
그 모자는 메리를 위한 것이다.

si[시]: 인명 앞에 붙이는 인칭관사

Dinalá niyá dalawáng bisikleta para kina Mark at Kiko.
[디날라 니야 달라왕 비시끌레-따 빠-라 끼-나 마-크 앝 키-코]
그는 마크와 키코를 위해 자전거 두 대를 가져왔다.

kina[끼-나]: kay의 복수형

Nag-order ang amá ko ng komputer para sa akin.
[낙오-더 앙 아마 꼬 낭 컴퓨터 빠-라 사 아-낀]
나의 아버지는 나를 위해 컴퓨터를 주문했다.

(2) "~를 하기위한(하기위해) " 표현은 종속접속사인 para[빠-라]와 upang[우-빵]이 있으며, 회화체에서는 para를, 문어체에서는 upang을 선호한다.
또한 종속절 내에 사용되는 동사는 부정사형이어야 한다.

Nag-ááral ang batang lalaki para siyá ay magíng marunong.
[낙아-아-랄 앙 바-땅 랄라-끼 빠-라 시야 아이 마깅 마루-농]
그 아이는 지식을 쌓기 위해 공부를 하고 있다.

Nagtátrabaho akó sa págawaan para kumita ng pera.
[낙따-뜨라바호 아꼬 사 빠-가와안 빠-라 꾸미-따 낭 뻬-라]
나는 돈을 벌기 위해 공장에서 일하고 있다.

Dalhín mo ang kotse sa talyér para kumpunihín ang preno.
[달힌 모 앙 꼬-체 사 딸예르 빠-라 꿈뿌니힌 앙 쁘레-노]
브레이크를 수리받기 위해 차를 정비소로 가져가거라.

Bigyán mo akó ng panahón para isipin ang iyóng mungkahì.
[빅얀 모 아꼬 낭 빠나혼 빠-라 이시-삔 앙 이용 뭉까-히']
너의 제안을 생각하기 위한 시간을 나에게 달라.

Lumabás siyá upang mamasyál.
[루마바스 시야 우-빵 마마샬]
그는 산책하러 밖으로 나갔다.

Gustó kong magkapanahón muna upang isipin ang tanóng bago ko sagutín.
[구스또 꽁 막까빠나혼 무-나 우-빵 이시-삔 앙 따농 바-고 꼬 사구띤]
대답하기 전에 질문을 생각하기 위한 시간을 우선 갖고 싶다.

Nanánalángin tayo sa Diyós upang magtamó ng grasya.
[나나-날라-ㅇ인 따-요 사 지요스 우-빵 막따모 낭 그라-샤]
우리는 은총을 받기 위해 하느님께 기도하고 있습니다.

Nagsikap siyá ng mabuti upang tumanggáp ng premyo.
[낙시-깝 시야 낭 마부-띠 우-빵 뚜망갑 낭 쁘레-묘]
그는 상을 받기 위해 열심히 노력했다.

Pinápalò ko ang aking pilyong anák upang lumakíng mabuti.
[삐나-빠-ㄹ로' 꼬 앙 아-낑 삐-ㄹ용 아낙 우-빵 루마낑 마부-띠]
나는 버릇없는 나의 아이가 훌륭히 자라도록 하기 위해 매로 때렸다.

06 의견(의지) 표현

찬성

Oo.
[오-오]
응.(맞아./그래.)

Opò.
[오-뽀']
예.(그렇습니다./맞습니다.)

Oo sige.
[오-오 시-게]
응, 그렇게 해.

Sige pô.
[시-게 뽀']
그렇게 하십시오.

Kayâ ngâ.
[까야' ㅇ아'] → [까양아']
맞다.

Oo, mabuti.
[오-오, 마부-띠]
그래, 좋다.

Opò, mabuti iyán.
[오-뽀', 마부-띠 이얀]
예, 그거 좋습니다.

Mabuting-mabuti ang plano mo.
[마부-띵 마부-띠 앙 쁠라-노 모]
너의 계획은 매우 좋다.

Sang-ayon ka ba sa akin?
[상아-욘 까 바 사 아-낀?]
너는 나에게 동의하느냐?

Oo, sang-ayon sa iyó.
[오-오, 상아-욘 사 이요]
그래, 너에게 동의한다.

회화에서는 "sa iyó[사 이요]"를 "sayó[사요]"라고 줄여서 발음하기도 한다.

Sang-ayon pô akó sa balak ninyó.
[상아-욘 뽀' 아꼬 사 바-ㄹ락 닌요]
당신의 계획에 찬성합니다.

"ninyó[닌요]"는 그냥 "nyo[뇨]"로 발음하기도 한다.

Payag ka na ba sa aking plano?
[빠-약 까 나 바 사 아-낑 쁠라-노?]
내 계획에 찬성하는 거야?

Siyá ay pumayag sa aking pakiusap.
[시야 아니 뿌마-약 사 아-낑 빠끼우-삽]
그는 나의 요청에 찬성했다.

Sang-ayon pô akó sa balak ninyó.
[상아-욘 뽀' 아꼬 사 바-ㄹ락 닌요]
나는 너의 제안에 찬성한다.

Sang-ayon ka ba sa akin?
[상아-욘 까 바 사 아-낀?]
그도 내가 말한 것에 찬성했다.

Sang-ayon pô sa inyóng plano palá.
[상아-욘 뽀' 사 인용 쁠라-노 빨라]
당신의 계획에 적극 찬성합니다.

Talagáng sang-ayon sa iyó.
[딸라강 상아-욘 사 이요]
진정으로 너에게 동의한다.

06

Magandáng palagáy iyán.
[마간당 빨라가이 이얀]
그거 좋은 생각이다.

Opò. Bagay na balak pô iyán.
[오-뽀'. 바-가이 나 바-ㄹ락 이얀]
예. 그것은 적절한 의견이십니다.

반대

Hindî.
[힌디']
아니./아니다.

Hindíng-hindî.
[힌딩 힌디']
절대로 아니야.

Hindî ngâ.
[힌디' ㅇ아'] → [힌딩아']
정말로 아니야.

Hindî pô.
[힌디' 뽀']
아닙니다.

Hindî siyá magnanakaw.
[힌디' 샤 막나나-까우]
그는 도둑이 아니다.

Hindíng-hindî akóng nagnakaw ng pera na iyán.
[힌딩 힌디' 아꽁 낙나-까우 낭 뻬-라 나 이얀]
나는 절대로 그 돈을 훔치지 않았습니다.

Ayoko.
[아요-꼬]
싫어.

ayaw ko[아-야우 꼬]의 줄인 말

Ayaw kitá.
[아-야우 끼따]
나는 너가 싫다.

kitá[끼따]는 "너는 나에 의해"를 의미하는 이중인칭대명사이다.

06

Ayaw sa balak niyá ng tatay mo.
[아-야우 사 바-ㄹ락 냐 낭 따-따이 모]
너의 아버지는 그의 계획을 반대한다.

Akó'y laban sa isip mo.
[아꼬이 라-반 사 이-싶 모]
나는 너의 생각에 반대한다.

Hindî akó sumasang-ayon sa iyó.
[힌디' 아꼬 수마-상 아-욘 사 이요]
나는 너에게 찬성하지 않는다.

Hindî akó sumasang-ayon sa kanyáng mungkahì.
[힌디' 아꼬 수마-상 아-욘 사 깐양 뭉까-히']
나는 그의 제안에 반대한다.

Siyá ay salungát sa aking kuru-kurò.
[시야 아이 살룽앝 사 아-낑 꾸-루 꾸-로']
그는 내 의견에 반대한다.

Ang sagot ko sa iyó ay hindî.
[앙 사-곹 꼬 사 이요 아이 힌디']
너에게 주는 나의 대답은 "아니다"이다.

Huwág kayóng magalit.
[후왁 까용 마가-ㄹ릳]
화내지 마세요.

Huwág kang magalit sa kanyá sapagká't walâ siyáng kasalanan.
[후왁 깡 마가-ㄹ릿 사 깐야 사빡깥 왈라' 시양 까살라-난]
그는 잘못이 없기 때문에 그에게 화를 내지 마라.

Huwág kang malungkót.
[후왁 깡 말룽꽅]
슬퍼하지 마라.

Saán ka man ngayón, huwág mo sana akóng kalimutan.
[사안 까 만 ㅇ아욘, 후왁 모 사-나 아꽁 깔리무-딴]
지금 너가 어디에 있더라도, 나를 잊지 않기를 바란다.

man[만]: ~일지라도, ~하더라도

Huwág kayóng mag-alalá tungkól sa aking kalúsúgan.
[후왁 까용 막알랄라 뚱꼴 사 아-낑 깔루-수-간]
저의 건강에 대해서 걱정하지 마세요.

tungkól sa[뚱꼴 사]: ~에 대해서, ~에 관해서

금지, 경고

Huwág kang pumasok dito.
[후왁 깡 뿌마-속 디-또]
너는 여기 들어오지 마라.

Nais kong hindî ka pumasok dito.
[나이스 꽁 힌디' 까 뿌마-속 디-또]
나는 너가 여기 들어오지 않기를 바란다.

Sana, hindî ka pumasok dito.
[사-나, 힌디' 까 뿌마-속 디-또]
너는 여기 들어오지 않았으면 좋겠다.

Bawal kang pumasok dito.
[바-왈 깡 뿌마-속 디-또]
너가 여기 들어오는 것은 금지다.

Bawal kay Juan ang kumain ng repolyo.
[바-왈 까이 후-안 앙 꾸마-인 낭 레뽀-ㄹ요]
후안은 양배추 먹는 것이 금지되었다.

Huwág pô kayóng maghintáy sa akin.
[후왁 뽀' 까용 막힌따이 사 아-낀]
저를 기다리지 마십시오.

Huwág kang pumuntá sa lugár na iyón.
[후왁 깡 뿌문따 사 루가르 나 이욘]
그 장소에는 가지마라.

Itó'y isáng babalà lamang sa iyó.
[이또이 이상 바바-ㄹ라' 라-망 사 이요]
이것은 너에게 주는 경고일 뿐이다.

Huwág kang pumaroón.
[후왁 깡 뿌마로온]
거기에 가지마라.

경고문

"PAUNAWÀ, BAWAL ANG PUMASOK"
[빠우나-와', 바-왈 앙 뿌마-속]
"경고, 출입금지"

"PAUNAWÀ, BAWAL ANG MAGSIGARILYO SA LOÓB"
[빠우나-와', 바-왈 앙 막시가리-ㄹ료 사 로옵]
"경고, 실내 흡연금지"

"BAWAL ITAPON ANG BASURA"
[바-왈 이따-뽄 앙 바수-라]
"쓰레기 투기금지"

"BAWAL UMIHÌ DITO"
[바-왈 움이-히' 디-또]
"이곳 소변 금지"

"BAWAL DUMAÁN"
[바-왈 두마안]
"통행금지"

"BAWAL HUMIMPÍL(MAGPARKING) "
[바-왈 후밈삘(막파-낑)]
"주차금지"

"BAWAL HUMINTÔ(TUMIGIL) "
[바-왈 후민또'(뚜미-길)
"정차금지"

"BAWAL ANG LUMANGÓY"
[바-왈 앙 루망오이]
"수영금지"

"BAWAL ANG MANGISDÂ"
[바-왈 앙 망이스다']
낚시금지

"SA MGA MAY PERMISO LAMANG"
[사 망아 마이 뻬르미-소 라-망]
"허가된 자에 한함."

추측, 견해

tila[띠-ㄹ라]: ~처럼 보이는(생각되는, 느낌이 드는), ~ 할 것 같은
bakâ[바까']: 아마, 혹시, 어쩌면, ~한 예감이 드는
siguro/marahil[시구-로/마라-힐]: 어쩌면, ~한 예감이 드는, 혹시
akalà[아까-ㄹ라']: 추정, 추측, 가정, 생각, 견해
palagáy[빨라가이]: 의견, 예상, 견해, 생각
ipalagáy[이빨라가이]: ~라고 생각하다(예상하다), ~로 알고 있다

Ang dahilán niyá ay tila katawá.
[앙 다힐란 니야 아이 띠-ㄹ라 까따와]
그의 변명은 궁색해 보인다./그의 해명은 의아스럽게 생각된다.

Tila úulán.
[띠-ㄹ라 우-울란]
비가 올 것 같다.

Ang sombrero ko ay tila katulad ng iyó.
[앙 솜브레-로 꼬 아이 띠-ㄹ라 까뚜-ㄹ랃 낭 이요]
내 모자는 너의 것과 같은 것처럼 보인다.

Siyá'y tila tamád.
[시야이 띠-ㄹ라 따맏]
그는 게을러 보인다.

Tila totoó ang sinabi niyá.
[띠-ㄹ라 또또오 앙 시나-비 냐]
그의 말은 사실인 것 같다.

Tila ikáw ang kumuha ng pera.
[띠-ㄹ라 이까우 앙 꾸무-하 낭 뻬-라]
돈을 가져 간 사람은 너 같다.

Bakâ siyá dumatíng bukas.
[바까' 샤 두마띵 부-까스]
그는 아마 내일 도착할 것이다.

Bakâ manalo si Juan bukas sa páligsahan ng tenis.
[바까' 마나-ㄹ로 시 후안 부-까스 사 빠-ㄹ릭사한 낭 떼-니스]
후안은 내일 테니스 시합에서 이길 것 같다.

Bakâ silá matalo sa páligsahan ng báliból.
[바까' 실라 마따-ㄹ로 사 빠-ㄹ릭사한 낭 바-ㄹ리볼]
배구 시합에서 그들은 질 것 같은 예감이 든다.

Bakâ sakaling akó makapasá sa iksamen.
[바까' 사까-ㄹ링 아꼬 마까빠사 사 익사-멘]
어쩌면 나는 시험에 합격할 것 같다.

Bakâ에 연결되는 문장에서의 동사는 항상 부정사형이어야 하고, 미래 시제를 의미한다.

06

Siguro hindî na niyá akó mahál.
[시구-로 힌디' 나 냐 아꼬 마할]
어쩌면 그는 나를 더 이상 사랑하지 않는 것 같다.

Siguro ay dáratíng siyá bukas.
[시구-로 아이 다-라띵 샤 부-까스]
아마 그는 내일 도착할 것이다.

Marahil na nasa bahay akó sa buóng maghapon.
[마라-힐 나 나-사 바-하이 아꼬 사 부옹 막하-뽄]
나는 하루 종일 집에 머무를 것 같다.

Marahil ay dáratíng siyá bukas.
[마라-힐 아이 다-라띵 시야 부-까스]
그는 아마 내일 도착할 것이다.

Sa akalà ko, siyá ay mahirap.
[사 아까-ㄹ라' 꼬, 시야 아이 마히-랍]
내 생각에 그는 가난한 것 같다.

Anó ang palagáy mo tungkól sa sistema ng pámahalaán?
[아노 앙 빨라가이 모 뚱꼴 사 시스떼-마 낭 빠-마할라안?]
정부 조직에 대해서 너의 견해는 무엇이냐?

tungkól sa[뚱꼴 사]: ~에 관해서, ~에 대해서

Sa palagáy ko, mabuti ang kalúsúgan niyá.
[사 빨라가이 꼬, 마부-띠 앙 깔루-수-간 냐]
저의 견해로는, 그의 건강은 좋습니다.

Ipinalálagáy kong marami kang salapî.
[이삐날라-ㄹ라가이 꽁 마라-미 깡 살라삐']
나는 네가 돈이 많다고 예상한다.

Ipinalálagáy kong hindî ka nag-ááral kung tag-araw.
[이삐날라-ㄹ라가이 꽁 힌디' 까 낙아-아-랄 꿍 딱아-라우]
나는 네가 여름에는 학교 수업이 없는 것으로 알고 있다.

확신, 자신

tiyák[띠약]: 확신하는, 틀림없는, 확실한, 정말인, 분명한
sigurado[시구라-도]: 확신하는, 의심의 여지가 없는, 틀림없는
tumiyák/tiyakín/makatiyák[뚜미약/띠야낀/마까띠약]: 확실히 하다, 보장하다
siguruhin/tiyakín/magsiguró[시구루-힌/띠야낀/막시구로]: 확인하다, 보증하다
waláng-álinlangan[왈랑 아-ㄹ린랑안]: 의심의 여지가 없는, 분명한
matiyák/makatiyák/makasiguro[마띠약/마까띠약/마시구-로/마까시구-로]: 확신(자신) 하다
totoó/tunay[또또오/뚜-나이]: 진실인, 사실인, 확실한, 솔직한
talagá[딸라가]: 물론, 당연히, 확실히, 틀림없이

Tiyák ka bang isinará mo ang pintô?
[띠약 까 방 이시나라 모 앙 삔또'?]
문을 확실히 닫았느냐?

Siguradong dáratíng siyá bukas.
[시구라-동 다-라띵 샤 부-까스]
그는 분명히 내일 도착할 것이다.

Sigurado ka bang dáratíng silá ngayón?
[시구라-도 까 방 다-라띵 실라 ㅇ아욘?]
그들은 틀림없이 오늘 도착하는지 확신하느냐?

Tiyakín mong nasa iyó ang susì.
[띠야낀 몽 나-사 이요 앙 수-시']
열쇠를 가지고 있는지 확인해라.

Nagpuntá akó rito upang magsiguró tungkól sa nábalitaan ko.
[낙뿐따 아꼬 리-또 우-빵 막시구로 뚱꼴 사 나-발리따안 꼬]
내가 들은 정보를 확인하기 위해 여기 왔다.

Tiniyák(Siniguro) niyá sa akin na magbábáyad siyá sa katapusán ng buwán.
[띠니약(시니구-로) 니야 사 아-낀 나 막바-바-드 시야 사 까따뿌산 낭 부완]
그는 월말에 나에게 지불하겠다고 보증했다.

Hindî tiyák ang oras.
[힌디' 띠약 앙 오-라스]
시간이 확실하지 않다.

Hindî sigurado ang petsa.
[힌디' 시구라-도 앙 뻬-차]
날짜가 확실하지 않다.

Waláng-álinlangang ikáw ay malî.
[왈랑 아-ㄹ린랑앙 이까우 아이 말리']
분명히 네가 잘못했다.

Tiyák na malî ka.
[띠약 나 말리' 까]
분명히 네가 잘못했다.

Tiyák na malî akó.
[띠약 나 말리' 아꼬]
확실히 내가 잘못했다.

Matítiyák ba natin ang tagumpáy?
[마띠-띠약 바 나-띤 앙 따굼빠이?]
우리는 승리를 자신할 수 있을까?

Matítiyák ba natin ang pagpuntá niyá dito?
[마띠-띠약 바 나-띤 앙 빡뿐따 니야 디-또?]
우리는 그가 이리로 오는 것을 확신할 수 있을까?

Makatítiyák ba tayo sa tagumpáy?
[마까띠-띠약 바 따-요 사 따굼빠이?]
우리는 승리를 자신할 수 있을까?

Makasísigúro ba tayo sa pagpuntá niyá dito??
[마까시-시구-로 바 따-요 사 빡뿐따 니야 디-또?]
우리는 그가 이리로 오는 것을 확신할 수 있을까?

Totoó ang sinabi niyáng kuripot ang matandáng taong iyón.
[또또오 앙 시나-비 니양 꾸리-뽙 앙 마딴당 따-옹 이욘]
저 노인이 인색하다는 그의 말은 정말이다.

Sa totoóng salitâ, hindî ko gustó siyá.
[사 또또옹 살리따', 힌디' 꼬 구스또 샤]
솔직히 말해서 나는 그를 좋아하지 않는다.

Iyán ay totoó.
[이얀 아이 또또오]
그것은 진실이다(사실이다).

Itó ay tunay.
[이또 아이 뚜-나이]
이것은 진실이다(사실이다).

Talagáng siyá'y sásáma sa atin.
[딸라강 시야이 사-사-마 사 아-띤]
틀림없이 그는 우리들과 함께 갈 것이다.

Tiyák na matátápos ko ang trabahong iyàn.
[띠약 나 마따-따-뽀스 꼬 앙 뜨라바-홍 이얀]
틀림없이 나는 그 일을 끝내겠다.

Ang lahát ng tao ay talagáng namatáy.
[앙 라핱 낭 따-오 아이 딸라강 나마따이]
틀림없이 사람들 전부가 죽었을 것이다.

Iyán ang talagáng sinabi ko.
[이얀 앙 딸라강 시나-비 꼬]
그것은 분명히 내가 말했다.

Talagá ba iyán?
[딸라가 바 이얀?]
그거 정말이야?

06

▶ 가정

(1) 단순 가정(~라면, ~이면, ~를 한다면)

Kung ikáw ay dáratíng, isama mo siyá.
[꿍 이까우 아이 다-라띵, 이사-마 모 시야]
올 예정이면, 그와 함께 오너라.

Kung akó ikáw, hindî pumuntá doón.
[꿍 아꼬 이까우, 힌디' 뿌문따 도온]
내가 너라면 거기에 가지 않았을 것이다.

Kung akó'y mayaman, bíbilí ng kotse.
[꿍 아꼬이 마야-만, 비-빌리 낭 꼬-체]
내가 부자라면, 차를 사겠다.

Kung úulán, hindî tayo áalís.
[꿍 우-울란, 힌디' 따-요 아-알리스]
비가 오면, 우리는 떠나지 않을 것이다.

Púpuntá akó kung akó'y sásamáhan mo.
[뿌-뿐따 아꼬 꿍 아꼬이 사-사마-한 모]
너가 동행한다면, 나는 갈 것이다.

Kung dáratíng si Juan, tawagin mo akó.
[꿍 다-라띵 시 후안, 따와-긴 모 아꼬]
후안이 도착하면, 나를 불러라.

Kung siyá lamang ay magpípílit, magágawâ niyá iyón.
[꿍 시야 라-망 아이 막삐-삐-ㄹ릳, 마가-가와' 니야 이욘]
그는 노력만 한다면, 그것을 할 수 있을 것이다.

Umalís ka kung ibig mo.
[움알리스 까 꿍 이-빅 모]
떠나고 싶으면 떠나라.

Kumain ka kung ibig mo.
[꾸마인 까 꿍 이-빅 모]
먹고 싶으면 먹어라.

Kung gustó mo, sabihin mo ang katotóhánan.
[꿍 구스또 모, 사비-힌 모 앙 까또또-하-난]
너가 원한다면, 사실을 얘기해라.

Kung náritó ka kagabí, masasayá ang lahát ng pamilya.
[꿍 나-리또 까 까가비', 마사사야 앙 라핟 낭 빠미-ㄹ랴]
네가 어제 밤에 여기에 있었으면, 가족 모두가 행복하였을 것이다.

masasayá[마사사야]: masayá[마사야]의 복수 형용사

Kung sakaling mákíta mo siyá, sabihin mong siyá'y pumarito.
[꿍 사까-ㄹ링 마-끼-따 모 시야, 사비-힌 몽 시야이 뿌마리-또]
만약 그를 만나게 될 경우, 이리로 오라고 말해라.

Kung ikáw ay magmahál na ng ibá, anóng halagá ang mabuhay pa?
[꿍 이까우 아이 막마할 나 낭 이바, 아농 할라가 앙 마부-하이 빠]
만약 너가 다른 사람을 사랑하고 있으면, 더 이상 무슨 삶의 보람이 있겠나?

Kung sakaling ikáw ay lálayò, dalhín mo na rin patí ang pusò ko.
[꿍 사까-ㄹ링 이까우 아이 라-ㄹ라-요', 달힌 모 나 린 빠띠 앙 뿌-소' 꼬]
만약 너가 멀리 가버리게 되면, 나의 마음도 역시 함께 가지고 가거라.

(2) 부정형 가정(~이 아니라면, ~이 없다면, ~를 하지 않는다면)

Kung walâ ka, hindî akó sásáma sa kanilá.
[꿍 왈라' 까, 힌디' 아꼬 사-사-마 사 까닐라]
네가 없다면, 나는 그들과 함께 가지 않겠다.

Kung walâ ka lamang, hindî akó sumama sa kanilá.
[꿍 왈라' 까 라-망, 힌디' 아꼬 수마-마 사 까닐라]
너만 없었다면, 나는 그들과 함께 가지 않았다.

Kung hindî lamang sa iyó, hindî sana akó sumama.
[꿍 힌디' 라-망 사 이요, 힌디' 사-나 아꼬 수마-마]
너만 아니었으면, 나는 같이 가지 않았을 텐데.

Kung walâ lamang akóng sakít, sumali akó sa biyahe kahapon.
[꿍 왈라' 라-망 아꽁 사낕, 수마-ㄹ리 아꼬 사 비야-헤 까하-뽄]
아프지만 않았더라면, 어제 여행에 참석하였을 것이다.

Sundín mo ang iyóng iná, kung dî mo gustóng magpagalit sa kanyá.
[순딘 모 앙 이용 이나, 꿍 디' 모 구스똥 막빠가-ㄹ릳 사 깐야]
그를 화나게 하고 싶지 않으면, 너의 어머니에게 순응해라.

dî[디']는 hindî[힌디']의 회화체용 줄임말로서 의미는 동일하다.

Paróroón tayo málíban kung úulán.
[빠로-로온 따-요 마-ㄹ리-반 꿍 우-울란]
비만 오지 않는다면, 우리는 거기에 갈 것이다.

málíban kung ~[마-ㄹ리-반 꿍]: ~만 아니라면

가능 및 불가능

Puwede ba?
[뿌웨-데 바?]
가능해?

Oo, puwede.
[오-오 뿌웨-데]
응, 가능해.

Hindî puwede.
[힌디' 뿌웨-데]
불가능해.

Puwede mo ba itó?
[뿌웨-데 모 바 이또?]
너 이거 할 수 있어?

Siyempre, puwede akó.
[시예-ㅁ쁘레, 뿌웨-데 아꼬]
물론, 할 수 있지.

Puwede pô ba kayóng pumuntá dito?
[뿌웨-데 뽀' 바 까용 뿌문따 디-또]
이곳에 오실 수 있습니까?

Maáarì ba?
[마아-아-리' 바?]
가능해?

Hindî maáarì.
[힌디' 마아-아-리']
불가능해.

06

Maáarì ka bang makaalís mámayáng gabí?
[마아-아-리' 까 방 마까알리스 마-마양 가비?]
너는 오늘 저녁에 출발할 수 있느냐?

Kaya mo.
[까-야 모]
너는 할 수 있다.

Kaya mo ba iyán?
[까-야 모 바 이얀?]
너 그거 할 수 있어?

Kaya ko iyán.
[까-야 꼬 이얀]
나 그거 할 수 있다.

Hindî ko kaya iyán.
[힌디' 꼬 까-야 이얀]
나는 그거 할 수 없다.

Hindî pa kaya ng sanggól mo ang lumakad.
[힌디' 빠 까-야 낭 상골 모 앙 루마-깓]
너의 아기는 아직 걸을 수 없다.

양해구하기

Pakitulungan mo akó.
[빠끼뚤루-ㅇ안 모 아꼬]
좀 도와 주세요.

Maáarì pô bang tulungan ninyó akó?
[마아-아-리' 뽀 방 뚤루-ㅇ안 닌요 아꼬?]
저를 좀 도와 주실 수 있습니까?

Paumanhín pô.
[빠우만힌 뽀']
실례하겠습니다.

여러 사람이 있는 장소에서 먼저 자리를 떠날 때 쓰는 표현.

Ipagpaumanhín pô ninyó. Kailangan kong umalís na.
[이빡빠우만힌 뽀' 닌뇨. 까일라-ㅇ안 꽁 움알리스 나]
실례지만 먼저 가겠습니다.

Pakiraán pô.
[빠끼라안 뽀']
실례합니다.

옆을 지나치거나 어떤 장소를 통과할 때 양해를 구하는 표현

Mawaláng-gálang pô.
[마왈랑 가-ㄹ랑 뽀']
실례합니다.

회의장 등, 모임에서 시선 및 주의를 끌기 위한 표현

Maáarì ba akóng pumasok?
[마아-아-리' 바 아꽁 뿌마-속?]
들어가도 되겠습니까?

Puwede pô ba akó magtanóng?
[뿌웨-데 뽀' 바 아꼬 막따농?]
질문을 드려도 되겠습니까?

Maáarì mo bang kunin ang pera galing sa bangko?
[마아-아-리' 모 방 꾸-닌 앙 뻬-라 가-ㄹ링 사 바-ㅇ꼬?]
은행에서 돈을 좀 가져다 줄 수 있겠느냐?

Maáarì ka bang bumilí ng diyario sa akin?
[마아-아-리' 까 방 부밀리 낭 지야-리오 사 아낀?]
나에게 신문을 사다 주겠느냐?

06

희망(소망)

Ang pag-asa ko'y magíng gurò.
[앙 빡아-사 꼬이 마깅 구-로']
나의 희망은 선생님이 되는 것이다.

Si Tony ang pag-asa ng pamilya.
[시 토니 앙 빡아-사 낭 빠미-ㄹ랴]
그 가족의 희망은 토니다.

Ináasáhan kitáng dáratíng sa tabí ko.
[인아-아사-한 끼당 다-라띵 사 따비 꼬]
네가 내 곁에 오기를 기대하고 있다.

Gustó kong uminóm ng serbesa.
[구스또 꽁 움이놈 낭 세르베-사]
맥주를 마시고 싶습니다.

Gustúng-gustó kong mákíta siyá.
[구스뚱 구스또 꽁 마-끼-따 샤]
그 사람이 너무너무 보고 싶다.

Ibig kainin ng mga batà ang keso.
[이-빅 까이-닌 낭 망아 바-따' 앙 께-소]
그 아이들은 치즈를 먹고 싶어 합니다.

mga는 mangá[망아]를 줄여 쓴 단어로서 2개 이상의 복수를 뜻한다.

Gustóng makiníg ng batang babae sa magandáng tugtugin.
[구스똥 마끼닉 낭 바-땅 바바-에 사 마간당 뚝뚜-긴]
그 소녀는 아름다운 음악을 듣기를 좋아합니다.

Sana, masayá ka.
[사-나, 마사야 까]
행복하기를 바란다.

Sana, masayá pô kayó.
[사-나. 마사야 뽀‘ 까요]
행복하시기를 기원합니다.

Sana, masayáng gabí sa iyó.
[사-나. 마사양 가비 사 이요]
행복한 밤이 되기를 기원한다.

Nais kong magkasuwerte ka sa Bagong Taón.
[나이스 꽁 막까수웨-르떼 사 바-공 따온]
새해 행운이 있기를 바란다.

Nais kong magkákaroón ka ng maligayang araw.
[나이스 꽁 막까-까로온 까 낭 말 리가-양 아-라우]
행복한 하루를 맞이하기를 기원한다.

Nais lang na minsan ay mákapiling ka.
[나이스 랑 나 미-ㄴ산 아이 마-까삘링 까]
한 번이라도 그대 곁에 있기를 원한다.

Nais kong hindî kayó magkasakít.
[나이스 꽁 힌디‘ 까요 막까사낃]
아프시지 말기를 기원합니다.

Iturò mo sana sa akin ang salitâ ng Tagalog.
[이뚜-로‘ 모 사-나 사 아-낀 앙 살리따’ 낭 따가-ㄹ록]
나한테 따갈로그어 단어를 가르쳐 주기를 바란다.

Huwág sana akóng kalimutan.
[후왁 사-나 아꽁 깔리무-딴]
나를 잊지 마세요.

부탁(의뢰)

(1) 연장자에게 최고로 정중한 부탁/질문

Pakiusap pô, ipahirám pô ninyó ang inyóng bisikleta sa akin.
[빠끼우-삽 뽀', 이빠히람 뽀' 닌요 앙 인용 비시끌레-따 사 아-낀]
사장님(선생님, 등) 부탁드립니다. 사장님 자전거를 저에게 좀 빌려 주십시오.

Pakiusap pô, ipakita pô ninyó ang aklát na iyán sa akin.
[빠끼우-삽 뽀', 이빠끼-따 뽀' 닌요 앙 아끌랕 나 이얀 사 아-낀]
사장님(선생님, 등) 부탁드립니다. 그 책을 저에게 좀 보여 주십시오.

Patawad pô, puwede pô ba kayóng magbigáy ng kontíng pera sa akin?
[빠따-왇 뽀', 뿌웨-데 뽀' 바 까용 막비가이 낭 꼰띵 뻬-라 사 아-낀?]
사장님(선생님 등) 죄송합니다만 저에게 돈을 조금 주실 수 있습니까?

- pakiusap[빠끼우-삽]: 영어의 please와 같은 의미이며 부탁하는 내용을 완곡하고 정중하게 한다.
- kayó[까요]는 ikáw[이까우](단수 2인칭, 너) 에 대한 복수(너희들) 의 뜻과 함께 존칭(귀하, 당신 등) 의 의미도 있다.
- ninyó[닌요]는 kayó(단수 2인칭 및 존칭) 의 조격, inyó[인요]는 전부수식 소유격을 의미한다.
- pô[뽀']는 연장자에 대한 경의 표시에 절대적으로 필요하니 사 용에 유의.
- ipa~[이빠~]: "~에게 하도록 하다"를 의미하는 사역 수동사용 접두사

(2) 연장자에게 예의를 지킨 부탁/질문(위의 "A" 예문보다 덜 정중함.)

Ipahirám pô ninyó ang inyóng bisikleta sa akin.
[이빠히람 뽀' 닌요 앙 인용 비시끌레-따 사 아-낀]
당신 자전거를 저에게 좀 빌려 주십시오.

Ipakita pô ninyó ang aklát na iyán sa akin.
[이빠끼-따 뽀' 닌요 앙 아끌랕 나 이얀 사 아-낀]
그 책을 저에게 좀 보여 주십시오.

Puwede pô ba kayóng magbigáy ng kontíng pera sa akin?
[뿌웨-데 뽀' 바 까용 막비가이 낭 꼰띵 뻬-라 사 아-낀?]
저에게 돈을 조금 주실 수 있습니까?

(3) 위의 "B" 예문에서 pô를 생략하면 연장자에 대한 경의는 없으나 반말을 할 수 없는 경우(비슷한 나이의 초면 상대, 손님 등) 에 사용할 수 있다.

Ipahirám ninyó ang inyóng bisikleta sa akin.
[이빠히람 닌요 앙 인용 비시끌레-따 사 아-낀]
당신 자전거를 저에게 좀 빌려 주세요.

Ipakita ninyó ang aklát na iyán sa akin.
[이빠끼-따 닌요 앙 아끌랕 나 이얀 사 아-낀]
그 책을 저에게 좀 보여 주세요.

Puwede ba kayóng magbigáy ng kontíng pera sa akin?
[뿌웨-데 바 까용 막비가이 낭 꼰띵 뻬-라 사 아-낀?]
저에게 돈을 조금 줄 수 있습니까?

(4) 친구 및 자신보다 젊은 사람에 대한 정중한 부탁/질문

Pakihirám mo ang iyóng bisikleta sa akin.
[빠끼히람 모 앙 이용 비시끌레-따 사 아-낀]
너의 자전거를 나한테 좀 빌려 주기 바란다.

Pakikita mo ang aklát na iyán sa akin.
[빠끼끼-따 모 앙 아끌랕 나 이얀 사 아-낀]
그 책을 나한테 좀 보여 주기 바란다.

paki~[빠끼~]: 영어의 please(부탁, 청원) 의 의미를 갖는 수동사용 접두사

Ipahirám mo ngâ ang iyóng bisikleta sa akin.
[이빠히람 모 ㅇ아 앙 이용 비시끌레-따 사 아-낀]
네 자전거 좀 빌려줘.

Ipakita mo ngâ ang aklát na iyán sa akin.
[이빠끼-따 모 ㅇ아 앙 아끌랕 나 이얀 사 아-낀]
그 책 좀 보여줘.

ngâ[ㅇ아]를 사용하면 겸손한 부탁이 된다.

Puwede ka bang magbigáy ng kontíng pera sa akin?
[뿌웨-데 까 방 막비가이 낭 꼰띵 뻬-라 사 아-낀?]
나한테 돈을 조금 줄 수 있겠어?

puwede[뿌웨-데] 또는 maáari[마아-아-리']를 이용한 의문문으로 겸손하게 부탁한다.

Maáarì mo bang kunin ang sombrero ko?
[마아-아-리' 모 방 꾸-닌 앙 솜브레-로 꼬?]
내 모자 좀 가져다 줄 수 있겠어?

(5) 명령 수준의 부탁/의뢰

Ipahirám mo ang iyóng bisikleta sa akin.
[빠끼히람 모 앙 이용 비시끌레-따 모 사 아-낀]
너의 자전거를 나한테 빌려 줘

Ipakita mo ang aklát na iyán sa akin.
[이빠끼-따 모 앙 아끌랕 나 이얀 사 아-낀]
그 책을 나한테 보여 줘.

Magbigáy ka ng kontíng pera sa akin.
[막비가이 까 낭 꼰띵 뻬-라 사 아-낀?]
나한테 돈을 조금 줘.

06

07 감정 표현

▶ 행복

Masayá akó.
[마사야 아꼬]
나는 행복하다.

Masayá ka na ba?
[마사야 까 나 바?]
너는 지금 행복하니?

Masayá akó pagká't malusóg ang lahát ng pamilya ko.
[마사야 아꼬 빡깥 말루속 앙 라핱 낭 빠미-ㄹ랴 꼬]
나는 나의 가족 모두가 건강해서 행복하다.

pagká't[빡깥]: "~ 때문에, ~한 이유로"를 의미를 갖는 종속 접속사

Masayáng-masayá na pô akó.
[마사양 마사야 나 뽀' 아꼬]
저는 지금 대단히 행복합니다.

형용사를 연결어로 중복시키면 "매우, 대단히"의 의미를 갖는다.
Ex) busóg na busóg[부속 나 부속]: 매우 배부른
magandáng-magandá[마간당 마간다]: 대단히 아름다운
tangáng-tangá[땅앙 땅아]: 매우 멍청한
mataás na mataás[마따아스 나 마따아스]: 매우 높은
masipag na masipag[마시-빡 나 마시-빡]: 대단히 부지런한
matabáng-matabâ[마따방 마따바']: 매우 뚱뚱한

Lagì siyáng masayá.
[라-기' 시양 마사야]
그는 항상 행복하다.

Maligaya siyá.
[말리가-야 시야]
그는 행복하다.

Maligaya ang Nanay ko.
[말리가-야 앙 나-나이 꼬]
나의 어머니는 행복하다.

Maligaya si Gng. Kim.
[말리가-야 시 기-낭 킴]
김 여사는 걱정이 없다.(김 여사는 행복하다.)

Maligaya pô ba ang lahát ng pamilya ninyó?
[말리가-야 뽀' 바 앙 라핱 낭 빠미-ㄹ랴 닌요?]
가족 모두 행복하십니까?

Anó ang tunay na kaligayahan ng buhay?
[아노 앙 뚜-나이 나 깔리가야-한 낭 부-하이?]
삶의 진정한 행복이란 무엇일까?

즐거움, 기쁨

Nagágalák pô akó sa biyaheng itó.
[나가-갈락 뽀' 아꼬 사 비야-헹 이또]
저는 이 여행이 즐겁습니다.

Nagalák akó sa iyóng pagtatagumpáy.
[나갈락 아꼬 사 이용 빡따따굼빠이]
나는 너의 성공에 기뻤다.

Nagágalák akóng mákilala kayó.
[나가-갈락 아꽁 마-낄랄라 까요]
당신을 알게 되어기쁩니다.

Nagágalák akóng mákíta kitá.
[나가-갈락 아꽁 마-끼-따 끼따]
너를 만나게 되어 기쁘다.

Ikinagágalák kong makiníg sa balitang iyán.
[이끼나가-갈락 꽁 마끼닉 사 발리땅 이얀]
그 소식을 들어서 기쁩니다.

Nakatútuwâ akó.
[나까뚜-뚜와' 아꼬']
아주 즐겁습니다.

Tuwáng-tuwâ akó sa kantá mo.
[뚜왕 뚜와' 아꼬 사 깐따 모]
너의 노래에 아주 즐겁다.

Pumuntá ka dito at magsayá tayo.
[뿌문따 까 디-또 앋 막사야 따-요]
이리 와서 함께 재미있게 지내자.

Ang mga larawan mo ay kasiyá-siyá sa matá ko.
[앙 망아 라라-완 모 아이 까시야 시야 사 마따 꼬]
너의 사진들은 내 눈을 즐겁게 한다.

Ikinalugód ko ang pagsama sa kanyá.
[이끼나루곧 고 앙 빡사-마 사 깐야]
그와 함께 가는 것이 즐거웠다.

Ikinalúlugód ko pong mákíta kayóng lahát.
[이끼나루-ㄹ루곧 꼬 뽕 마-끼-따 까용 라핱]
여러분 모두 뵙게 되어 기쁩니다.

Nagkaroón tayo ng kalugúd-lugód na bakasyón.
[낙까로온 따-요 낭 까루굳 루곧 나 바까숀]
우리는 매우 즐거운 휴가를 보냈다.

Gustó kong magbigáy-lugód sa iná ko.
[구스또 꽁 막비가이 루곧 사 이나 꼬]
나는 어머니를 즐겁게 해드리고 싶다.

걱정

(1) 걱정거리 질문

Anó ang nangyari sa iyó?
[아노 앙 낭 야-리 사 이요?]
너한테 생긴 일이 뭐야?

Anó pô ba ang problema ninyó
[아노 뽀 바 앙 쁘로블레-마 닌요?]
당신의 문제가 무엇입니까?

Bakit kang mabahalà sa kanyá ng gayón?
[바-낕 깡 마바하-ㄹ라' 사 깐야 낭 가욘?]
너는 왜 그 사람을 그렇게 걱정하느냐?

Merón ba anumáng masamâ sa iyó?
[메론 바 아누망 마사마 사 이요?]
무슨 나쁜 일 있어?

Anó ang pag-áalalá mo?
[아노 앙 빡아-알랄라 모?]
너의 걱정거리는 뭐냐?

Anó ang dahilán sa iyóng sakít ng ulo?
[아노 앙 다힐란 사 이용 사낕 넝 우-ㄹ로?]
네가 골치아파하는 이유가 뭐냐?

Anó ang problema sa bahay mo?
[아노 앙 쁘로블레-마 사 바-하이 모?]
너의 집안 문제는 뭐야?

Mayroón bang anumáng problema sa iyóng magulang?
[마이로온 방 아누망 쁘로블레-마 사 인용 마구-ㄹ랑?]
너의 부모님에게 무슨 문제라도 있느냐?

Anumáng nangyari sa bansâ mo?
[아누망 낭야-리 사 반사' 모?]
너의 나라에 무슨 일이라도 발생했느냐?

07

May anumáng nangyari ba ang bansâ mo?
[아누망 낭야-리 사 반사' 모?]
너의 나라에 무슨 일이라도 발생했느냐?

Tila masamâ ang damdamin mo, bakit?
[띠-ㄹ라 마사마' 앙 담다-민 모, 바-낕?]
너 기분이 나쁜 것 같다, 왜 그래?

(2) 걱정하는 감정 표현

Nabábahalà akó sa kaligtasan niyá.
[나바-바하-ㄹ라' 아꼬 사 까릭따-산 니야]
나는 그의 안전이 걱정이다.

Tila mas masamâ ang sakít ng Nanay ko.
[띠-ㄹ라 마스 마사마' 앙 사낕 나-나이 꼬]
어머니의 병이 더 나빠진 거 같다.

Akó ay takót na kinuha siyá sa aksidente sa kalsada.
[아꼬 아이 따꼳 나 끼누-하 시야 사 악시데-ㄴ떼 사 깔사-다]
나는 그가 교통사고를 당했을까봐 두렵다.

Nag-áalalá akó sa kalúsúgan ng lolo ko.
[낙아-알랄라 아꼬 사 깔루-수-간 낭 로-ㄹ로 꼬]
나는 할아버지의 건강이 걱정스럽다.

Nabábalísa akó sa dî niyá pagkakáuwî kagabí.
[나바-발리-사 아꼬 사 디' 니야 빡까까-우위' 까바비]
어제 밤에 그가 귀가하지 않아서 초조하다.

(3) 걱정을 덜어주는 표현

Huwág kang mag-alalá.
[후왁 깡 막알랄라]
걱정(염려) 하지 마.

Huwág kang mabahalà tungkól diyán.
[후왁 깡 마바하-ㄹ라' 뚱꼴 지얀]
그거에 대해서는 걱정하지 마.

Huwág kang mabahalà sa maliít na bagay na iyán.
[후왁 깡 마바하-ㄹ라' 사 말리릳 나 바-가이 나 이얀]
그런 사소한 일에 대해서는 걱정을 하지 마.

Huwág mong alalahanin ang problemang iyán.
[후왁 몽 알랄라하-닌 앙 쁘로블레-망 이얀]
그 문제에 대해서는 걱정하지 마.

Huwág kang mabalisa, úuwî siyá madalíng araw.
[후왁 깡 마발리-사, 우-우위' 시야 마달링 아-라우]
초조해 하지마, 그는 새벽에 돌아올 것이다.

Tumahimik ka, dáratíng siyá bago mag-hatinggabí.
[뚜마히-믹 까, 다-라띵 시야 바-고 막하띵가비]
진정해, 그는 자정이 되기 전에 도착할 것이다.

Itiwasáy mo ang iyóng isip.
[이띠와사이 모 앙 이용 이-싶]
마음을 가라 앉혀라.

Tumiwasáy ka.
[뚜미와사이 까]
평정심을 잃지 마라.

Huminahon ka muna.
[후미나-혼 까 무-나]
우선 침착해라.

▶ 슬픔

(1) 슬퍼하는 이유 물어 보기

Nalúlungkót ka nang talagá. Bakit?
[날루-ㄹ룽꽅 까 낭 딸라가. 바-낕?]
많이 슬퍼하고 있구나. 왜 그래?

Bakit ka nalúlungkót?
[바-낕 까 날루-ㄹ룽꽅?]
왜 침울해 있느냐?

Bakit ka mukháng malungkót?
[바-낕 까 묵항 말룽꽅?]
너는 왜 슬픈 표정을 하고 있느냐?

Anó ang dahilán ng pighatî mo?
[아노 앙 다힐란 낭 삑하띠' 모?]
너의 슬픔의 원인이 무엇이냐?

(2) 슬픈 감정의 표현

Malungkót akó dahil sa kamatayan ng kaibigan.
[말룽꽅 아꼬 다-힐 사 까마따-얀 낭 까이비-간]
나는 친구가 죽어서 슬프다.

Malungkót na malungkót akó.
[말룽꽅 나 말룽꽅 아꼬]
나는 무척 슬프다.

Dináramdám ko ang iyóng pagkakasakít.
[디나-람담 꼬 앙 이용 빡까까사낕]
나는 너가 병에 걸려서 마음이 아프다.

Nalúlungkót akó sapagká't ikáw ay áalís.
[날루-ㄹ룽꽅 아꼬 사빡깥 이까우 아이 아-아리스]
나는 너가 떠나게 되어 슬프다.

Ikinalúlungkót kong náriníg ang balità ng sakunâ.
[이끼나루-ㄹ룽꽅 꽁 나-리닉 앙 발리-따' 낭 사꾸나']
나는 그 사고 소식을 듣고 슬프다.

Sobra ang lungkót ko.
[소-브라 앙 룽꼳 꼬]
나는 너무 슬프다.

Ang pighatî ko ay dahil sa pagkamatáy ng aking lolo.
[앙 삑하띠' 꼬 아이 다-힐 사 빡까마따이 낭 아-낑 로-ㄹ로]
나의 슬픔은 할머니의 사망 때문이다.

07

위로

Sayang!
[사-양!]
참 안됐구나!(애석합니다!)

Huwág kang malungkót.
[후왁 깡 말룽꼳]
슬퍼하지 마라.

Nakíkiramay akó.
[나끼-끼라마이 아꼬]
애도를 표합니다.

Nakíkiramay akó sa kamatayan ng iná mo.
[나끼-끼라마이 아꼬 사 까마따-얀 낭 이나 모]
너의 모친상에 삼가 조의를 표한다.

Tanggapín pô ninyó ang aking pakikiramay.
[땅가삔 뽀' 닌요 앙 아-낑 빠끼끼라-마이]
저의 위로를 받아 주십시오.

Merón pa ang pagkakátaón. Huwág kang sumukò.
[메론 빠 앙 빡까까-따온. 후왁 깡 수무-꼬']
기회는 또 있다. 포기하지 마라.

Manánalángin pô akó para sa inyó.
[마나-날라-ㅇ인 뽀' 아꼬 빠-라 사 인요]
당신을 위해 기도드리겠습니다.

▶ 불평

Hindî nakasísiyá sa akin ang ginawâ mo.
[힌디' 나까시-시야' 사 아-낀 앙 기나와' 모]
네가 한 것은 나로서는 불만스럽다.

Di-kasiyá-siyá ang mungkahì mo.
[디 까시야 시야 앙 뭉까-히' 모]
너의 제안은 만족스럽지 못하다.

May reklamo ka ba?
[마이 레끌라-모 까 바?]
너 불만 있느냐?

Anó ang reklamo mo?
[아노 앙 레끌라-모 모?]
너의 불만이 무엇이냐?

Mareklamo siyá.
[마레끌라-모 시야]
그는 불만으로 가득 차 있다.

Lagì siyáng nagréreklámo.
[라-기' 시양 낙레-레끌라-모]
그는 항상 불만이다.

Marami siyáng daíng.
[마라-미 시양 다잉]
그는 불만이 많다.

Ang batang iyón ay paladaíng.
[앙 바-땅 이욘 아이 빨라다잉]
저 애는 걸핏하면 불평한다.

pala~[빨라]: "경향, 습관, 버릇"을 의미하는 명사 또는 형용사용 접두사
Ex) palabasá[빨라바사]: 책 읽기를 좋아하는, 지식이 풍부한
palalakwatsa[빨라락와—차]: 습관적으로 결석하는 사람
palalutò[빨라루—또']: 요리하기 좋아하는
palabirò[빨라비—로']: 습관적인 농담꾼

Magtiís ka ng mga maliít na daíng.
[막띠이스 까 낭 망아 말리잍 나 다잉]
사소한 불만들은 참아라.

실망

Hindî akó nasiyahán.
[힌디' 아꼬 나시야한]
실망했다(만족하지 못했다.)

Hindî akó nasiyahán sa konsiyerto.
[힌디' 아꼬 나시야한 사 꼰시예-르또]
나는 그 연주회에 실망했다.

Hindî akó nasísiyahán sa iyóng ginágawâ.
[힌디' 아꼬 나시-시야한 사 이용 기나-가와']
네가 하는 일에 실망이다(만족하지 못하고 있다.) .

Bigô akó.
[비고' 아꼬]
나는 실망했다.

Bigô rin siyá.
[비고' 린 시야]
그 사람도 실망했다.

Bigô ka na ba?
[비고' 까 나 바?]
실망했어?

Huwág kang mabigô.
[후왁 깡 마비고']
실망하지 마.

Bigô akó sa sabi niyá.
[비고' 아꼬 사 사-비 니야]
나는 그의 말에 실망했다.

Huwág mo sana akóng biguín.
[후왁 모 사-나 아꽁 비구인]
나 좀 실망시키지 말아 줘.

Hindî ko gustó siyáng biguín.
[힌디' 꼬 구스또 꽁 시양 비구인]
나는 그를 실망시키고 싶지 않다.

Isáng malakíng pagkabigô sa akin ang pagkahulog mo sa iksamen.
[이상 말라낑 빡까비고' 사 아-낀 앙 빡까후-ㄹ록 모 사 익사-멘]
네가 시험에 떨어진 것은 나에게 큰 실망이다.

후회

Nagsísísi akó.
[낙시-시-시 아꼬]
나는 후회하고 있다.

Nagsísísi akó nang tapát.
[낙시-시-시 아꼬 낭 따빹]
나는 진심으로 후회하고 있다.

Akó'y nagsísísi sa aking pagkagalit sa kanyá.
[아꼬이 낙시-시-시 사 아-낑 빡까가-ㄹ릳 사 깐야]
나는 그이에게 화를 낸 것을 후회하고 있다.

Magsisi kayó nang tapát at kayó'y patátáwarin.
[막시-시 까요 낭 따빹 얻 까요이 빠따-따-와린]
진심으로 회개하라, 그러면 용서받을 것이다.

Bakit ko ginawâ ang pagkakámalî?
[바-낕 꼬 기나와' 앙 빡까까-말리'?]
내가 왜 그 실수를 저질렀지?

Nanghíhináyang akó sa ginawâ ko.
[낭히-히나-양 아꼬 사 기나와' 꼬]
내가 한 일에 대해 후회하고 있다.

Nanghinayang akó sa pagkábilí ng awto.
[낭히나-양 아꼬 사 빡까-빌리 낭 아우또]
나는 차를 산 것을 후회했다.

Malakí ang aking panghihinayang sa kasalanang iyán.
[말라끼 앙 아-낑 빵히히나-양 사 까살라-낭 이얀]
그 잘못에 대한 나의 후회는 심각하다.

Kahiná-hinayang iyán.
[까히나 히나-양 이얀]
그것은 정말 후회스럽다.

07

망각

Nákalimutan ko ang pangakong iyán.
[나-깔리무딴 꼬 앙 빵아-꽁 이얀]
나는 그 약속을 잊어 버렸다.

mákalimutan[마–깔리무딴], malimutan[말리무–딴]: (무의식적으로) 잊다

Nákalimutan kong magsusì ng pintó sa kuwarto.
[나-깔리무딴 꽁 막수-시' 낭 삔또 사 꾸와-르또]
나는 방문 잠그는 것을 잊어 버렸다.

Nalimutan kong magdalá ng malinis na panyô.
[날리무-딴 꽁 막달라 낭 말리-니스 나 빤요']
나는 깨끗한 손수건을 가져 오는 것을 잊었다.

Limutin mo akó.
[리무-띤 모 아꼬]
나를 잊어라.

Kalimutan mo siyá.
[깔리무-딴 모 시야]
그 사람을 잊어라.

kalimutan[깔리무–딴], limutin[리무–띤], lumimot[루미–몯]: (의도적으로) 잊다

Kinalimutan mo na ang iyóng utang sa akin.
[끼날리무-딴 모 나 앙 이용 우-땅 사 아-낀]
너는 나에게 진 빚을 이미 잊었다.

Huwág mo akóng kalimutan.
[후왁 모 아꽁 깔리무-딴]
나를 잊지 말아라.

Ikáw ay di-malílimutan sa isip ko.
[이까우 아이 디 말리-리무딴 사 이-싶 꼬]
너는 나의 기억에서 잊어지지 않을 것이다.

Hindî kitá mákákalimutan.
[힌디' 끼따 마-까-깔리무딴]
나는 너를 잊지 못할 것이다.

Grabe ang pagka-malilimutín niyá.
[그라-베 앙 빡까말릴리무띤 니야]
그의 건망증은 심각하다.

Madalás siyáng mawalán ng mga bagay dahil sa pagka-malilimutín.
[마달라스 시양 마왈란 낭 망아 바-가이 다-힐 사 빡까말릴리무띤]
그는 건망증 때문에 물건을 자주 잃어버린다.

칭찬

Magandá!
[마간다!]
좋아요./아름다워요.

Ang gandá!
[앙 간다!]
참 좋아요!/참 아름답군요.

Nápakagandá mo!
[나-빠까간다 모]
대단히 아름답군요!

nápaka~[나-빠까]: 형용사의 어근과 결합하여 "대단히, 무척" 등의 의미를 갖게 하는 접두사

Magalíng!
[마갈링!]
잘 했어요!

Ang galíng!
[앙 갈링!]
참 잘 했어요!

Ang galíng mo!
[앙 갈링 모!]
너 참 잘 하는구나!

Sobra ang galíng mo!
[소브라 앙 갈링 모!]
너 정말로 잘 하는구나!

Ang galíng mong kumantá!
[앙 갈링 몽 꾸만따!]
너 노래를 참 잘 하는구나!

Nápakagalíng mong lumangóy!
[나-빠까갈링 몽 루망오이!]
너는 수영을 대단히 잘 하는구나!

Nápakagalíng mong manlalarô ng básketból!
[나-빠까갈링 몽 만랄라로' 낭 바-스껱볼!]
너는 훌륭한 농구선수이다!

Ang galíng mo namán!
[앙 갈링 모 나만!]
너 정말 잘하는구나!

Ang galíng namán ninyóng lahát!
[앙 갈링 나만 닌용 라할!]
너희들 모두 참 잘 하는구나!

Nápakagalíng pô ninyó!
[나-빠까갈링 뽀 닌요!]
대단히 잘하십니다.

Kágalíng-galíng pô ninyó.
[까-갈링 갈링 뽀' 닌요']
정말 최고이십니다.

Nápakabúting batà!
[나-빠까부-띵 바-따'!]
장한 아이구나!(훌륭한 아이구나!)

Kay sipag ng mga anák mo!
[까이 시-빡 낭 망아 아낙 모!]
너의 아이들은 정말 부지런하구나!

Kay gandá ng damít mo!
[까이 간다 낭 다밑 모!]
너의 옷이 참 예쁘구나!

Mabikas ang barò mong isinúsuót.
[마비-까스 앙 바-로' 몽 이수누-수옽]
우아하게 차려 입었구나.

Mahusay pô!
[마후-사이 뽀']
잘하십니다.

Abá! Mahusay kang sumayáw.
[아바! 마후-사이 깡 수마야우!]
와! 너 춤을 잘 추는구나.

May mabuting asal siyá.
[마이 마부-띵 아-살 시야]
그는 품행이 반듯하군요.

Mahusay siyáng magtrabaho.
[마후-사이 시양 막뜨라바-호]
그는 일을 능숙하게 합니다.

Masaráp na masaráp ang pagkain mo.
[마사랖 나 마사랖 앙 빡까-인 모]
너의 음식은 매우 맛있다.

Nápakahúsay mong maglutò!
[나-빠까후-사이 몽 막루-또'!]
너의 요리실력은 대단히 훌륭하다.

Sobra ang talino mo!
[소-브라 앙 딸리-노 모!]
너 정말 똑똑하구나!

Mayroón kang kombinasyón ng talino at gandá.
[마이로온 깡 꼼비나숀 낭 딸리-노 앝 간다]
너는 지혜와 아름다움을 함께 갖추고 있구나.

비난, 질책

Tangá ka, iyón ay dî mo pa máintindihán.
[땅아 까, 이욘 아이 디' 모 빠 마-인띤디한]
너 바보구나, 아직도 그것을 이해 못하다니.

Iláng beses ko nang sinabi sa iyó.
[일랑 베-세스 꼬 낭 시나-비 사 이요]
너한테 몇 번씩이나 말했다.

Hindî itó ang ináasáhan ko.
[힌디' 이또 앙 인아-아사-한 꼬]
이것은 내가 원하는 것이 아니다.

Matigás ang ulo mo.
[마띠가스 앙 우-ㄹ로 모]
너는 막무가내다.(너는 고집불통이다.)

Bakit mo ba sinísísi akó?
[바-낕 모 바 시니-시-시 아꼬?]
너는 왜 나를 나무라느냐?(내가 뭘 잘못했느냐?)

Huwág mong itagò ang katotóhánan.
[후왁 몽 이따-고' 앙 까또또-하-난]
진실을 숨기지 마라.

Gumawâ ka ng isáng malubháng pagkakámalî.
[구마와' 까 낭 이상 말룹항 빡까까-말리']
너는 심각한 잘못을 저질렀다.

Dapat kang sisihin sa iyóng ginawâ.
[다-빹 깡 시시-힌 사 이용 기나와']
너의 행위는 비난받아 마땅하다.

Ikáw ang dapat sisihin.
[이까우 앙 다-빹 시시-힌]
너는 비난받아 마땅하다.

Walâ kang dahiláng magreklamo.
[왈라' 깡 다힐랑 막레끌라-모]
너는 불평할 이유가 없다.

Pangahás siyá.
[빵아하스 시야]
그는 무례하다.(건방지다.)

Ikáw ay isáng pangahás na tao.
[이까우 아이 이상 빵아하스 나 따-오]
너는 건방진(무례한) 인간이다.

Sinungaling siyá.
[시눙아-ㄹ링 시야]
그는 거짓말쟁이다.

Ikáw ay isáng sinungaling na tao.
[이까우 아이 이상 시눙아-ㄹ링 따-오]
너는 믿을 수 없는 놈이다.

07

Huwág kang magsinungaling.
[후왁 깡 막시눙아-ㄹ링]
거짓말 하지마라.

Alís diyán./Umalís ka riyán.
[알리스 지얀/움알리스 까 리얀]
저리 가거라.

Iwan mo akóng mag-isá.
[이-완 모 아꽁 막이사]
나 혼자 있게 내버려 줘.

Walâ siyáng magandáng kaugalián.
[왈라' 시양 마간당 까우갈리안]
그는 매너를 지킬 줄 모르는 사람이다.

Lahát ay sumúsumpâ sa iyóng asal.
[라핫 아이 수무-숨빠' 사 이용 아-살]
모든 사람들이 너의 행동을 비난하고 있다.

Huwág mong iwasan ang iyóng pananágútan.
[후왁 몽 이와-산 앙 이용 빠나나-구-딴]
너의 책임을 회피하지 마라.

Nagbíbingí-bingihan ka sa aking payo.
[낙비-빙이 빙이-한 까 사 아-낑 빠-요]
너는 내 충고를 전혀 안 듣는구나.

▶ 욕설

필리핀에서 모욕적인 언사를 사용하여 감정을 상하게 하는 것은 매우 위험하다.
특히 필리핀인이 외국인에게서 아래와 같은 욕설을 들었을 경우에는 민족적인 치욕감까지 느끼게 되어 복수의 감정을 갖게 된다.
개인적으로 총기소지가 허용되는 나라이다 보니 불법 총기도 당연히 많을 수밖에 없는 실정을 감안하여 아래에 열거된 욕설들은 참고로 알고만 있기를 바란다.

Loko-lokó!
[로-꼬 로꼬!]
미친 놈!

Loka-loká!
[로-까 로까!]
미친 년!

Loko-lokó ka.
[로-꼬 로꼬 까]
너(남자) 미쳤구나.

Loka-loká ka.
[로-까 로까 까]
너(여자) 미쳤구나.

Sirâ ang ulo mo.
[시라‘ 앙 우-ㄹ로 모]
네 머리 고장 났다.(너 돌았구나.)

Tangá ka ba?
[땅아 까 바?]
너 바보냐?

Putang iná mo.
[뿌-땅 이나 모]
네 엄마 창녀. → Son of bitch.(개새끼)

Anák ng puta ka.
[아낰 낭 뿌-따 까]
넌 창녀의 자식이야. → 너 개새끼.

Hayop ka.
[하-욥 까]
너는 짐승 같은 놈이다.

Waláng hiyâ!
[왈랑 히야'!]
부끄러워 할 줄 모르는 놈!

Walâ kang hiyâ.
[왈라' 깡 히야']
너는 부끄러움이 없는 놈이다.

Huwág mo akóng sumpaín.
[후왁 모 아꽁 숨빠인]
나를 욕하지 마라.

Kinginá! Nawalâ ang pera.
[낑이나! 나왈라' 앙 뻬-라]
젠장(제길헐, 씨발)! 돈이 없어졌다.

kinginá는 puki ng iná의 줄임말

Punyeta! Nákalimutan kong magsusì ng pintó.
[뿐예-따! 나-깔리무딴 꽁 막수-시' 낭 삔또]
젠장(제길헐, 씨발)! 문 잠그는 것을 잊었다.

▶ 놀람, 감탄, 실망

(1) **Abá**[아바]! — 단순 놀람, 칭찬, 부정(거부) , 질책, 이름을 부를 때

Abá! Anó kayâ iyán?
[아바! 아노 까야' 이얀?]
아니! 그건 도대체 뭐야?

Abá! Ang galíng mong kumantá.
[아바! 앙 갈링 몽 꾸만따]
와아! 노래를 참 잘 하는구나.

Abá! Abá! Náritó palâ si Juan.
[아바! 아바! 나-리또 빨라' 시 후안]
아니, 이것 참! 후안이 바로 여기에 있구나.

Abá! Hindî maáarì iyán.
[아바! 힌디' 마아-아-리' 이얀]
안돼! 그건 불가능해.

Abá! Hindî mo dapat gawín iyán.
[아바! 힌디' 모 다-빹 가윈 이얀]
안돼! 너는 그것을 해서는 안 된다.

Abá! Bakit ka ganyán?
[아바! 바-낕 까 간얀?]
아니! 넌 왜 그런 거야?(아니! 넌 왜 그 모양이냐?)

Abá! Gng. Maria!
[아바! 기-낭 마리아!]
저기요! 마리아 여사님!/실례합니다! 마리아 여사님!

(2) **Nakú**[나꾸]! — 크게 놀람, 환호, 실망, 불신

Nakú, nákalimutan ko na iyán!
[나꾸! 나-깔리무딴 꼬 나 이얀!]
어이쿠! 그것을 벌써 잊어버렸네.

Nakú, ang gandá ng bahay mo!
[나꾸! 앙 간다 낭 바-하이 모!]
와아! 너의 집 아름답다.

Nakú! Totoó ba iyán?
[나꾸! 또또오 바 이얀?]
글쎄! 그게 사실일까?

Nakú, tumabâ ka!
[나꾸, 뚜마바' 까!]
아니 이런! 너 뚱뚱해 졌어.

07

(3) **Ay**[아이]! — 실망, 거절, 불만, 슬픔
Ay! Nápakahírap ng buhay ko.
[아이! 나-빠까히-랖 낭 부-하이 꼬]
아아! 너무나 괴로운 내 인생.

Ay! Yumao ang lola ko.
[아이! 유마-오 앙 로-ㄹ라 꼬]
아아! 나의 할머니가 돌아가시다니.

Ay, ang payát mo na!
[아이, 앙 빠얕 모 나!]
아니, 이런! 너 많이 말랐구나!

Ay nakú! Matrapik na namán.
[아이 나꾸! 마뜨라-삑 나 나만]
맙소사! 지독한 교통체증이네.

Ay nakú! Masakít na namán ang ngipin.
[아이 나꾸! 마사낕 나 나만 앙 ㅇ이-삔]
어이쿠 이런! 치아가 너무 아프다.

(4) Uy[우이]! — 감탄, 탄복
Uy! Ang gandá ng barò mo.
[우이! 앙 간다 낭 바-로' 모]
와아! 네 옷 멋있네.

Uy! Mahusay kang sumayáw.
[우이! 마후-사이 깡 수마야우]
와아! 너 춤 잘 추네.

Uy! Magandá kang sumulat.
[우이! 마간다 깡 수무-ㄹ랕]
와아! 너 글씨를 예쁘게 쓰는구나.

Uuuuy, ang payát mo na, ah!
[우--이, 앙 빠얕 모 나, 아-]
와~아~, 너 날씬하네!

ah[아–]: 칭송, 감탄을 의미하는 문미조사

(5) Aráy[아라이]! — 고통, 아픔

Aráy! Nanipit akó ng alimango.
[아라이! 나니-삩 아꼬 낭 알리마-ㅇ오]
아야! 게한테 물렸어요.

Aráy! Náuntóg akó sa padér.
[아라이! 나-운똑 아꼬 사 빠데르]
아야! 머리를 벽에 부딪쳤어요.

(6) Sayang[사–양]! — 유감, 실망, 불운

Sayang! Nawalâ mo ang pera.
[사-양! 나왈라' 모 앙 뻬-라]
너가 돈을 잃어버려서 유감이다.

Sayang! Nasunog maraming bahay kagabí.
[사양! 나수-녹 마라-밍 바-하이 까가비]
어제 밤에 많은 집이 불에 타서 유감이다.

(7) **Kay**[까이]+형용사 어근+소유격 (대) 명사 — 형용사 어근의 의미를 강조하는 감탄문

Kay dami ng mga bituín sa langit!
[까이 다-미 낭 망아 비뚜인 사 라-ㅇ잍!]
하늘에 별들이 정말 많구나!

Kay gandá ng anák na babae mo!
[까이 간다 낭 아낙 나 바바-에 모!]
너의 딸은 정말 예쁘구나!

Kay sipag ni Juan!
[까이 시-빡 니 후안!]
후안은 정말 부지런하구나.

(8) Ang[앙]+형용사 어근+소유격 (대) 명사+namán[나만]:
주격관사에 의한 형용사 어근의 의미를 강조하는 감탄문

Ang baít mo namán sa akin!
[앙 바잍 모 나만 사 아낀]
너는 나에게 매우 친절하구나!

Ang sipag niyá namán sa pag-aaral!
[앙 시-빡 냐 나만 사 빡아아-랄!]
그는 공부를 매우 열심히 하는구나!

격려

Magsayá ka!
[막사야 까!]
기운 내라!

Magsayá pô kayó!
[막사야 뽀 까요!]
기운 내십시오!

Mag-enjoy ka!
[막엔조이 까!]
힘내서(즐거운 마음으로) 해라.

Huwág kang malungkót!
[후왁 깡 말룽꽅!]
슬퍼하지 마라!

Matuwâ ka!
[마뚜와' 까!]
기쁜 마음을 가져라!(힘 내라!)

Magsikap ka upang kunin ang gantimpalà.
[막시-깦 까 우-빵 꾸-닌 앙 간띰빠-ㄹ라']
상을 받기 위해 열심히 해라.

Mapaghangád ka!
[마빡항앋 까!]
야망을 가져라!

Pilitin mong magtagumpáy sa iksamen.
[삘리-띤 몽 막따굼빠이 사 잌사-멘]
시험에 합격하도록 노력해라.

Kaya mo.
[까-야 모]
너는 할 수 있어.

Gawín mo ang lahát ng makakaya mo.
[가윈 모 앙 라핱 낭 마까까-야 모.]
너의 최선을 다해라.

Lumaban ka!
[루마-반 까!]
이겨라!

Huwág kang sumukò.
[후왁 깡 수무-꼬']
포기하지 마라.

Huwág kang bigô.
[후왁 깡 비고']
실망 하지 마.

Huwág pô kayóng bigô.
[후왁 뽀 까용 비고']
실망하지 마십시오.

Magsikap ka!
[막시-깦 까!]
열심히 해!

Magsikap kang mag-aral!
[막시-깦 깡 막아-랄!]
공부 열심히 해!

Magsikap tayo magkasama.
[막시-깦 따-요 막까사-마]
우리 함께 노력합시다.

Tútulúngan kitá sa abót ng aking kaya.
[뚜-뚤루-ㅇ안 끼따 사 아봍 낭 아-낑 까-야]
힘닿는데 까지 너를 돕겠다.

Sikapin mong pasayahín ang magulang mo.
[시까-삔 몽 빠사야힌 앙 마구-ㄹ랑 모]
너의 부모님이 행복하시도록 노력해라.

좋아함

(1) 좋아하는지 물어보기

Gustó mo ba?
[구스또 모 바?]
좋아해?(원하는 거야?, 하고 싶어?)

Gustó pô ba ninyó?
[구스또 뽀' 바 닌요'?]
좋아하십니까?(원하십니까?, 하고 싶으십니까?)

Gustó mo ba itó(iyán, iyón) ?
[구스또 모 바 이또(이얀, 이욘) ?]
이것(그것, 저것) 이 마음에 드느냐?

Gustó mo ba akó?
[구스또 모 바 아꼬]
너 나 좋아해?

Anó ang gustó mong gawín?
[아노 앙 구스또 몽 가윈?]
하고 싶은 것이 무엇이냐?

Anó ang gustó mong kainin?
[아노 앙 구스또 몽 까이-닌?]
먹고 싶은 것이 무엇이냐?

Anó pô ang gustó ninyóng tingnán?
[아노 뽀' 앙 구스또 닌용 띵난?]
보고 싶으신 것이 무엇입니까?

Sino ang ibig mo sa lahát dito?
[시-노 앙 이-빅 모 사 라핱 디-또?]
여기 모든 사람들 중에서 누구를 좋아하느냐?

Sino ang ibig mong mákíta?
[시-노 앙 이-빅 몽 마-끼-따?]
누구를 보고 싶으냐?

Gustó mo bang kumantá?
[구스또 모 방 꾸만따?]
노래하고 싶으냐?

Mahilig ka bang lumangoy?
[마히-ㄹ릭 까 방 루망오이?]
수영하는 거 좋아하냐?

Masayá ka bang umakyát sa bundók?
[마사야 까 방 움아끼얕 사 분독?]
등산을 좋아 하느냐?

Anó ang gustó mo?
[아노 앙 구스또 모?]
원하는 것이 무엇이냐?

Mahilig ka bang uminóm ng serbesa?
[마히-ㄹ릭 까 빵 움이놈 낭 세르베-사?]
맥주 마시는 것을 좋아하느냐?

Matuwaín pô ba kayóng maglarô ng golf?
[마뚜와인 뽀' 바 까용 막라로' 낭 골프?]
골프를 좋아 하십니까?

Nakakáwíli ba sa iyó ang pagbabasá ng libró?
[나까까-위-ㄹ리 바 사 이요 앙 빡바바사 낭 리브로?]
너는 책읽기를 좋아하느냐?

(2) 좋아한다는 의사표현

Gustó ko.
[구스또 꼬]
좋습니다.(하고 싶습니다)

Gustó kitá.
[구스또 끼따]
나는 너를 좋아한다.

Gustó ko itó(iyán, iyón) .
[구스또 꼬 이또(이얀, 이욘)]
이것(그것, 저것) 이 좋습니다.

Gustó ko ang babaing iyán.
[구스또 꼬 앙 바바-잉 이얀]
나는 그 여자가 좋습니다.

Gustó ko ang larô ng básketból.
[구스또 꼬 앙 라로' 낭 바-스껱볼]
나는 농구경기를 좋아합니다.

Gustúng-gustó ko ang sabong.
[구스뚱 구스또 꼬 앙 사-봉]
나는 투계(닭싸움) 를 매우 좋아합니다.

Gustó kong mákíta siyá.
[구스또 꽁 마-끼-따 시야]
나는 그를 만나고 싶습니다.

Gustó kong umawít ng kantá sa Tagalog.
[구스또 꽁 움아윌 낭 깐따 사 따가-ㄹ록]
나는 따갈로그어로 노래를 부르고 싶습니다.

Ibig kong makausap ang mánedyér mo.
[이-빅 꽁 마까우-샾 앙 마-네져]
너의 매니저와 대화하고 싶다.

Mahilig akó sa pritong manók.
[마히-ㄹ릭 아꼬 사 쁘리-똥 마녹]
나는 튀김 닭을 좋아합니다.

Mahilig sa beisbol ang kuya ko.
[마히-ㄹ릭 사 베이스볼 앙 꾸-야 꼬]
나의 형(오빠) 은 야구를 좋아합니다.

Mahilig akóng uminóm ng serbesa.
[마히-ㄹ릭 아꽁 움이놈 낭 세르베-사]
나는 맥주 마시는 것을 좋아합니다.

Masayá akóng umakyát sa bundók.
[마사야 아꽁 움아끼얕 사 분독]
나는 등산하기를 좋아한다.

Matuwaín akóng maglarô ng golf.
[마뚜와인 아꽁 막라로' 낭 골프]
나는 골프를 좋아합니다.

Kawili-wili sa akin ang langóy sa dagat.
[까위-ㄹ리 위-ㄹ리 사 아-낀 앙 랑오이 사 다-같]
바다에서 수영하는 것을 나는 좋아합니다.

▶ 싫어함

(1) 싫어하는지 물어보기

Ayaw mo ba?
[아-야우 모 바?]
싫으냐?

Ayaw mo ba itó(iyán, iyón) ?
[아-야우 모 바 이또(이얀, 이욘) ?]
이것(그것, 저것) 이 싫으냐?

Ayaw mo ba akó?
[아-야우 모 바 아꼬?]
너는 내가 싫으냐?

Bakit ayaw mo akó?
[바-낕 아-야우 모 아꼬?]
너는 왜 나를 싫어하느냐?

07

Ayaw mo ba si Juan?(Ayaw mo ba kay Juan?)
[아-야우 모 바 시 후-안?(아-야우 모 바 까이 후-안?)]
너는 후안이 싫으냐?

Ayaw pô ba ninyó ang bagay na itó?
[아-야우 뽀' 바 닌요 앙 바-가이 나 이또]
이 물건이 싫으십니까?

Ayaw mo bang inumín ang alak?
[아-야우 모 방 이누민 앙 아-ㄹ랔]
술 마시는 것이 싫으냐?

Hindî mo ba gustó ang puláng kotse?
[힌디' 모 바 구스또 앙 뿔랑 꼬-체]
빨간 색 차를 좋아하지 않느냐?

Bakit ka umayáw sa kanyáng mungkahì?
[바-낕 까 움아야우 사 깐양 뭉까-히'?]
너는 왜 그의 제안을 싫어하느냐?

(2) 싫다는 표현

Ayaw.
[아-야우]
싫어.

Ayoko.
[아요-꼬]
나는 싫어.

"ayoko"는 "ayaw ko'의 회화체용 줄임말.

Ayoko pô.
[아요-꼬 뽀‘]
저는 싫습니다.

Ayaw kitá.
[아-야우 끼따]
나는 네가 싫다.

Ayoko itó(iyán, iyón) .
[아요-꼬 이또(이얀, 이욘)]
나는 이것(그것, 저것) 이 싫어요.

Ayoko si Juan.(Ayoko kay Juan.)
[아요-꼬 시 후-안(아요-꼬 까이 후-안)]
나는 후안이 싫어요.

Hindî ko gustó.
[힌디‘ 꼬 구스또]
좋아하지 않습니다.

Ayaw kumantá ni Mary sa haráp ng mga tao.
[아-야우 꾸만따 니 메리 사 하랖 낭 망아 따-오]
메리는 사람들 앞에서 노래하기를 싫어한다.

Hindî ko gustóng uminóm ng serbesa.
[힌디‘ 꼬 구스똥 움이놈 낭 세르베-사]
나는 맥주 마시는 것을 좋아하지 않습니다.

Naíinís akó sa kanyá.
[나이-이니스 아꼬 사 깐야]
나는 그가 매우 싫습니다.

May pagkainís akó sa kanyá.
[마이 빡까이니스 아꼬 사 깐야]
나는 그에게 혐오감을 가지고 있습니다.

Nasúsuyà akó sa kanilá.
[나수-수-야‘ 아꼬 사 까닐라]
나는 그들에게 질렸습니다.

07

Nasúsuyà akó kay Juan.
[나수-수-야' 아꼬 까이 후-안]
나는 후안이 정말 싫습니다.

Nasúsuyà akó sa kamote.
[나수-수-야' 아꼬 사 까모-떼]
나는 고구마를 싫어합니다.

Di-kawili-wili sa akin ang uminóm ng alak.
[디 까위-ㄹ리 위-ㄹ리 사 아-낀 앙 움이놈 낭 아-ㄹ락]
나는 술 마시는 것을 별로 좋아하지 않습니다.

Malakí ang pag-ayaw ko sa dagâ.
[말라끼 앙 빡아-야우 꼬 사 다가']
나는 쥐를 무척 싫어합니다.

Katawá-tawá iyán!
[까따와 따와 이얀]
그거 참 엉뚱하다.(그거 참 가소롭다.)

Nakapangíngilabot!
[나까빵이-ㅇ일라봍!]
소름끼친다.(무시무시하다.)

08 일상 생활

가정부

Kailangan ko ang katulong na marunong ng Koreanong paglulutò.
[까일라-ㅇ안 꼬 앙 까뚜-ㄹ롱 나 마루-농 낭 꼬레아-농 빡루루-또']
한국 음식을 할 수 있는 가정부가 필요합니다.

Ipakilala mo akó isáng katulong na masipag.
[이빠낄라-ㄹ라 모 아꼬 이상 까뚜-ㄹ롱 나 마시-빡]
부지런한 가정부 한 명 소개해 줘.

Gustó kong kúkúha ng isáng katulong na mapagkakátiwalaan.
[구스또 꽁 꾸-꾸-하 낭 이상 까뚜-ㄹ롱 나 마빡까까-띠왈라안]
믿을 수 있는 가정부 한 명을 고용하고 싶습니다.

Balatán mo ang bawang.
[발라딴 모 앙 바-왕]
마늘을 까라.

Linisin mo ang sala at silíd.
[리니-신 모 앙 사-ㄹ라 앝 실릳]
거실과 방 청소를 해라.

Punasan mo ang mga silya at sopá.
[뿌나-산 모 앙 망아 시-ㄹ야 앝 소빠]
의자들과 소파를 닦아라.(훔쳐라.)

Hugasan mo ang kinainán.
[후가-산 모 앙 끼나이난]
설거지를 해라.

Maghugas ka ng pinggán at mangkók.
[막후-가스 까 낭 삥간 앝 망꼭]
접시와 그릇을 씻어라.

Kunin mo isáng baso ng malamíg na tubig.
[꾸-닌 모 이상 바-소 낭 말라믹 나 뚜-빅]
시원한 물 한 잔 가져 오너라.

Gayatin mo ang sibuyas.
[가야-띤 모 앙 시부야스]
양파를 썰어라.

Walisán mo ang pintuan.
[왈리산 모 앙 삔뚜-안]
현관을 쓸어라.

가정부(실전회화)

〈**A** : 가정부, **B** : 주인 여자〉

A : Ma'am, bábale pô sana akó.
[마-암, 바-바-ㄹ레 뽀' 사-나 아꼬]
아주머니, 가불을 하고 싶어요.

B : Bakit kailangan mo ang pera?
[바-낕 까일라-ㅇ안 모 앙 뻬-라?]
왜 돈이 필요해?

A : Ipangmámatrikulá pô iyán ng mga kapatíd sa probinsya.
[이빵마-마뜨리꿀라 뽀 이얀 낭 망아 까빠띧 사 쁘로비-ㄴ샤]
그것으로 시골 동생들의 학교 등록금을 내게 할려고요.

ipang~[이빵~]: 행위수단 중심의 의미를 갖게 하는 수동사용 접두사

Ex)ipangmatrikulá[이빵마뜨리꿀라]: 등록금으로 사용되게 하다
ipanghugas[이빵후-가스]: 세척용으로 사용되게 하다
ipambayad[이빰바-드]: 지불용으로 사용되게 하다

연결되는 단어의 첫글자가 d, l, r, s, t인 경우에는 ipan[이빤], b, p인 경우는 ipam[이빰], 그 외에는 모두 ipang[이빵]으로 쓴다.

B : Magkano ang bábalíhin mo?
[막까-노 앙 바-발리-힌 모?]
얼마나 가불하고 싶으냐?

A : Kung puwede pô, sana tatlóng libo.
[꿍 뿌웨-데 뽀', 사-나 따뜰롱 리-보]
가능하면 3,000을 부탁드려요.
Ibawas ninyó na lang pô untí-untî sa suweldo ko.
[이바-와스 닌요 나 랑 뽀 운띠 운띠' 사 수웨-ㄹ도 꼬]
저의 급료에서 조금씩 떼세요.

B : Sige. Tatlóng daán ang ibábáwas ko sa tuwíng suweldo mo.
[시-게. 따뜰롱 다안 앙 이바-바-와스 꼬 사 뚜윙 수웨-ㄹ도 모]
그렇게 하자. 매 급료에서 300씩 떼겠다.

A : Opò, Maraming salamat pô. Pasensya na pô.

[오-뽀', 마라-밍 살라-맡 뽀'. 빠세-ㄴ샤 나 뽀']

예, 대단히 감사합니다. 죄송해요.

B : Náintindihán kitá. Masipag ka sana sa trabaho, ha?

[나-인띤디한 끼따. 마시-빡 까 사-나 사 뜨라바-호, 하?]

너를 이해한다. 일 열심히 해줘, 알았지?

ha[하]: 의문, 확인 등의 의미로 문장의 끝에 붙이는 문미조사

A : Opò. Gágawín ko ang lahát ng makakaya ko.

[오-뽀'. 가-가윈 꼬 앙 라핱 낭 마까까-야 꼬]

예. 최선을 다 하겠습니다.

▶ 날씨

bagyó[바교]: 태풍, 폭풍

ambón[암본]: 가랑비

bahâ[바하‘]: 홍수

ulán[울란]: 비

kidlát[끼들랕]: 번개

kulóg[꿀록]: 천둥

ulap[우-ㄹ랖]: 안개, 구름

niyebe[니예-베]: 눈

klima[끌리-마]: 기후, 날씨

lagáy ng panahón[라가이 낭 빠나혼]: 날씨, 기후 상태

Áambón mámayáng hapon.
[아-암본 마-마양 하-뽄]
오늘 오후에 이슬비가 올 것이다.

Anó ang lagáy ng panahón diyán?
[아노 앙 라가이 낭 빠나혼 지얀?]
거기 날씨는 어떻습니까?

Magandá ang panahón.
[마간다 앙 빠나혼]
좋은 날씨입니다.

Masamâ ang panahón.
[마사마‘ 앙 빠나혼]
나쁜 날씨입니다.

Totoóng mainit.
[또또옹 마이-닡]
정말 덥습니다.

Maulap na sa langit ng silangan.
[마우-ㄹ랖 나 사 라-ㅇ잍 낭 실라-ㅇ안]
동쪽 하늘에 구름이 끼어 있습니다.

Nápakainit.
[나-빠까이-닡]
매우 덥습니다.

Talagáng maginàw.
[딸라강 마기나우]
정말 추워요.

Totoóng mahangin.
[또또옹 마하-ㅇ인]
바람이 많이 불어요.

Umúulán na.
[우무-울란 나]
비가 오고 있습니다.

Umulán kahapon.
[움울란 까하-뽄]
어제는 비가 왔어요.

Marahil ay úulán.
[마라-힐 아이 우-울란]
아마도 비가 올 것 같습니다.

Bakâ umulán agád.
[바까' 움울란 아갇]
곧 비가 올 것 같습니다.

bakâ[바까']: "아마, 어쩌면"을 뜻하는 부사로서 관련 문장의 동사는 부정사형을 사용해야 한다.

Tumilà na ang ulán.
[뚜미-ㄹ라' 나 앙 울란]
이제 비가 그쳤습니다.

Lagì bang ganitó kainit dito?
[라-기' 방 가니또 까이-닡 디-또?]
여기는 항상 이렇게 덥습니까?

Pabagu-bago ang panahón.
[빠바-구 바-고 앙 빠나혼]
날씨가 변덕스럽습니다.

Kahapon ay nagkaroón ng bigláng pagbabago ng panahón.
[까하-뽄 아이 낙까로온 낭 비글랑 빡바바-고 낭 빠나혼]
어제는 날씨가 갑자기 변했습니다.

Dumatíng siyá kahit na umúulán.
[두마띵 시야 까-힡 나 움우-울란]
비가 내리는데도 불구하고 그는 도착했습니다.

Makabúbúti sa iyóng kalúsúgan ang klima sa bukid.
[마까부-부-띠 사 이용 깔루-수-간 앙 끌리-마 사 부-낃]
농촌 기후는 너의 건강에 이로울 것이다.

Hindî bagay sa akin ang klima rito.
[힌디' 바-가이 사 아-낀 앙 끌리-마 리-또]
이곳의 기후는 나에게 맞지 않습니다.

이발소

Gustó kong magpagupít.
[구스또 꽁 막빠구삗]
이발을 하고 싶습니다.

Paano ang gustó ninyóng gupít?
[빠아-노 앙 구스또 닌용 구삗?]
어떻게 깎아 드릴까요?

Huwág masyadong maiklî.
[후왁 마샤-동 마이끌리']
너무 짧게 깍지 마세요.

Dasdás lang sa magkábiláng tabí at likód.
[다스다스 랑 사 막까-빌랑 따비 앝 리꼳]
양쪽 옆과 뒷면만 다듬어 주세요.

Huwág kang pumutol sa taás.
[후왁 깡 뿌무-똘 사 따아스]
위쪽은 자르지 마세요.

Kauntíng bawas dito.
[까운띵 바-와스 디-또]
여기 조금만 더 짧게 해 주세요.

Tabingî ang magkábiláng tabí.
[따빙이' 앙 막까-빌랑 따비]
양 옆면이 일치하지 않아요.

Mangyaring akó'y ahitan mo.
[마야-링 아꼬이 아히-딴 모]
면도 부탁합니다.

Gustó kong magpamasahe ng mukhâ.
[구스또 꽁 막빠마사-헤 낭 묵하']
얼굴 마사지를 받고 싶습니다.

Oo, tamà iyán.
[오-오, 따-마' 이얀]
네, 좋습니다.

Wow, bagong gupít, ah!
[와우! 바-공 구삗, 아-]
와~, 이발했네!

Okay, ah!
[오케이, 아-!]
보기 괜찮네.

Ayos, ah!
[아-요스, 아-]
아주 잘 깎았네./매우 멋있다.

Buháy pa ba ang barbero?
[부하이 빠 바 앙 바르베-로?]
그 이발사 아직 살아 있어?/이발 솜씨가 형편없네.

Anó ang bagong usong gupít ngayón ng buhók?
[아노 앙 바-공 우-송 구삗 ㅇ아욘 낭 부홐?]
지금 유행하는 이발 스타일이 무엇입니까?

이발하기(실전회화)

〈**B**: 이발사(**barbero**) , **P**: 손님(**panauhin**) 〉

B : Anóng gupít pô ang gustó ninyó?
[아농 구삗 뽀' 앙 구스또 닌요?]
어떻게 깎아 드릴까요?

P : Barber's cut lang.
[바-버스 컽 랑]
기본 스타일로 깎아주게.

B : Gustó pô ba ninyóng magpa-shampoo muna?
[구스또 뽀' 바 닌용 막빠샴푸 무-나?]
우선 샴푸로 머리를 감으실까요?

P : Oo, sige.
[오-오, 시-게]
그렇게 하게.

B : Doón pô tayo sa kabilâ.
[도온 뽀' 따-요 사 까빌라']
저기 맞은편으로 옮기실까요?
Lálagyán kayó ng balabal para dî mabasâ.
[라-라그얀 까요 낭 발라-발 빠-라 디' 마바사']
젖지 않도록 어깨 걸치개를 두르겠습니다.
Hindî pô ba masyadong mainint ang tubig?
[힌디' 뽀' 바 마샤-동 마이-닡 앙 뚜-빅]
물이 너무 뜨겁지 않습니까?

P : Hindî namán. Tamang-tamà lang.
[힌디' 나만. 따-망 따-마' 랑]
전혀 그렇지 않네, 아주 적당하네.

08

B : Puwede pô ba kayó lumipat doón?
[뿌웨-데 뽀' 바 까요 루미-빧 도온?]
저쪽으로 옮기실까요?
Gaano kahabà pô ang ibábáwas?
[가아-노 까하-바' 뽀' 앙 이바-바-와스?]
어느 정도 길이로 자를까요?

P : One inch lang.
[완 인치 랑]
1인치만 잘라주게.
At sakâ, pakinipisán sa gilid.
[앋 사까', 빠끼니삐산 사 기-ㄹ린]
그리고, 옆머리는 좀 솎아주게.

B : Tamà na pô ba 'yan?
[따-마' 나 뽀' 바 얀?]
이 정도면 되겠습니까?

P : Pakibawasan pa rito nang kontî.
[빠끼바와-산 빠 리-또 낭 꼰띠']
여기 조금만 더 잘라주게.

B : Okay na pô ba ang iklî?
[오케이 나 뽀' 바 앙 이끌리'?]
이제 길이(짧기) 는 됐습니까?

P : Oo. Pakilagyán ng gel din.
[오-오. 빠끼라그얀 낭 젤]
됐네. 젤도 좀 발라주게.
Ayos! Salamat. Eto ang bayad at tip.
[아-요스! 살라-맏. 에-또 앙 바-얃 앋 팊]
잘됐네. 고맙네. 여기 요금과 팁일세.

B : Maraming salamat pô.

[마라-밍 살라-맡 뽀']

대단히 감사합니다.

▶ 미장원

Gustó kong magpaputol ng buhók.
[구스또 꽁 막빠뿌-똘 낭 부혹]
머리카락을 좀 자르고 싶습니다.

Huwág kang pumutol nang masyadong maiklî.
[후왁 깡 뿌무-똘 낭 마샤-동 마이끌리']
너무 짧게 자르지 마세요.

Gustó kong magpaayos ng buhók.
[구스또 꽁 막빠아-요스 낭 부혹]
헤어 스타일을 살리고 싶습니다.

Gustó ko ang permanenteng alún-alón.
[구스또 꼬 앙 퍼-머네-ㄴ뗑 알룬알론.
파마를 하고 싶어요.

Gustó kong magpashampoo at magpaset.
[구스또 꽁 막빠샴푸 앝 막빠셑]
샴푸하고 난 다음 세트해 주세요.

Anó ang amóy ng losyong iyán?
[아노 앙 아모이 낭 로숑 이얀?]
그 로숀은 무슨 향기가 납니까?

Gustó kong magpaayos ng mukhâ.
[구스또 꽁 막빠아-요스 낭 묵하']
얼굴 마사지를 하고 싶어요.

Gustó kong magpameykap.
[구스또 꽁 막빠메이캎]
얼굴 화장을 하고 싶어요.

Pakihugisan mo ang kilay ko.
[빠끼후기-산 모 앙 끼-ㄹ라이 꼬]
눈썹 손질을 부탁합니다.

Mánikyurán mo akó.
[마-니뀨란 모 아꼬]
매니큐어해 주세요.

부엌

kusinà[꾸시-나ʻ]: 부엌

prídyedér[프리-졔데르]: 냉장고

saingán[사잉안]: 밥솥

kawalì[까와-ㄹ리ʻ]: 프라이팬

mangkók[망꼭]: 그릇

pinggán[삥간]: 접시

plato[쁠라-또]: 접시

kutsilyo[꾸치-ㄹ요]: 칼

kutsara[꾸차-라]: 숟가락

tinidór[띠니도-르]: 포크

kaldero[깔데-로]: 냄비

sangkalan[상까-ㄹ란]: 도마

tadtaran[따드따-란]: 도마

gripo[그리-뽀]: 수도꼭지

guntíng[군띵]: 가위

sandók[산독]: 주걱, 국자

hugasán[후가산]: 싱크대

mesa[메-사]: 식탁, 탁자

mantél[만뗄]: 식탁보

baso[바-소]: 컵, 글라스(음료수 용)

tasa[따-사]: 잔(커피, 차 등)

kawa[까-와]: 큰 솥

takorì[따꼬-리ʻ]: 주전자

08

basahan[바사-한]: 걸레

hugas ng kinainán[후-가스 낭 끼나이난]: 설거지

pamunas ng pinggán[빠무-나스 낭 삥간]: 행주

bareta ng sabón[바레-따 낭 사본]: 빨래비누

sipit ng Intsík[시-삗 낭 인칙]: 젓가락

saingáng de-koryente[사잉앙 데 꼬리예-ㄴ 떼]: 전기밥솥

Dapat malinis ang kusinà nang lagì.
[다-빹 말리-니스 앙 꾸시-나' 낭 라-기']
부엌은 항상 깨끗해야 한다.

Pinanánatiling sariwà ng prídyedér ang pagkain.
[삐나나-나띨링 사리-와' 낭 프리-졔데르 앙 빡까인]
냉장고는 음식을 신선하게 유지한다.

Marunong ba kayóng gumamit ng sipit ng Intsík?
[마루-농 바 까용 구마-밑 낭 시-삗 낭 인칙]
젓가락을 사용할 줄 아십니까?

Komportableng kasangkapan sa kusinà ang kawalì.
[꼼뽀-ㄹ따블렝 까상까-빤 사 꾸시-나' 앙 까와-ㄹ리']
프라이팬은 편리한 부엌용품이다.

Ang mga marumíng pinggán ay nasa hugasán ng kusinà.
[앙 망아 마루밍 삥간 아이 나-사 후가산 낭 꾸시-나']
지저분한 접시들은 부엌 싱크대에 있다.

Huwág mong pabayaang bukás ang gripo sa hugasán.
[후왁 몽 빠바야-앙 부까스 앙 그리-뽀 사 후가산]
싱크대 수도꼭지를 열어 놓고 그대로 두지 마라.

음식장만 시키기

Maghain ka agád.
[막하-인 까 아갇]
즉시 식사준비를 해라.

Patuyuín mo muna ang mga pinggán.
[빠뚜유인 모 무-나 앙 망아 삥간]
우선 접시들을 말려라.

Pahirin mo ang alikabók sa mesa.
[빠히-린 모 앙 알리까복 사 메-사]
테이블의 먼지를 닦아라.

Magsaing ka.
[막사-잉 까]
밥을 지어라.

Isaing mo ang bigás na iyán.
[이사-잉 모 앙 비가스 나 이얀]
그 쌀로 밥을 지어라.

Lagyán mo ng mantikà ang kawalì.
[락얀 모 낭 만띠-까' 앙 까와-ㄹ리]
프라이팬에 식용유를 쳐라.

Ilagáy mo sa pinggán ang isdâ.
[일라가이 모 사 삥간 앙 이스다']
생선을 접시에 놓아라.

Ipakikuha mo ngâ akó isáng tinidór.
[이빠끼꾸-하 모 ㅇ아' 아꼬 이상 띠니도르]
나에게 포크 하나 좀 갖다 줘.

Gayatin mo ang labanós.
[가야-띤 모 앙 라바노스]
무를 썰어라.

Balatán mo ang bawang.
[발라딴 모 앙 바-왕]
마늘을 까라.

Talupan mo ang patatas.
[딸루-빤 모 앙 빠따-따스]
감자 껍질을 벗겨라.

Gayatin mo ngâ ang pipino.
[가야-띤 모 ㅇ아' 앙 삐삐-노]
오이를 좀 썰어 줘.

Magdurog ka ngâ ng bawang.
[막두-록 까 ㅇ아' 낭 바-왕]
마늘을 좀 으깨 줘.

Magdikdík ka ng bawang.
[막딕딕 까 낭 바-왕]
마늘을 찧어라.

Pakuluín mo ang tubig.
[빠꿀루인 모 앙 뚜-빅]
물을 끓여라.

Ilagà mo ang sampúng itlóg.
[일라-가' 모 앙 삼뿡 이뜰록]
계란 10개를 삶아라.

Isangág mo ang kaning nátirá.
[이상악 모 앙 까-닝 나-띠라]
남은 밥을 볶아라.

Magsangág ka ng dilis at bins.
[막상악 까 낭 디-ㄹ리스 앋 빈스]
멸치와 콩을 볶아라.

Iihaw mo ang karné, isdâ at manók.
[이이-하우 모 앙 까르네, 이스다' 앋 마녹]
고기, 생선 그리고 닭을 구워라.

Pasingawán mo ang isdâ.
[빠싱아완 모 앙 이스다']
생선을 쪄라.

Ilutò mo ang mga gulay na itó.
[일루-또' 모 앙 망아 구-ㄹ라이 나 이또']
이 채소들을 요리해라.

식사, 음식

almusál[알무살]: 조식, 아침식사

tanghalian[땅할리-안]: 중식, 점심

hapunan[하뿌-난]: 석식

meryenda[메리예-ㄴ다]: 간식

ulam[우-ㄹ람]: 반찬

kanin[까-닌]: 밥

sopas[소-빠스]: 국, 수프

lugaw[루-가우]: 죽

hain[하-인]: 식탁에 차려진 음식

tinapay[띠나-빠이]: 빵

pansít[빤싵]: 잡채와 유사

litsón baboy[리촌 바-보이]: 돼지 바비큐

litsón manók[리촌 마놐]: 닭 바비큐

sinigáng[시니강]: 생선이나 육류고기와 각종 양념을 넣고 끓인 수프의 일종

goto[고-또]: 삶은 계란이나 육류고기를 넣은 쌀죽

tsítsarón[치-차론]: 기름에 바삭바삭하게 튀긴 돼지 껍데기

bibingka[비비-ㅇ까]: 쌀로 만든 떡

bulalô[불랄로']: 살이 붙어 있는 소다리를 뼈와 각종 야채를 함께 뭉근한 불에 끓인 수프의 일종, 꼬리곰탕과 유사

suman[수-만]: 설탕과 버무린 카사바 가루를 바나나 잎에 싸서 찐 떡

balót[발롵]: 수정되어 부화하기 전에 삶은 계란이나 오리 알

paksíw[빡시우]: 식초, 마늘, 생강, 소금 등을 가미해서 끓인 생선 또는 육류고기

lumpiyâ[룸삐야']: 고기, 새우, 야채 등을 쌀가루 반죽 외피로 말아 튀긴 간식

atsara[아차-라]: 덜 익은 파파야를 절인 반찬

adobo[아도-보]: 돼지고기나 닭고기를 식용유로 익히고 나서 다시 야채, 마늘, 양파, 후추, 식초 등을 넣고 끓인 음식

Nag-almusál ka na ba?
[낙알무살 까 나 빠?]
아침식사 했어?

Anó ang áalmusalín mo?
[아노 앙 아-알무살린 모?]
너는 아침식사로 무엇을 먹을 거냐?

Kumákáin akó ng tinapay sa almusál.
[꾸마-까-인 아꼬 낭 띠나-빠이 사 알무살]
나는 아침식사로 빵을 먹습니다.

Masaráp ang inihandáng pagkain ng iná sa almusál.
[마사랖 앙 이니한당 빡까인 낭 이나 사 알무살]
어머니가 준비한 아침식사는 맛있다.

Anó ang ulam natin ngayón?
[아노 앙 우-ㄹ람 나-띤 ㅇ아욘?]
오늘은 무슨 반찬을 먹을까?

Anóng oras tayo mag-áalmusál?
[아농 오-라스 따-요 막아-알무살?]
몇 시에 아침식사 합니까?

Mag-almusál tayo sa alás siyete.
[막알무살 따-요 사 알라스 시예-떼]
7시에 아침 식사하자.

Anóng oras tayo manánanghalì?
[아농 오-라스 따-요 마나-낭하-ㄹ리?]
점심은 몇 시에 먹어요?

Anóng oras tayo magháhapúnan?
[아농 오-라스 따-요 막하-하뿌-난?]
저녁은 몇 시에 먹어요?

Magháhapúnan tayo sa alás saís.
[막하-하뿌-난 따-요 사 알라스 사이스]
우리는 저녁을 6시에 먹을 예정입니다.

Tayo na kumain.
[따-요 나 꾸마-인]
식사하자./밥 먹자.

Kumain ka na ba?
[꾸마-인 까 나 바?]
식사 했어?

Anó ang ulam sa tanghalian?
[아노 앙 우-ㄹ람 사 땅할리-안?]
점심 식사의 반찬은 무엇입니까?

Anó ang iyóng paboritong meryenda?
[아노 앙 이용 빠보리-똥 메리예-ㄴ다?]
너가 좋아하는 간식이 뭐냐?

Ang meryenda ngayón ay piniritong saging.
[앙 메리예-ㄴ다 ㅇ아욘 아이 삐니리-똥 사-깅]
오늘 간식은 튀긴 바나나입니다.

Kumúkulô ang tubig sa takorì.
[꾸무-꿀로' 앙 뚜-빅 사 따꼬-리']
주전자의 물이 끓고 있다.

Nag-ihaw kamí ng karné at patatas.
[낙이-하우 까미 낭 까르네 앗 빠따-따스]
우리는 고기와 감자를 구웠다.

Mahilig siyá sa pritong manók.
[마히-ㄹ릭 시야 사 쁘리-똥 마놐]
그는 튀김 닭을 좋아합니다.

Masaráp ang inihaw na baboy.
[마사랖 앙 이니-하우 나 바-보이]
불에 구운 돼지고기는 맛있다.

필리핀 음식(실전회화)

〈**P**: **Pinóy**(필리핀 사람), **D**: **Dayuhan**(외국인), 관계: 친구〉

P : Kumain ka na ba?
[꾸마-인 까 나 바?]
식사했어?

D : Hindî pa ngâ, e.
[힌디' 빠 ㅇ아', 에]
아직 안했는데.

pa ngâ: 실제 회화에서는 [빵아']로 발음한다.

P : O, halika na. Sabáy na tayong kumain.
[오, 할리-까 나. 사바이 나 따-용 꾸마-인]
그럼, 이리와. 우리 같이 식사하자.

D : Anó ang ulam?
[아노 앙 우-ㄹ람?]
반찬은 뭔데?

P : Pansít at sinigáng na isdâ.
[빤싵 앝 시니강 나 이스다']
잡채랑 생선 시니강이야.

D : Wow! Masaráp iyán. Ináabangán ko iyán pag Sábado.
[와우! 마사랖 이얀. 인아-아방안 꼬 이얀 빡 사-바도]
와! 그거 맛있겠다. 나는 토요일마다 그거 나오길 기다려.

P : Mukháng kabisado mo na ang pagkaing Pinóy.
[묵항 까비사-도 모 나 앙 빡까-잉 삐노이]
필리핀 음식에 대해서 잘 알고 있는 것처럼 보여.

D : Oo. Bastá gulay at isdâ, gustó ko.
[오-오. 바스따 구-ㄹ라이 앝 이스다', 구스또 꼬]
응. 야채와 생선이라면 좋아해.

P : Talagáng mahilig ang mga Pinóy sa gulay at isdâ.

[딸라강 마히-ㄹ릭 앙 망아 삐노이 사 구-ㄹ라이 앝 이스다']

필리핀 사람들은 야채와 생선을 정말 좋아하지.

D : Nápansín ko ngâ. Ganyán din ang ipinalúlutò ko sa kasambaháy ko.

[나-빤신 꼬 ㅇ아. 간얀 딘 앙 이삐나루-루-또' 꼬 사 까삼바하이 꼬]

나도 그렇게 느꼈어. 가정부에게 같은 방식으로 요리하도록 하고 있어.

ko ngâ: 실제 회화에서는 [꽁아]로 발음한다.

Magalíng din siyáng maglutò.

[마갈링 딘 시양 막루-또']

그 여자도 요리를 잘해.

P : Anóng ulam ang paborito mo?

[아농 우-ㄹ람 앙 빠보리-또 모?]

좋아하는 반찬이 뭐야?

D : Marami. Bulalô, talóng na may bagoóng, sinigáng at ibá pa.

[마라-미. 불랄로', 딸롱 나 마이 바고옹, 시니강 앝 이바 빠]

많아. 불랄로, 생선 젓갈을 곁들인 가지요리, 시니강 등.

P : Hindî ka palá pihikan sa pagkain.

[힌디' 까 빨라 삐히-깐 사 빡까-인]

너는 정말 음식에 대해서 까다롭지 않구나.

Madalíng hanapin at lutuin ang mga paborito mo.

[마달링 하나-삔 앝 루뚜-인 앙 망아 빠보리-또 모]

너가 좋아하는 것들은 구하기도 쉽고 요리하기도 쉬워.

D : Hindî lang iyán. Mura na at masustansya pa.

[힌디' 랑 이얀. 무-라 나 앝 마수스따-ㄴ샤 빠]

그것뿐만이 아니야. 싸고 영양도 풍부해.

P : Maingat ka talagá sa kalúsúgan mo.

[마이-ㅇ앝 까 딸라가 사 깔루-수-간 모]

너는 건강에 꽤 조심을 하는구나.

D : Siyempre. Ang kalúsúgan ay kayamanan.
[시예-ㅁ쁘레. 앙 깔루-수-간 아이 까야마-난]
물론이지. 건강이 재산이잖아.

P : Pinóy na Pinóy na ang panlasa mo.
[삐노이 나 삐노이 나 앙 빤라-사 모]
너의 입맛은 거의 필리핀 사람이네.
O, kain na tayo. Lálamíg ang pagkain.
[오, 까-인 나 따-요. 라-ㄹ라믹 앙 빡까-인]
자, 먹자. 음식 식겠다.

09 재난 및 위기상황

분실

Nawalâ ang pera.
[나왈라' 앙 뻬-라]
돈을 분실했다.

Nawalâ ko ang pasaporte sa loób ng eruplano.
[나왈라' 꼬 앙 빠사뽀-르떼 사 로옵 낭 에루쁠라-노]
나는 비행기 안에서 여권을 분실했다.

Nawalâ ko ang salamín sa matá rito.
[나왈라' 꼬 앙 살라민 사 마따 리-또]
나는 여기에서 안경을 분실했다.

Nawalâ ko ang isáng maleta sa loób ng páliparan. Pakihanap ninyó!
[나왈라' 꼬 앙 이상 말레-따 사 로옵 낭 빠-ㄹ리빠란. 빠끼하-낲 닌요]
저는 공항 안에서 여행가방 한 개를 분실했습니다. 찾아 주세요.

paki~[빠끼]: "부탁, 청원"의 의미를 갖게 하는 수동사용 접두사

Nawalâ ko ang karterang may ID-card at pera sa daán.
[나왈라' 꼬 앙 까르떼-랑 마이 아이디 카드 알 뻬-라 사 다안]
나는 길에서 신분증과 돈이 들어 있는 지갑을 분실했다.

Nawalán akó ng pera dito.
[나왈란 아꼬 낭 뻬-라]
나는 여기서 돈을 분실했다.

Nawalán akó ng selpon sa bus.
[나왈란 아꼬 낭 세-ㄹ뽄 사 부-스]
나는 버스에서 핸드폰을 분실했다.

Nawalán akó ng aklát sa silíd-aralán. Maghanap tayo magkakasama!
[나왈란 아꼬 낭 아끌랕 사 실린 아랄란. 막하-낲 따-요 막까까사-마]
나는 교실에서 책을 분실했다. 함께 찾아보자.

Nákalimutan kong kunin ang diyaryo sa bangkô ng plasa. Merón pa ba diyán?
[나-깔리무딴 꽁 꾸-닌 앙 지야-료 사 방꼬' 낭 쁠라-자. 메론 빠 바 지얀?]
광장 벤치에서 신문을 가져 오는 것을 잊었다. 아직 거기에 있을까?

Nawalán akó ng panyóng berde dito. Nákíta mo ba iyán?
[나왈란 아꼬 낭 빤용 베-르데 디-또. 나-끼-따 모 바 이얀?]
나는 여기서 녹색 손수건을 분실했다. 너 그거 본 적 있어?

Iniulat ko sa mga pulís ang nawáwaláng singsíng.
[이니우-ㄹ랕 꼬 사 망아 뿔리스 앙 나와-왈랑 싱싱]
나는 분실한 반지를 경찰에 신고 했다.

Mag-ingat ka upang hindî mawalán ng mga bagay mo.
[막이-ㅇ앝 까 우-빵 힌디' 마왈란 낭 망아 바-가이 모]
너의 물건들을 분실하지 않도록 조심해라.

Iniulat ko sa mga pulís ang pinulot na kartera sa daán.
[이니우-ㄹ랕 꼬 사 망아 뿔리스 앙 삐누-ㄹ롵 나 까르떼-라 사 다안]
나는 길에서 주운 지갑을 경찰에 신고했다.

Sino pô ang nawalán ng sombrerong itó?
[시-노 뽀' 앙 나왈란 낭 솜브레-롱 이또?]
이 모자를 분실한 분이 누구십니까?

Saán ka nawalán ng kámerá?
[사안 까 나왈란 낭 까-메라?]
어디서 카메라를 분실했느냐?

Saán ang tanggapan ng nawalâ at nakuha?
[사안 앙 땅가-빤 낭 나왈라' 앝 나꾸-하?]
분실물 취급소가 어디입니까?

▶ 실종

Nawáwalán akó ng lola ko sa gitnâ ng kagubatan.
[나와-왈란 아꼬 낭 로-ㄹ라 꼬 사 기뜨나' 낭 까구바-딴]
숲 한 가운데서 저의 할머니를 잃어 버렸습니다.

Nawáwalâ ang aking anák sa palengke.
[나와-왈라' 앙 아-낑 아낙 사 빠레-ㅇ께]
시장에서 저의 아이를 잃어 버렸습니다.

Maáarì bang tulungan ninyó akóng hanapin siyá?
[마아-아-리' 방 뚜루-ㅇ안 닌요 아꽁 하나-삔 시야?]
저가 그를 찾는데 도와주실 수 있습니까?

Iulat ninyó sa pulís muna.
[이우-ㄹ랕 닌요 사 뿌리스 무-나]
우선 경찰에 신고부터 하세요.

Siyá ay animnapúng taóng gulang at may maputíng buhók.
[시야 아이 아님나뿡 따옹 구-ㄹ랑 앝 마이 마뿌띵 부혹]
그녀는 60세이고, 머리카락은 흰색입니다.

Ang suót niyá ay berdeng pantalón.
[앙 수옽 니야 아이 베-르뎅 빤딸론]
그녀는 초록색 바지를 입고 있습니다.

Nákíta ba ninyó jung lolang may matáng itím?
[나-끼-따 바 닌요 융 로-ㄹ랑 마이 마땅 이띰?]
흑색 눈동자의 그 할머니를 보았습니까?

yung[융]은 영어의 정관사(the) 나 지시형용사(that) 와 같은 의미로서 대화중에 거론되는 대상을 말할 때 사용한다.

Ang anák ko ay lalaki at limáng taóng gulang.
[앙 아낙 꼬 아이 랄라-끼 앝 리망 따옹 구-ㄹ랑]
저의 아이는 남자이고 5살입니다.

May nákita ba kayóng isáng maliít na batang lalaki na may salamín sa matá?
[마이 나-끼-따 바 까용 이상 말리잍 나 바-땅 랄라-끼 나 마이 살라민 사 마따?]
안경을 낀 어린 남자 아이를 보셨습니까?

Itó ang kanyáng larawan.
[이또 앙 깐양 라라-완]
이것이 그의 사진입니다.

09

도난

Magnanakaw! Hulihin!
[막나나-까우! 훌리-힌!]
도둑이야! 잡아라!

Siyá ay magnanakaw.
[시야 아이 막나나-까우]
그는 도둑이다.

mag + 어근 첫 음절 + 어근: 어근의 내용에 해당하는 직업 종사자, 습관적 행위자 등을 뜻하는 명사용 접두사

Ex: magnanakaw[막나나–까우]: 도둑(← nakaw: 절도, 장물)
magsasaká[막사사까]: 농부(← saka: 경작, 작물, 농업)
magtatahî[막따따히']: 옷 수선하는 사람(← tahî: 바느질, 꿰매기)
magbibigás[막비비가스]: 쌀 상인(← bagás: 쌀)

Ang aking pitakà ay ninakaw.
[앙 아-낑 삐따-까' 아이 니나-까우]
저의 지갑을 도난당했습니다.

Ang aking sasakyán ay pinasok.
[앙 아-낑 사사끼얀 아이 삐나-속]
저의 차에 도둑이 들었습니다.

Huwág kang bíbilí ng mga nakaw.
[후왁 깡 비-빌리 낭 망아 나-까우]
장물들은 사지마라.

Anó ang ninakaw nilá?
[아노 앙 니나-까우 닐라?]
그들은 무엇을 훔쳤습니까?

Nagnakaw si Juan ng manók.
[낙나-까우 시 후안 낭 마녹]
후안은 닭을 훔쳤다.

Náhúli si Juan na nagnánákaw ng manók.
[나-후-ㄹ리 시 후안 나 낙나-나-까우 낭 마녹]
후안은 닭을 훔치다가 잡혔다.

Itó ay kotseng nakaw.
[이또 앙 꼬-첑 나-까우]
이것은 도난당한 차다.

Ang kupit ay masamáng ugalì.
[앙 꾸-삗 아이 마사망 우가-ㄹ리']
좀도둑질은 나쁜 습관이다.

Nangupit siyá ng pera sa aking bulsá.
[낭우-삗 시야 낭 뻬-라 사 아-낑 불사]
그는 내 주머니에서 돈을 훔쳤다.

첫글자가 "k"로 시작하는 어근을 활용하여 다른 품사의 단어로 전환할 경우, "k"는 생략되는 경우가 많다.

Ex-1) kupit[꾸–삗]: 좀도둑질

mangupit[망우–삗]: 훔치다

pangungupit[빵웅우–삗]: 좀도둑질 하기

mángungupit[마–ㅇ웅우삗]: 좀도둑질 하는 사람

Ex-2) kantá[깐따]: 노래

mángangantá[마–ㅇ앙안따]: 가수, 노래하는 사람

Ex-3) kanyón[까뇬]: 포, 대포

manganyón[망아뇬]: 포를 쏘다

mánganganyón[마–ㅇ앙아뇬]: 포수, 포를 쏘는 사람

panganganyón[빵앙아뇬]: 포 사격

Ex-4) kawíl[까윌]: 낚시 바늘

mangawíl[망아윌]: 낚시하다

mángangawíl[마-ㅇ앙아윌]: 낚시꾼

pangangawíl[빵앙아윌]: 낚시질, 낚시하기

Mag-ingat ka sa mga mandurukot.
[막이-ㅇ앝 까 사 망아 만두루-꽅]
소매치기를 조심해라.

Iulat mo muna sa pulís ang ninakaw.
[이우-ㄹ랕 모 무-나 사 뿔리스 앙 니나-까우]
도난당한 물건을 우선 경찰에 신고부터 해라.

Nádákip ng pulís ang magnanakaw.
[나-다-낍 낭 뿔리스 앙 막나나-까우]
그 도둑은 경찰에 체포되었다.

Ipagbigáy-alám mo sa pulís ang manloloób na iyón.
[이빡비가이 알람 모 사 뿔리스 앙 만로로옵 나 이욘]
저 강도를 경찰에 신고해라.

Isáng pulutóng ng mga magnanakaw ang náhúli sa bayan kagabí.
[이상 뿔루똥 낭 망아 막나나-까우 앙 나-후-ㄹ리 사 바-얀 까가비]
어제 밤 시내에서 절도단이 체포되었다.

자연재해, 화재

lindól[린돌]: 지진

bahâ[바하']: 홍수

bulkán[불칸]: 화산

bagyó[바교]: 태풍

sunog[수-녹]: 화재

panununog[빠누누-녹]: 방화

mánununog[마-누누녹]: 방화범

pagguhò ng lupà[빡구-호' 낭 루-빠']: 산사태

May malakás na lindól kagabí sa Pilipinas.
[마이 말라까스 나 린돌 까가비 사 삘리삐-나스]
어제 밤 필리핀에 강력한 지진이 있었다.

Niyaníg ng lindól ang bahay sa Luzon kamakalawá.
[니야닉 낭 린돌 앙 바-하이 사 루존 까마깔라와]
그저께 루존 지역에서는 지진으로 집이 흔들렸다.

Dalawáng patáy at tatlóng sugatán sa sunog kaninang umaga.
[달라왕 빠따이 앝 따뜰롱 수가딴 사 수-녹 까니-낭 우마-가]
오늘 아침 화재에서 두 사람이 죽고 세 사람이 부상을 입었다.

Ang maraming punong-kahoy ay tinangáy ng bahâ.
[앙 마라-밍 뿌-농 까-호이 아이 띠낭아이 낭 바하']
홍수로 많은 나무들이 떠내려갔다.

Tinangáy ng bahâ ang kanyáng bahay kahapon.
[띠낭아이 낭 바-하' 앙 깐양 바-하이 까하-뽄]
어제 그의 집이 홍수로 떠내려갔다.

May malakíng sunog sa Maynila kagabí.
[마이 말라낑 수-녹 사 마이니-ㄹ라 까가비]
어제 밤에 마닐라에서 대형 화재가 발생했다.

Hinuli siyá sa salang panununog.
[히누-ㄹ리 시야 사 사-ㄹ랑 빠누누-녹]
그는 방화 죄로 체포되었다.

Náhúli ang mánununog kagabí.
[나-후-ㄹ리 앙 마-누누녹 까가비]
방화범이 어젯밤에 체포되었다.

Dapat kang maghandá ng pagkain sa bahay para sa pagbahâ ng ilog dahil sa dáratíng ang bagyó.
[다-빹 깡 막한다 낭 빡까-인 사 바-하이 빠-라 사 빡바하' 낭 이-ㄹ록 다-힐 사 다-라띵 앙 바교]
태풍이 오기 때문에 강에 홍수가 날 것을 대비하여 집에 식량준비를 해야 한다.

Pininsalà ng bahà ang pananím.
[삐닌사-ㄹ라‘ 낭 바-하’ 앙 빠나님]
홍수는 작물에 피해를 입혔다.

Yumaníg ang lupà nang pumutók ang bulkán kahapon.
[유마닉 앙 루-빠‘ 낭 뿌무똑 앙 불칸 까하-뽄]
어제 화산이 터졌을 때, 땅이 흔들렸다.

Sunog! Dalhín ang tubig!
[수-녹! 달힌 앙 뚜-빅]
불이야! 물을 가져와!

09

Nagkahalagá ng dalawampúng milyóng piso ang pinsalà namin dahil sa pagkasunog kagabí.
[낙까할라가 낭 달라왐뿡 밀용 삐-소 앙 삔사-ㄹ라‘ 나-민 다-힐 사 빡까수-녹 까가비]
어제 밤 화재에 의한 우리의 손실은 천만 페소에 달한다.

Ipagbigáy-alám mo kaagád sa pulís ang aksidenteng itó.
[이빡비가이 알람 모 까아갇 사 뿔리스 앙 악시데-ㄴ뗑 이또]
이 사고를 빨리 경찰에 신고해라.

Dalawá ang namatáy sa pagguhò ng lupà kahapon.
[달라와 앙 나마따이 사 빡구-호‘ 낭 루-빠’ 까하-뽄]
어제 산사태에서 두 명이 죽었다.

▶ 위급할 때 고함치기

Saklolo!(Tulong!)
[사끌로-ㄹ로!(뚜-ㄹ롱!)]
도와주세요!

Sunog!
[수-녹!]
불이야!

Sunog! Dalhín ang tubig!
[수-녹! 달힌 앙 뚜-빅]
불이야! 물을 가져와!

Tawagan ang bombero!
[따와-간 앙 봄베-로!]
소방서를 불러라!

Saán ang lábásang kagípítan?
[사안 앙 라-바-상 까기-삐-딴?]
비상구는 어디에 있어요?

Magnanakaw!
[막나나-까우!]
도둑이야!

Magnanakaw! Hulihin!
[막나나-까우! 훌리-힌!]
도둑이야! 잡아라!

Harangin ang magnanakaw!
[하라-ㅇ인 앙 막나나-까우!]
저 도둑을 잡아라!

Pulís! Saklolo!
[뿔리스! 사끌로-ㄹ로!]
경찰, 도와주세요!

Tawagan ang pulís!
[따와-간 앙 뿔리스!]
경찰을 불러라!

Saán ang istasyón ng pulís?
[사안 앙 이스따숀 낭 뿔리스?]
경찰서가 어디입니까?

Mapanganib!(Peligro!)
[마빵아-닙!(뻴리-그로!)]
위험해!

Bilís!(Dalî!)
[빌리스!(달리‘)]
서둘러라!(빨리!)

Ingat!(Mag-ingat!)
[이-ㅇ앝!(막이-ㅇ앝!)]
조심해!

Tigil!(Hintô!)
[띠-길!(힌또‘!)]
정지!(스톱!)

Tawagan ang isá-isá-pitó!
[따와-간 앙 이사 이사 삐또!]
117번에 전화해라!

117: 긴급구조요청 전화번호

09

10 자동차

부품명칭 및 관련용어

ehe[에-헤] : 차축

bateryá[바떼랴] : 배터리, 축전지

gulóng[굴롱]: 바퀴

preno[쁘레-노]: 브레이크

bering[베-링]: 베아링

motór[모또르]: 엔진

klats[끌라츠]: 클러치

mákiná[마-끼나]: 엔진

bentiladór[벤띨라도르]: 팬

karburadór[까르부라도르]: 캬뷰레터

gasolina[가솔리-나]: 휘발유

kurdo/disel[꾸-르도/디-셀]: 경유

grasa[그라-사]: 그리스, 윤활유

bomba[보-ㅁ바]: 펌프

bálbulá[바-ㄹ불라]: 밸브

páradahán[빠-라다한]: 주차장

garahe[가라-헤]: 차고

bombilya[봄비-ㄹ랴]: 전구

radyetor[라지예-또르]: 라디에이터

perno[뻬-르노]: 볼트, 나사못

tuerka[뚜에-르까]: 너트, 고정나사

dyenerator[제네라-또르]: 발전기

goma[고-마]: 타이어

langís[랑이스]: 오일

sinturón[신뚜론]: 벨트

manibela[마니베-ㄹ라]: 핸들

pidal[삐-달]: 페달

mapler[마-쁠러]: 머플러

sinturóng pangúpúan(pangkaligtasan) [신뚜롱 빵우-뿌-안(빵까릭따-산)]: 좌석벨트(안전벨트)

gulóng sa harapán[굴롱 사 하라빤]: 전륜

gulóng sa hulihán[굴롱 사 훌리한]: 후륜

úpúan sa haráp[우-뿌-안 사 하랖]: 앞좌석

úpúan sa likód[우-뿌-안 사 리꼳]: 뒷좌석

tangké ng gasolina[땅께 낭 가솔리-나]: 연료 탱크

ilaw sa unahán[이-ㄹ라우 사 우나한]: 전조등

ilaw sa hulihán[이-ㄹ라우 사 훌리한]: 미등

ilaw pang-usok[이-ㄹ라우 빵우-솤]: 안개등

babaláng ilaw[바발랑 이-ㄹ라우]: 경고등

reserbang gulóng[레세-르방 굴롱]: 스페어타이어

bubóng pang-araw[부봉 빵아-라우]: 선루프(개폐식 천장)

salamín sa hulihán[살라민 사 훌리한]: 백미러

salamín sa tagiliran[살라민 사 따길리-란]: 사이드미러

prenong pangkamáy[쁘레-농 빵까마이]: 수동 브레이크

baúl ng awto[바울 낭 아우또]: 트렁크

salamín sa haráp ng kotse[살라민 사 하랖 낭 꼬-체]: 바람막이 전면유리

salaáng hangin[살라앙 하-ㅇ인]: 에어 필터

salaáng langís[살라앙 랑이스]: 오일 필터

panukat langís[빠누-깥 랑이스]: 오일 계량봉

talyér ng awto[딸예르 낭 아우또]: 자동차 정비소

istasyon ng gasolina[이스따-숀 낭 가솔리-나]: 주유소

bulkanáiser[불카나-이저]: 타이어 펑크 수리소

puwersa ng gulóng[뿌웨-르사 낭 굴롱]: 타이어 압력

고장 및 정비

Nasirà ang kotse ko.
[나시-라' 앙 꼬-체 꼬]
내 차가 고장 났어요.

Tumigil ang kotse ko sa daán.
[뚜미-길 앙 꼬-체 꼬 사 다안]
내 차가 길에서 서 버렸어요.

Hindî umáandár ang mákiná(motór) .
[힌디' 움아-안다르 앙 마-끼나(모또르)]
엔진이 작동하지 않습니다.

Mayroón ba talyér ng awto sa tabí-tabí rito?
[마이로온 바 딸예르 낭 아우토 사 따비따비 리-또?]
이 근처에 차량 정비소가 있습니까?

Puwede bang ipakuha ninyó ang kotse ko?
[뿌웨-데 방 이빠꾸-하 닌요 앙 꼬-체 꼬?]
저의 차를 예인해 갈 수 있습니까?

Pakipalít mo ang putók na goma.
[빠끼빨릳 모 앙 뿌똑 나 고-마]
펑크 난 타이어를 좀 교체해 주게.

Kargahán mo ngâ ang bateryá.
[까르가한 모 ㅇ아' 앙 바떼랴]
배터리 충전 좀 해줘.

Pakitsek mo ngâ ang puwersa ng gulóng.
[빠끼첵 모 ㅇ아' 앙 뿌웨-르사 낭 굴롱]
타이어 압력 좀 확인해 주세요.

Ang ilaw sa unahán ng kotse mo ay hindî gumágána.
[앙 이-ㄹ라우 사 우나한 낭 꼬-체 모 아이 힌디' 구마-가-나]
당신 차의 전조등이 고장 났습니다.

Ikabít mo ang mga alambre sa bateryá.
[이까빝 모 앙 망아 알라-ㅁ브레 사 바테랴]
배터리에 와이어를 연결해라.

Dalhín mo ang goma sa bulkanáiser.
[달힌 모 앙 고-마 사 불카나-이저]
타이어를 펑크 때우는 곳으로 가져가거라.

Ang ehe ng gulóng ay natanggál.
[앙 에-헤 낭 굴롱 아이 나땅갈]
바퀴 축이 헐거워졌다.

Magkano ang singíl ninyó?
[막까-노 앙 싱일 닌요?]
얼마를 지불해야 합니까?

Gustó kong magpahugas ng kotse.
[구스또 꽁 막빠후-가스 낭 꼬-체]
세차를 하고 싶습니다.

Kailán kong makúkúha ang kotse?
[까일란 꽁 마꾸-꾸-하 앙 꼬-체?]
언제 차를 가져 갈 수 있습니까?

Puwede mo bang kumpunihín agád ang kotse ko?
[뿌웨-데 모 방 꿈뿌니힌 아같 앙 꼬-체 꼬?]
내 차를 지금 바로 수리할 수 있습니까?

Hindî mabuti ang takbó ng mákiná.
[힌디' 마부-띠 앙 딱보 낭 마-끼나]
엔진 작동 상태가 좋지 않습니다.

Magpaparito ka ngâ ng isáng mekánikó.
[막빠빠리-또 까 ㅇ아' 낭 이상 메까-니꼬]
기술자 한 사람을 좀 보내 주세요.

Kailangang areglahíng panibago ang karburadór.
[까일라-ㅇ앙 아레글라힝 빠니바-고 앙 까르부라도르]
카뷰레터 조절이 필요합니다.

Maáarì pô bang palitán ninyó ang langís.
[마아-아-리' 뽀' 방 빨리딴 닌요 앙 랑이스]
오일을 좀 교환해 주시겠습니까?

Pakitingnán mo ngâ ang langís.(Pakitsek mo ngâ ang dami ng langís.)
[빠끼띵난 모 ㅇ아' 앙 랑이스(빠끼첵 모 ㅇ아' 앙 다-미 낭 랑이스)]
오일상태를 좀 확인해 주세요.

Paandarín mo ang motór.
[빠안다린 모 앙 모또르]
시동을 걸어 보세요.

Maingay ang andár ng mákiná.
[마이-ㅇ아이 앙 안다르 낭 마-끼나]
엔진에 소음이 심합니다.

Pakibigyán mo akó ng resibo para sa insurance.
[빠끼빅얀 모 아꼬 낭 레시-보 빠-라 사 인슈런스]
보험처리를 위해 영수증을 주세요.

운전

Nagpapátakbó ka ba ng auto?
[낙빠빠-딱보 까 바 낭 아우-또?]
차 운전을 하느냐?

Umupò pô kayó sa likód.
[움우-뽀' 뽀' 까요 사 리꼳]
뒷좌석에 타십시오.

Ihâhatíd kitá sa himpilan ng tren sa kotse ko.
[이하-하틷 끼따 사 힘삐-ㄹ란 낭 뜨렌 사 꼬-체 꼬]
내 차로 기차역까지 바래주겠다.

Ibabâ mo akó sa koreo.
[이바바' 모 아꼬 사 꼬레-오]
우체국에 내려 줘.

Ikabít nating lahát ang sinturóng pangkaligtasan.
[이까빋 나-띵 라핟 앙 신뚜롱 빵까릭따-산]
우리 모두 안전벨트를 착용합시다.

Ikabít mo ang sinturóng pangúpúan para sa kaligtasan.
[이까빋 모 앙 신뚜롱 빵우-뿌-안 빠-라 사 까릭따-산]
안전을 위해서 좌석벨트를 매라.

10

Masyadong mabilís kang magpatakbó ng kotse.
[마샤-동 마빌리스 깡 막빠딱보 낭 꼬-체]
너는 차를 너무 빨리 운전한다.

Bagalan mo ng kontî ang pagpapatakbó ng kotse.
[바가-ㄹ란 모 낭 꼰띠' 앙 빡빠빠따-ㅋ보 낭 꼬-체]
좀 더 차를 천천히 몰아라.

Huwág masyadong matulin.
[후왁 마샤-동 마뚜-ㄹ린]
속도를 너무 내지 마세요.

Iturò mo sa akin sa mapang itó ang daáng iyón.
[이뚜-로' 모 사 아-낀 사 마-빵 이또 앙 다앙 이욘]
이 지도에서 저 길을 가르쳐 주세요.

Násaán tayo ngayón?
[나-사안 따-요 ㅇ아욘?]
현재 우리가 있는 곳이 어디예요?

Itó ba ang daáng patungo sa Maynila?
[이또 바 앙 다앙 빠뚜-ㅇ오 사 마이니-ㄹ라?]
이 길이 마닐라로 가는 길입니까?

Mabuti ba ang daáng itó?
[마부-띠 바 앙 다앙 이또?]
이 도로의 상태는 좋은가요?

Gaano kalayo doón buhat dito?
[가아-노 깔라-요 도온 부-할 디-또?]
거기는 여기서 얼마나 멀어요?

Gaano katagál hanggáng doón sa kotse?
[가아-노 까따갈 항강 도온 사 꼬-체?]
거기까지는 차로 얼마나 걸려요?

Huwág kang lumusót.
[후왁 깡 루무솥]
앞지르기 하지 마.

Saán ang istasyón ng gasolina sa bayang itó?
[사안 앙 이스따숀 낭 가솔리-나 사 바-양 이또?]
이 도시에는 주유소가 어디에 있습니까?

Naubusan akó ng gasolina.
[나우부-산 아꼬 낭 가솔리-나]
연료가 다 떨어졌습니다.

Gustó ko limampúng litro ng disel.
[구스또 꼬 리맘뿡 리-뜨로 낭 디-셀]
경유 50리터 주세요.

Saán akó dapat lumikô?
[사안 아꼬 다-빹 루미꼬'?]
어디에서 회전해야 합니까?

Ilikô mo sa kanan.
[일리꼬' 모 사 까-난]
우회전 하세요.

Ilikô mo sa kaliwâ.
[일리꼬' 모 사 깔리와']
좌회전 하세요.

Saán ko maááring iparada ang aking sasakyán?
[사안 꼬 마아-아-링 이빠라-다 앙 아-낑 사사끼얀?]
저의 차를 어디에 주차할 수 있습니까?

Puwede ko bang iparada dito?
[뿌웨-데 꼬 방 이빠라-다 디-또?]
여기에 주차해도 되겠습니까?

Saán ang LTO-opis para sa renewal ng lisensya.
[사안 앙 엘티오 오-삐스 빠-라 사 리뉴-왈 낭 리세-ㄴ샤]
면허증 갱신을 위한 교통국 사무실은 어디에 있습니까?

Gustó kong magparenew ng lisensya.
[구스또 꽁 막빠리뉴 낭 리세-ㄴ샤]
면허증을 갱신하고 싶습니다.

10

교통사고

bangga̒/banggaan[방가ʻ/방가-안]: 차량 등 움직이는 것들에 의한 충돌

gitnáng guhit[기뜨낭 구-힡]: 중앙선

lisensya ng pagmamaneho[리세-ㄴ샤 낭 빡마마네-호]: 운전면허증

Naaksidente siyá sa kalsada kaninang umaga.
[나악시데-ㄴ떼 시야 사 깔사-다 까니-낭 우마-가]
그는 오늘 아침 교통사고를 당했다.

Idinahilán ng baguhan ng pagmamaneho ang aksidente sa kalsada
[이디나힐란 낭 바구-한 낭 빡마마네-호 앙 악시데-ㄴ떼 사 깔사-다]
운전초보자가 교통사고를 유발했다.

Ang banggaan ng dalawáng bus ay lumikhâ ng katakut-takot na aksidente.
[앙 방가-안 낭 달라왕 부스 아이 루믹하ʻ 낭 까따-꿑 따-꼩 나 악시데-ㄴ떼]
버스 2대의 충돌은 무시무시한 사고를 일으켰다.

Namatáy ang maraming tao sa banggaan ng dalawáng tren.
[나마따이 앙 마라-밍 따-오 사 방가-안 낭 달라왕 뜨렌]
열차 두 대의 충돌에서 많은 사람들이 죽었다.

Iulat mo kaagád sa pulís ang aksidenteng itó sa kalsada.
[이우-ㄹ랕 모 까아갇 사 뿔리스 앙 악시데-ㄴ뗑 이또 사 깔사-다]
이 교통사고를 즉시 경찰에 신고해라.

Isáng tao ang namatáy sa banggaan ng dalawáng sasakyán.
[이상 따-오 앙 나마따이 사 방가-안 낭 달라왕 사사끼얀]
차량 두 대의 충돌에서 한 사람이 죽었다.

Namatáy ang lahát ng pasahero sa pagkahulog ng bus galing sa dalisdís na matarík.
[나마따-이 앙 라핱 낭 빠사헤-로 사 빡까후-ㄹ록 낭 부-스 사 달리스디스 나 마따릭]
절벽에서 추락한 버스에서 승객 전원이 죽었다.

Sa banggaan ng bus, sinugatan ang mga pasaherong hindî ikinabít ang sinturóng pangkaligtasan.
[사 방가-안 낭 부-스, 시누가-딴 앙 망아 빠사헤-롱 힌디' 이끼나빝 앙 신뚜롱 빵까릭따-산]
버스 충돌사고에서 안전벨트를 매지 않은 승객들이 다쳤다.

Humaráng ang kotseng itó sa gitnáng guhit at bumanggâ sa kotse ko.
[후마랑 앙 꼬-쳉 이또 사 기뜨낭 구-힡 앝 부망가' 사 꼬-체 꼬]
이 차가 중앙선을 넘어와서 내 차에 충돌했습니다.

Ang awtong itó ay bumanggâ sa likód ng trak.
[앙 아우똥 이또 아이 부망가' 사 리꼳 낭 뜨락]
이 차가 트럭의 뒷부분을 박았습니다.

Nápakatulin ninyóng magmaneho.
[나-빠까뚤린 닌용 막마네-호]
당신은 과속으로 운전했습니다.

Nagmámaneho lang akó ng animnapúng kilometro bawat oras.
[낙마-마네호 랑 아꼬 낭 아님나뿡 낄로메-뜨로 바-왙 오-라스]
시속 60킬로로 운전하고 있었을 뿐입니다.

Ipakita mo ang lisensya.
[이빠끼-따 모 앙 리세-ㄴ샤]
(운전) 면허증을 보여 주시오.

Pasyensya pô kayó. Nákalimutan ko iyán sa bahay ko.
[빠셰-ㄴ샤 뽀' 까요. 나-깔리무딴 꼬 이얀 사 바-하이 꼬]
죄송합니다. 잊고 집에 두고 왔습니다.

Ikáw ang dahilán ng banggaang itó.
[이까우 앙 다힐란 낭 방가-앙 이또]
이 충돌의 원인은 당신에게 있습니다.

Hindíng-hindî. Ang kotse mo ang bumanggâ sa kotse ko.
[힌딩 힌디'. 앙 꼬-체 모 앙 부망가' 사 꼬-체 꼬]
절대로 아닙니다. 당신 차가 내 차에 충돌했습니다.

Akó ay waláng kasalanan.
[아꼬 아이 왈랑 까살라-난]
나는 잘못이 없습니다.

Kailangan ko ng isáng tagapagpaliwanag.
[까일랑-안 꼬 낭 이상 따가빡빨리와-낙]
저는 통역이 필요합니다.

Nais kong makipag-usap sa isáng taga-Embahada ng Korea.
[나이스 꽁 마끼빡우-삽 사 이상 따가엠바하-다 낭 코리아]
한국 대사관에서 나온 직원과 얘기하고 싶습니다.

10

11 시간, 요일, 월, 날짜, 계절

시간

umaga[우마-가]: 오전

tanghalì[땅하-ㄹ리']: 정오

hapon[하-뽄]: 오후

gabí[가비]: 저녁

hátinggabí[하-띵가비]: 자정

minuto[미누-또]: 분

oras[오-라스]: 시, 시간

ngayón[ㅇ아욘], na[나]: 지금

orasán[오라산]: 시계

reló/relós[렐로/렐로스]: 시계

	스페인어	필리핀어
1:00 a.m.	alá-una ng umaga [알라 우-나 낭 우마-가]	unang oras ng umaga [우-낭 오-라스 낭 우마-가]
2:10 a.m.	alás-dos diyés ng umaga [알라스 도스 지예스 낭 우마-가]	ikalawá at sampúng minuto ng umaga [이깔라와 앋 삼뿡 미누-또 낭 우마-가]
3:30 a.m.	alás-tres y medya ng umaga [알라스 뜨레스 이 메쟈 낭 우마-가]	ikatló at kalahatì ng umaga [이까뜰로 앋 깔라하-띠' 낭 우마-가]
5:50 a.m.	alás-sinko sinkuwenta ng umaga/ menos diyés para alás-saís ng umaga [알라스 시-ㅇ꼬 싱꾸웨-ㄴ따 낭 우마-가/ 메-노스 지예스 빠-라 알라스 사이스 낭 우마-가]	ikalimá at limampúng minuto ng umaga/sampúng minuto bago sumapit ang ikaanim ng umaga [이까리마 앋 리맘뿡 미누-또 낭 우마-가/삼뿡 미누-또 바-고 수마-삗 앙 이까아-님 낭 우마-가]
6:05 a.m.	alás-saís sinko ng umaga [알라스 사이스 시-ㅇ꼬 낭 우마-가]	ikaanim at limáng minuto ng umaga [이까아-님 앋 리망 미누-또 낭 우마-가]

10:11 a.m.	alás-diyés onse ng umaga [알라스 지예스 오-ㄴ세 낭 우마가]	ikasampû at labing-isáng minuto ng umaga [이까삼뿌' 앝 라빙이상 미누-또 낭 우마-가]
11:25 a.m.	alás-onse beynte sinko ng umaga [알라스 오-ㄴ세 베인떼 시-ㅇ꼬 낭 우마-가]	ikalabing-isá at dalawampú't limáng minuto ng umaga [이까라빙이사 앝 달라왐뿥 리망 미누-또 낭 우마-가]
12:00 noon	alás-dose ng tanghalì [알라스 도-세 낭 땅하-ㄹ리]	ikalabingdalawá ng tanghalì [이까라빙달라와 낭 땅하-ㄹ리']
1:39 p.m.	alá-una treinta'y nuwebe ng hapon [알라 우-나 뜨레인따이 누웨-베 낭 하-뽄]	una at tatlumpú't siyám na minuto ng hapon [우-나 앝 따뜰룸뿥 시얌 나 미누-또 낭 하-뽄]
5:47 p.m.	alás-sinko kuwarenta'y siyete ng hapon [알라스 시-ㅇ꼬 꾸와레-ㄴ따이 시예-떼 낭 하-뽄]	ikalimá at apatnapú't pitóng minuto nghapon [이까리마 앝 아-빹나뿥 삐똥 미누-또 낭 하-뽄]
6:03 p.m.	alás-saís tres ng gabí [알라스 사이스 뜨레스 낭 가비]	ikaanim at tatlóng minuto ng gabí [이까아-님 앝 따뜰롱 미누-또 낭 가비]
7:58 p.m.	alás-siyete sinkuwenta'y otso ng gabí/menos dos para alás-otso ng gabí [알라스 시예-떼 싱꾸웨-ㄴ따이 오-초 낭 가비/메-노스 도스 빠-라 알라스 오초 낭 가비]	ikapitó at limampú't walóng minuto ng gabí/dalawáng minuto bago sumapit ang ikawaló ng gabí [이까삐또 앝 리맘뿥 왈롱 미누-또 낭 가비/달라왕 미누-또 바-고 수마-삩 앙 이까왈로 낭 가비]
11:01 p.m.	alás-onse uno ng gabí [알라스 오-ㄴ세 우-노 낭 가비]	ikalabing-isá at isáng minuto ng gabí [이까라빙이사 앝 이상 미누-또 낭 가비]
12:04 p.m.	alás-dose kuwatro ng hátinggabí [알라스 도-세 꾸와-뜨로 낭 하-띵가비]	ikalabindalawá at apat na minuto ng hatinggabí [이까라빈달라와 앝 아-빹 나 미누-또 낭 하-띵가비]

–시간 표현은 스페인어 서수를 사용 하는 것을 더 선호함.

Anóng oras na?
[아농 오-라스 나?]
지금 몇 시예요?

Ngayón ay alás-sinko beinte sinko ng umaga.
[ㅇ아욘 아이 알라스 시-ㅇ코 베인떼 시-ㅇ꼬 낭 우마-가]
지금 오전 5시 25분입니다.

Alá-una y medya ng hapon na.
[알라 우-나 이 메-쟈 낭 하-뽄 나]
지금 오후 1시 반입니다.

Ganáp na alás-tres ng umaga na.
[가낲 나 알라스 뜨레스 낭 우마-가 나]
지금 정각 오전 3시입니다.

Saktóng alás-dose ng tanghalì na.
[삭통 알라스 도-세 낭 땅하-ㄹ리' 나]
지금 정각 낮 12시입니다.

Kailán ka púpuntá sa eskuwelahán?
[까일란 까 뿌-뿐따 사 에스꾸웰라한?]
너는 언제 학교에 가느냐?

Akó'y púpuntá sa alás-otso.
[아꼬이 뿌-뿐따 사 알라스 오-초]
저는 8시에 갈 예정입니다.

Ngayón ay ikatló at kalahatì ng hapon.
[ㅇ아욘 아이 이까뜰로 앝 깔라하-띠' 낭 하-뽄]
지금은 오후 3시 반입니다.

Ayusin mo ang orasán.
[아유-신 모 앙 오라산]
시계를 맞추어라.

Adelantado ang aking reló.
[아델란따-도 앙 아-낑 렐로]
내 시계는 빠르다.

Atrasado ang relós ko.
[아뜨라사-도 앙 렐로스 꼬]
내 시계는 느리다.

요일

isáng linggó[이상 링고]: 일주일

Lunes[루-네스]: 월요일

Martés[마르떼스]: 화요일

Miyérkolés[미예-르꼴레스]: 수요일

Huwebes[후웨-베스]: 목요일

Biyernes[비예-르네스]: 금요일

Sábado[사-바도]: 토요일

Linggó[링고]: 일요일

sa Lunes[사 루-네스]: 이번 월요일

noóng Sábado[노옹 사-바도]: 지난 토요일

tuwíng Huwebes[뚜윙 후웨-베스]: 매주 목요일

noóng isáng linggó(=nang linggóng nagdaán) [노옹 이상 링고(=낭 링공 낙다안)]: 지난 주

sa isáng linggó(=sa linggóng dáratíng) [사 이상 링고(=사 링공 다-라띵)]: 다음 주

시간을 말할 때, sa는 미래를 나타내는 전치사이고, noón은 과거를 나타내는 전치사이다.

noóng: noón+연결어(na)

Ang isáng linggó ay may pitóng araw.
[앙 이상 링고 아이 마이 삐똥 아-라우]
일주일은 7일입니다.

Anóng araw ngayón?
[아농 아-라우 ㅇ아욘?]
오늘은 무슨 요일입니까?

Ngayón ay Lunes.
[ㅇ아욘 아이 루-네스]
오늘은 월요일입니다.

11

Púpuntá tayó sa Korea sa Linggó.
[뿌-뿐따 따요 사 코리아 사 링고]
우리는 이번 일요일 한국에 갈 것입니다.

Pumuntá kamí sa Tagaytáy noóng Linggó.
[뿌문따 까미 사 따가이따이 노옹 링고]
우리는 지난 일요일 따가이따이에 갔습니다.

Sa Lunes pumuntá tayó sa simbahan.
[사 루-네스 뿌문따 따요 사 심바-한]
이번 월요일은 교회에 가자.

Tuwíng Lunes pumúpuntá tayó sa simbahan.
[뚜윙 루-네스 뿌무-뿐따 따요 사 심바-한]
매주 월요일 우리는 교회에 갑니다.

Noóng Sábado nákíta ko ang aking lolo.
[노옹 사-바도 나-끼-따 꼬 앙 아-낑 로-ㄹ로]
나는 지난 토요일 할아버지를 만났다.

Umáakyát akó sa bundók na iyón tuwíng Huwebes.
[움아-아끼얕 아꼬 사 분독 나 이욘 뚜윙 후웨-베스]
나는 매주 목요일 저 산을 등산한다.

Anóng araw at oras ka ba áalís sa probinsya ng Tarlác?
[아농 아-라우 앝 오-라스 까 바 아-알리스 사 쁘로비-ㄴ샤 낭 따를락?]
너는 무슨 요일, 몇 시에 딸락 주로 출발하느냐?

Sa isáng linggó, tayo ay púpuntá sa Korea.
[사 이상 링고, 따-요 아이 뿌-뿐따 사 코리아]
다음 주에 우리는 한국에 갈 것이다.

Iláng linggó kang magbábakasyón?
[일랑 링고 깡 막바-바까숀?]
너는 몇 주일간 휴가를 갈 예정이냐?

Pagkaraán ng dalawáng linggó bábalík akó sa Korea.
[빡까라안 낭 달라왕 링고 바-발릭 아꼬 사 코리아]
나는 2주 후에 한국으로 돌아 갈 예정이다.

Waláng pasók sa eskuwelahán Sábado at Linggó.
[왈랑 빠솤 사 에스꾸웰라한 사-바도 앝 링고]
토요일과 일요일에는 학교에 가지 않습니다.

Sumísimbá tayo kung Linggó.
[수미-심바 따-요 꿍 링고]
일요일이 되면 우리는 교회에 갑니다.

Ibig kong kainin ang piniritong manók minsan isáng linggó.
[이-빅 꽁 까이-닌 앙 삐니리-똥 마놐 미-ㄴ산 이상 링고]
일주일에 한 번씩 튀김 닭을 먹고 싶습니다.

11

월

taón[따온]: 년, 해

buwán[부완]: 월, 달

Enero[에네-로]: 1월

Pebrero[뻬브레-로]: 2월

Marso[마-르소]: 3월

Abríl[아브릴]: 4월

Mayo[마-요]: 5월

Hunyo[후-ㄴ요]: 6월

Hulyo[후-ㄹ요]: 7월

Agosto[아고-스또]: 8월

Setyembre[세띠예-ㅁ브레]: 9월

Oktubre[옥뚜-브레]: 10월

Nobyembre[노비예-ㅁ브레]: 11월

Disyembre[디시예-ㅁ브레]: 12월

isáng taón[이상 따온]: 1년

noóng isáng buwán(=nang buwáng nagdaán) [노옹 이상 부완(=낭 부왕 낙다안)]: 지난 달

sa isáng buwán(=sa buwáng dáratíng) [사 이상 부완(=사 부왕 다-라띵)] : 다음 달

buwáng itó[부왕 이또]: 이번 달

Ang isáng taón ay may labindalawáng buwán.
[앙 이상 따온 아이 마이 라빈달라왕 부완]
1년은 12달입니다.

Ang isáng buwáng karaniwan ay may tatlumpû o tatlumpú't isáng araw.
[앙 이상 부왕 까라니-완 아이 마이 따뜰룸뿌' 오 따뜰룸뿥 이상 아-라우]
보통 한달은 30일 또는 31일입니다.

Pebrero ay may dalawampú't walóng araw.
[뻬브레-로 아이 마이 달라왐뿥 왈롱 아-라우]
2월은 28일입니다.

Ang isáng taón ay may tatlóng daán animnapú't limáng araw.
[앙 이상 따온 아이 마이 따뜰롱 다안 아-님나뿥 리망 아-라우]
1년은 365일입니다.

Tatlóng taón ang nagdaán.
[따뜰롱 따온 앙 낙다안]
3년이 지났다.

날짜

1월 1일 : Araw ng bagong taón/A-primero(unang araw) ng Enero
[아-라우 낭 바-공 따온/아 쁘리메-로(우-낭 아-라우) 낭 에-네로]

5월 1일 : araw ng a-primero(una) ng Mayo
[아-라우 낭 아 쁘리메-로(우-나) 낭 마-요]

7월 2일 : araw ng ikalawá(pangalawá) ng Hulyo
[아-라우 낭 이깔라와(빵알라와) 낭 후-ㄹ요]

8월 15일 : araw ng ikalabinlimá(panlabinlimá) ng Agosto
[아-라우 낭 이까라빈리마(빤라빈리마) 낭 아고-스또]

2일 이후 부터는 서수(ika+기수 또는 pang+기수) 를 그대로 사용하면 된다.

2013년 4월 27일 : araw ng ikadalawampú't pitó ng Abríl, dalawáng libo labintatlóng taón
[아-라우 낭 이까달라왐뿥 삐또 낭 아브릴, 달라왕 리-보 라빈따뜰롱 따온]

balang araw[바-ㄹ랑 아-라우]: 언젠가, 훗날

sa isáng(ibáng) araw[사 이상(이방) 아-라우]: 며칠 후, 다음에

11

Anóng petsa ngayón?
[아농 뻬-짜 ㅇ아욘?]
오늘은 며칠입니까?

Ngayón ay araw ng ikatló ng Pebrero, dalawáng libo labintatlóng taón.
[ㅇ아욘 아이 아-라우 낭 이까뜰로 낭 뻬브레-로, 달라왕 리-보 라빈따뜰롱 따온]
오늘은 2013년 2월 3일입니다.

일(서수) , 월, 년의 순서로 한다.

Kailán ka isinilang?
[까일란 까 이시니-ㄹ랑?]
너는 언제 태어났느냐?

Akó ay isinilang sa araw ng ikadalawampú't limá ng Hulyo, isáng libo siyám na raán pitumpú't pitóng taón.
[아꼬 아이 이시니-ㄹ랑 사 아-라우 낭 이까달라왐뿥 리마 낭 후-ㄹ료, 이상 리-보 시얌 나 라안 삐뚬뿥 삐똥 따온]
저는 1977년 7월 25일 태어났습니다.

Anóng petsa ang Paskó?
[아농 뻬-차 앙 빠스꼬?]
크리스마스는 며칠입니까?

Ang Araw ng Paskó ay pandalawampú't limá ng Desyembre.
[앙 아-라우 낭 빠스꼬 아이 빤달라왐뿥 리마 낭 데시예-ㅁ브레]
크리스마스는 12월 25일입니다.

Balang araw, magtátayò akó ng bahay na may dalawáng palapág dito.
[바-ㄹ랑 아-라우, 막따-따-요' 낭 바-하이 나 마이 달라왕 빨라빡 디-또]
언젠가 나는 이곳에 이층집을 짓겠다.

Bíbisíta akó sa iyó sa isáng araw.
[비-비시-따 아꼬 사 이요 사 이상 아-라우]
다음에 너를 방문 하겠다.

필리핀 공휴일

Araw ng Bagong Taón[아-라우 낭 바-공 따온]
설날: 1월 1일

Huwebes Santo[후웨-베스 사-ㄴ또]
예수 승천 축일(성 목요일) : 부활절 전주 목요일

Biyernes Santo/Mahál na Araw[비예-르네스 사-ㄴ또/마할 나 아-라우]
예수 수난일(성 금요일) : 부활절 전주 금요일

Araw ng Kagitingan[아-라우 낭 까기띠-ㅇ안]
전쟁 영웅의 날 : 4월 9일(실제 휴무일은 근접한 월요일)

Araw ng Manggagawà[아-라우 낭 망가가-와']
노동절 : 5월 1일(실제 휴무일은 근접한 월요일)

Araw ng Kasarinlán[아-라우 낭 까사린란]/Araw ng Kalayaán[아-라우 낭 깔라야안]
독립기념일 : 6월 12일(실제 휴무일은 근접한 월요일)

Araw ng Kabayanihan ni Ninoy Aquino[아-라우 낭 까바야니-한 니 니노이 아키노]
니노이 아키노 열사 기념일 : 8월 21일(실제 휴무일은 근접한 월요일)

Araw ng mga Bayani[아-라우 낭 망아 바야-니]
현충일 : 8월 마지막 주 월요일

Araw ng Mga Namayapà[아-라우 낭 망아 나마야-빠']/Todos Los Santos[또-도스 로스 사-ㄴ또스]/Undás[운다스]
모든 성인의 날 : 11월 1일

Kaarawán ni Bonifacio[까아라완 니 보니파쇼]
보니파시오 열사 탄생일 : 11월 30일(실제 휴무일은 근접한 월요일)

Araw ng Paskó[아-라우 낭 빠스꼬]
성탄절(크리스마스) : 12월 25일

Araw ng Kabayanihan ni Rizal[아-라우 낭 까바야니-한 니 리잘]
리잘 열사 기념일 : 12월 30일(실제 휴무일은 근접한 월요일)

Hulíng Araw ng Taón[훌링 아-라우 낭 따온]/Bísperas ng Bagong Taón[비-스뻬라스 낭 바-공 따온]
섣달 그믐날 : 12월 31일

11

▶ 계절

tag-ulán[딱울란]: 우기

tag-aráw/tag-inít[딱아라우/딱이닡]: 건기

tagsiból[딱시볼]: 봄

tag-inít/tag-aráw[딱이닡/딱아라우]: 여름

taglagás[딱라가스]: 가을

taglamíg[딱라믹]: 겨울

tag[딱]: 계절이나 특정한 절기를 의미하는 접두사로서 어근의 첫 문자가 모음일 경우 연자부호(–) 로 연결한다.

Ex) tag-ani [딱아–니] : 수확기, 추수기

May tag-ulán at tag-inít lang sa Pilipinas.
[마이 딱울란 앝 딱이닡 랑 삘리삐-나스]
필리핀에는 우기와 건기만 있습니다.

Kailán magsísimulâ ang bakasyón ng tag-inít?
[까일란 막시-시물라' 앙 바까숀 낭 딱이닡?]
여름휴가는 언제 시작할 예정입니까?

Umúulán halos araw-araw sa tag-ulán ng Pilipinas.
[움우-울란 하-ㄹ로스 아-라우아-라우 사 딱울란 낭 삘리삐-나스]
필리핀의 우기에는 거의 매일 비가 옵니다.

Masyadong malamíg sa taglamíg ng Korea.
[마샤-동 말라믹 사 딱라믹 낭 코리아]
한국의 겨울은 너무 춥습니다.

Pareho ang lagáy ng panahón ng tag-inít sa Korea at Pilipinas.
[빠레-호 앙 라가이 낭 빠나혼 낭 딱이닡 사 꼬레아 앝 삘리삐-나스]
한국과 필리핀의 여름 기후는 같습니다.

Waláng panahón ng taglamíg sa Pilipinas.
[왈랑 빠나혼 낭 딱라믹 사 삘리삐-나스]
필리핀에는 겨울이 없습니다.

Totoóng malamíg kapág tag-lamíg sa Korea.
[또또옹 말라믹 까빡 딱라믹 사 코리아]
한국은 겨울이 오면 정말 춥습니다.

시간 표현

tuwíng hapon[뚜윙 하-뽄] : 매일 오후

dapit-hapon[다-삗 하-뽄] : 해질녘

dapit-umaga[다-삗 우마-가] : 동틀녘

kagabí[까가비]: 어제 밤

kinágabihán[끼나-가비한]: 그날 밤

kanina[까니-나] : 전에(현재로부터 오늘 중 과거의 시점을 뜻함.)

kaninang tanghalì[까니-낭 땅하-ㄹ리']: 오늘 점심 때

kaní-kanina[까니-까니-나]: 조금 전에

mámayâ[마-마야'] : 나중에(현재로부터 오늘 중 미래의 시점을 뜻함.)

mámayáng hapon[마-마양 하-뽄]: 오늘 오후

mámayáng gabí/sa gabíng itó[마-마양 가비/사 가빙 이또]: 오늘 저녁(밤)

kinámámayaán[끼나-마-마야안]: 그 때(과거의 시점) 부터 얼마 후에

agád-agád[아갇 아갇]: 지금 즉시

kahapon[까하-뽄] : 어제

ngayón[ㅇ아욘]: 오늘

bukas[부-까스]: 내일

kinábukasan[끼나-부까산]: 그 다음 날

ngayóng umaga[ㅇ아욘 우마-가]: 오늘 아침

kamakalawá[까마깔라와]: 그저께

samakalawá[사마깔라와]: 모레

kahapon ng hapon[까하-뽄 낭 하-뽄]: 어제 오후

kináhapunan[끼나-하뿌난]: 그 날 오후

bukas ng umaga[부-까스 낭 우마-가]: 내일 아침

mulâ sa umaga hanggáng gabí[물라' 사 우마-가 항강 가비]: 아침부터 저녁까지

mulâ sa[물라' 사]: 시작한 시점이 현재이후를 뜻함.

mulâ noóng Lunes hanggáng ngayón[물라' 노옹 루-네스 항강 ㅇ아욘]: 지난 월요일부터 지금까지

mulâ noón[물라' 노온]: 시작한 시점이 과거임을 뜻함.

mulâ ngayón[물라' ㅇ아욘]: 지금부터

mulâ noón[물라' 노온]: 그때(과거의 시점) 부터

madalíng araw[마달링 아-라우]: 새벽

araw-araw[아-라우 아-라우]: 매일

gabí-gabí[가비 가비]: 매일 밤

buwán-buwán[부완 부완]: 매월, 매달

taun-taón[따-운 따온]: 매년

lagì/palagì/parati[라-기'/빨라-기'/빠라-띠]: 항상, 언제나

iláng beses[일랑 베-세스]: 여러 번/몇 번?

sa isáng taón[사 이상 따온]: 내년

noóng isáng taón[노옹 이상 따온]: 작년

siglo/dantaón[시-글로/단따온]: 백 년, 1 세기

11

noóng unang panahón[노옹 우-낭 빠나혼]: 옛날에

kamakailán(kailán) lamang[까마까일란(까일란) 라-망]: 최근에, 얼마 전에

mulâ pa nang ~[물라‘ 빠 낭]: ~이후 계속해서

Kailán kayó dumatíng sa Pilipinas?
[까일란 까요 두마띵 사 삘리삐-나스?]
당신은 언제 필리핀에 도착했습니까?

Akó ay dumatíng kahapon ng hapon sa Pilipinas.
[아꼬 아이 두마띵 까하-뽄 낭 하-뽄 사 삘리삐-나스]
저는 어제 오후에 필리핀에 도착했습니다.

Nákíta ko siyá kaninang umaga.
[나-끼-따 꼬 시야‘ 까니-낭 우마-가]
나는 오늘 아침에 그를 만났다.

Kaní-kanina lamang siyá umalís.
[까니-까니-나 라-망 시야 움알리스]
바로 조금 전에 그는 떠났다.

Áalís ka ba mámayâ?
[아-알리스 까 바 마-마야‘?]
너는 좀 더 있다가 떠날 예정이냐?

Oo, mámayáng ikasiyám ng gabí.
[오-오, 마-마양 이까시얌 낭 가비]
예, 나중에 밤 9시.

Umuwî ka agád-agád.
[움우위‘ 까 아갇 아갇]
너는 지금 즉시 집으로 돌아가거라.

Áalís akó sa Maynila bukas ng madaling-araw.
[아-알리스 아꼬 사 마이니-ㄹ라 부-까스 낭 마달링 아-라우]
나는 내일 아침 일찍 마닐라로 떠날 것이다.

Iláng beses ka nakapuntá sa Borakay?
[일랑 베-세스 까 뿌문따 사 보라-까이?]
너는 보라카이에 몇 번 가봤느냐?

Mulâ ngayón, magusap tayo tungkól sa plano ng bukas.
[물라' ㅇ아욘, 막우-삽 따-요 뚱꼴 사 쁠라-노 낭 부-까스]
지금부터 내일의 계획에 대해서 얘기합시다.

Kamakailán(Kailán) lamang ay bumilí akó ng bagong damít.
[까마까일란(까일란) 라-망 아이 부밀리 아꼬 낭 바-공 다밑]
나는 최근에 새 옷을 샀다.

Naipagbíbilí nang mahál ang mga lumang kasangkapan na yarì noóng unang panahón.
[나이빡비-빌리 낭 마할 앙 망아 루-망 까상까-빤 나 야-리' 노옹 우-낭 빠나혼]
옛날에 만들어진 물건들(골동품) 은 비싸게 팔립니다.

Bumíbilí akó ng bigás buwán-buwán.
[부미-빌리 아꼬 낭 비가스 부완 부완]
나는 매달 쌀을 삽니다.

Hindî ko ináasáhang mabúbúhay akó ng dantaón.
[힌디' 꼬 인아-아사-항 마부-부-하이 아꼬 낭 단따온]
나는 100년 동안 산다고 기대하지 않습니다.

Lagì siyáng hulí sa klase.
[라-기' 시양 훌리 사 끌라-세]
그는 항상 수업에 지각한다.

Hindî ko pa siyá nákikita mulâ nang magbalík akó.
[디'힌 꼬 빠 시야 나-끼끼따 물라' 낭 막발릭 아꼬]
내가 돌아 온 이후로 그를 만난 적이 없습니다.

Malungkót siyá mulâ pa nang mamatáy ang kanyáng iná.
[말룽꼳 시야 물라' 빠 낭 마마따이 앙 깐양 이나]
그는 그의 모친이 사망한 이후 계속해서 슬퍼하고 있다.

nang~(~했을 때) : 과거의 시점을 기준으로 하는 종속접속사로서 종속절 내에 사용되는 동사는 과거형이 아닌 부정사형이어야 한다.

Nang iká'y ibigin ko, mundó ko'y bigláng nagbago.
[낭 이까이 이비-긴 꼬, 문도 꼬이 비글랑 낙바-고]
내가 너를 사랑하게 되었을 때, 나의 세상은 갑자기 바뀌었다.

최근 필리핀에서 가장 유행하는 대중가요 "Pusong Bato"의 첫 소절

iká'y: "ikáw ay"의 줄임말.

전(前) 과 후(後)

bago[바-고]: ~하기 전에, ~이전에

kaní-kanina lang bago~[까니 까니-나 랑 바-고]: ~하기 직전에, 바로 전에

pagkatapos ng ~[빡까따-뽀스 낭]: ~하고 난 다음에, ~ 후에

pagkaraán ng ~[빡까라안 낭]: ~(시간, 기간) 이 지나고 나서

pagkatapos na pagkatapos[빡까따-뽀스 나 빡까따-뽀스]: ~하고 난 직후에, ~하자마자 바로, ~를 끝내는 대로 즉시

pagkakaing-pagkakain[빡까까-잉 빡까까-인]: 식사 끝나자 바로

pagkágisíng na pagkágisíng[빡까-기싱 나 빡까-기싱]: 일어나자마자 바로

pagdatíng na pagdatíng[빡다띵 나 빡다띵]: 도착하자마자 즉시

pagkaalís na pagkaalís[빡까알리스 나 빡까알리스]: 출발하자마자

Hugasan mo ang kamáy bago kumain.
[후가-산 모 앙 까마이 바-고 꾸마-인]
밥 먹기 전에 손을 씻어라.

Umalís siyá bago magalás singko ng umaga.
[움알리스 시야 바-고 막알라스 시-ㅇ꼬 낭 우마-가]
그는 오전 5시 전에 출발했다.

Dumatíng kayóng lahát dito kaní-kanina lang bago mag-alás saís ng gabí.
[뚜마띵 까용 라핱 디-또 까니 까니-나 랑 바-고 막알라스 사이스]
저녁 6시 직전에 모두들 여기에 도착해라.

Namatáy siyá kaní-kanina lang bago dumatíng ka.
[나마따이 시야 까니 까니-나 랑 바-고 두마띵 까]
너가 도착하기 바로 전에 그는 죽었다.

Bago akó magtapos ng talumpatì, nais kong hindî umulán.
[바-고 아꼬 막따-뽀스 낭 딸룸빠-띠', 나이스 꽁 힌디' 울울란]
내가 연설을 끝내기 전에는 비가 오지 않았으면 좋겠다.

Pagkatapos ng misa, kumain tayo ng tanghalian sa restauran.
[빡까따-뽀스 낭 미-사, 꾸마-인 따-요 낭 땅할리-안 사 레스따우-란]
미사 후에 식당에 가서 점심먹자.

Pagkatapos ng hapunan ay úuwî na tayo.
[빡까따-뽀스 낭 하뿌-난 아이 우-우위' 나 따요]
우리는 저녁식사 후에 집에 돌아갈 것이다.

Pagkaraán ng apat na araw bumalík si Susan sa bahay ko.
[빡까라안 낭 아-빹 나 아-라우 부말릭 시 수-산 사 바-하이 꼬]
4일이 지나고 나서 수산은 나의 집으로 돌아 왔다.

Nagkámalî siyá, pagkatapos nagsisi.
[낙까말리' 시야, 빡까따-뽀스 낙시-시]
그는 실수를 하고나서 나중에 후회했다.

Pagkatapos na pagkatapos ng iyóng ginágawâ, parito ka sa akin.
[빡까따-뽀스 나 빡까따-뽀스 낭 이용 기나-가와' 빠리-또 까 사 아-낀]
하고 있는 일 끝나면 즉시 나한테 오너라.

Pagkaalís na pagkaalís mo, dumatíng silá.
[빡까알리스 나 빡까알리스 모, 두마띵 실라]
네가 떠나자마자 그들이 도착했다.

Pagkágisiíng na pagkágisíng niyá, itinanóng ka.
[빡까-기싱 나 빡까-기싱 니야, 이띠나농 까]
그는 일어나자마자 바로 너에 대해서 물었다.

11

▶ 근접 완료형 표현: "막 끝냈다"

(1) "bagong+동사 어근" 형식

Bagong gising si William.
[바-공 기-싱 시 윌리암]
윌리암은 지금 막 일어났다.

Bagong bihis si Daniel.
[바-공 비-히스 시 다니엘]
다니엘은 지금 막 옷을 갈아입었다.

Bagong paligò si Helen.
[바-공 빨리-고' 시 헬렌]
헬렌은 지금 막 샤워를 끝냈다.

Bagong datíng siyá. Bayaan mong magpahingá.
[바-공 다띵 시야. 바야-안 모 막빠힝아]
그는 지금 막 도착했다. 쉬도록 해 줘라.

"최근에, 새롭게, 다시" 등의 의미로도 해석되니 유위할 것.

Bagong gawâ ang kalsada.
[바-공 가와' 앙 깔사-다]
그 도로는 최근에 만들어 졌다.

Bagong tayô ang bahay na itó.
[바-공 따요' 앙 바-하이 나 이또]
이 집은 새로 지은 집이다.

Bagong pintá ang bubóng ng bahay na iyán.
[바-공 삔따 앙 부봉 낭 바-하이 나 이얀]
그 집 지붕은 새로 페인트가 칠해 졌다.

(2) "ka+동사어근의 첫음절+동사어근+lamang(lang) " 형식

Kakákain ko lamang.
[까까-까인 꼬 라-망]
나는 지금 막 식사를 끝냈다.

Kabíbilí ko lang nitó.
[까비-빌리 꼬 랑 니또]
나는 이것을 지금 막 샀다.

nitó[니또] ← ng itó

Kakákain niyá lamang ng hapunan.
[까까-까인 니야 라-망 낭 하뿌-난]
그는 지금 막 저녁식사를 끝냈다.

Kaáalís lamang ni Nicole.
[까아-알리스 라망 니 니콜]
니콜은 지금 막 출발했다.

11

Kaíinóm ko lang.
[까이-이놈 꼬 랑]
나는 지금 막 마셨다.

Karáratíng lang ng bus.
[까라-라띵 랑 낭 부-스]
지금 막 버스가 도착했다.

Kaíinóm ko lang ng serbesa.
[까이-이놈 꼬 랑 낭 세르베-사]
나는 지금 막 맥주를 마셨다.

Kabábasa lang ng estudyante ng aklát na iyán.
[까바-바사 랑 낭 에스뚜쟈-ㄴ떼 낭 아끌랕 나 이얀]
학생은 지금 막 그 책을 읽었다.

Kalílinis lang ni Danica ng kuwarto niyá
[깔리-ㄹ리니스 랑 니 다니카 낭 꾸와-르또 니야]
다니카는 지금 막 그녀의 방을 청소했다.

(3) "katátapos+lamang(lang) +동사의 부정사" 형식

Katátapos ko lang kumain ng almusál.
[까따-따뽀스 꼬 랑 꾸마-인 낭 알무살]
나는 지금 막 아침식사를 끝냈다.

Katátapos lang ni Beth maligò.
[까따-따뽀스 랑 니 벹 말리-고']
베트는 지금 막 샤워를 끝냈다.

Katátapos niyá lang gawín ang aralíng-bahay.
[까따-따뽀스 니야 랑 가윈 앙 아랄링 바-하이]
그는 지금 막 숙제를 끝냈다.

Katátapos ko lang mamilí.
[까따-따뽀스 꼬 랑 마밀리]
나는 지금 막 쇼핑을 끝냈다.

Katátapos lang ng iná ko mamalengke.
[까따-따뽀스 랑 낭 이나 꼬 마말레-ㅇ께]
나의 어머니는 지금 막 장보기를 끝냈다.

Katátapos ko lang maglutò ng pansít.
[까따-따뽀스 꼬 랑 막루-또' 낭 빤싵]
나는 지금 막 잡채요리 하는 것을 마쳤다.

근접 미래형 표현: "~ 하려고 하는 중이다"

"동사 미래형+muna" 형식
Kákáin akó muna ng tanghalian.
[까-까-인 아꼬 무-나 땅할리-안]
나는 점심을 먹으려고 한다.

Áalís muna ang amá ko sa Maynila.
[아-알리스 무-나 아마 꼬 사 마이니-ㄹ라]
나의 아버지는 마닐라로 떠나시려고 하는 중이다.

Púpuntá akó muna sa iyó.
[뿌-뿐다 아꼬 무-나 사 이요]
나는 너에게 갈려고 하는 중이다.

Bábása muna si Mark ng aklát.
[바-바-사 무-나 시 마-크 아끌랕]
마크는 책을 읽으려고 하는 참이다.

Lílinísin nilá muna ang silíd-aralán.
[리-ㄹ리니-신 닐라 무-나 앙 실릳 아랄란]
그들은 교실 청소를 하려고 하고 있다.

Maglúlutò muna ang iná ko ng almusál.
[막루-루-또' 무-나 앙 이나 꼬 낭 알무살]
나의 어머니는 아침 식사거리를 요리하시려고 하는 중이다.

11

12 물건사기(쇼핑)

쇼핑

Gustó kong mamilí.
[구스또 꽁 마밀리]
쇼핑을 하고 싶습니다.

Saán ang malakíng shopping mall?
[사안 앙 말라낑 쇼핑 몰?]
어디에 대형 쇼핑 몰이 있습니까?

Ibig kong bilhín isáng pares na sapatos.
[이-빅 꽁 빌힌 이상 빠-레스 나 사빠-또스]
신발 한 켤레를 사고 싶습니다.

Anóng kulay gustó ninyó?
[아농 꾸-ㄹ라이 구스또 닌요?]
어떤 색깔을 원하십니까?

Ang gustó ko'y itím.
[앙 구스또 꼬이 이띰]
검은 색을 원합니다.

Ikinalúlungkót ko dahíl walâ na kamí niyán.
[이끼나루-루-ㅇ꽅 꼬 다힐 왈라' 나 까미 니얀]
그것은 더 이상 재고가 없어서 죄송합니다.

Saán puwedeng mákíta itó?
[사안 뿌웨-뎅 마-끼-따 이또?]
이것은 어디서 찾을 수 있습니까?

Ibigáy mo sa akin ang númeró waló.
[이비가이 모 사 아-낀 앙 누-메로 왈로]
8번으로 주세요.

Ang panyóng itó ay nasa uso.
[앙 빤용 이또 아이 나-사 우-소]
이 손수건은 유행 중입니다.

Isúsúkat ko ang T-shirts na itó.
[이수-수-깥 꼬 앙 티-셔츠 나 이또]
이 티–셔츠를 한 번 입어 보겠습니다.

Isúsúkat ko ang sapatos na iyán.
[이수-수-깥 꼬 앙 사빠-또스 나 이얀]
그 신발을 한 번 신어 보겠습니다.

Gawâ ba iyán sa Pilipinas?
[가와' 바 이얀 사 삘리삐-나스?]
그것은 필리핀제입니까?

Súsubúkin ko ang isáng iyón.
[수-수부-낀 꼬 앙 이상 이욘]
저것을 한 번 입어(신어) 보겠습니다.

Ang isáng itó'y parang masikíp.
[앙 이상 이또이 파-랑 마시낖]
이것은 좀 조입니다(끼입니다) .

Itó ay masyadong mahál.
[이또 아이 마샤-동 마할]
이것은 너무 비싸요.

Magkano itó?
[막까-노 이또?]
이것은 얼마예요?

Mahál namán.
[마할 나만]
너무 비싸요.

Hindî itó mahál.
[힌디' 이또 마할]
이것은 비싸지 않습니다.

Bigyán mo akó ng isáng mas mura.
[빅얀 모 아꼬 낭 이상 마스 무-라]
더 싼 것으로 주세요.

Itó ay mas mahál kaysá iyán.
[이또 아이 마스 마할 까이사 이얀]
이것은 그것보다 더 비쌉니다.

Bíbilhín ko itó.
[비-빌힌 꼬 이또]
이것을 사겠습니다.

May baratilyo dito mulâ bukas.
[마이 바라띠-ㄹ료 디-또 물라' 부-까스]
내일부터 여기에서 바겐세일이 있습니다.

장보기

toyò[또-요']: 간장

patís[빠띠스]: 생선액젓

tokwa[또-ㅋ와] : 두부

sukà[수-까']: 식초

tinapay[띠나-빠이]: 빵

mantika[만띠-까]: 식용유

isdá[이스다]: 생선

karné[까르네]: 육류 고기

itlóg[이뜰록]: 계란

gulay[구-ㄹ라이]: 야채

bagoóng[바고옹]: 생선 젓갈

prutas[쁘루-따스]: 과일

karnéng manók[까르넹 마녹]: 닭고기

pamintá[빠민따]: 후추

karnéng baboy[까르넹 바-보이]: 돼지 고기

karnéng baka[까르넹 바-까]: 쇠고기

Anóng oras kayó nagbúbukás ng tindahan?
[아농 오-라스 까요 낙부-부까스 낭 띤다-한?]
몇 시에 가게 문을 엽니까?

Nagbúbukás ng tindahan alás otso ng umaga.
[낙부-부까스 낭 띤다-한 알라스 오쪼 낭 우마-가]
아침 8시에 가게를 엽니다.

Anóng oras isinásará ang tindahan?
[아농 오-라스 이시나-사라 앙 띤다-한?]
몇 시에 가게를 닫아요?

Isinásará ko alás diyés ng gabí.
[이시나-사라 꼬 알라스 지-예스 낭 가비]
밤 10시에 닫습니다.

Gustó kong bilhín ang pusít. Magkano isáng kilo?
[구스또 꽁 빌힌 앙 뿌싵'. 막까-노 이상 킬로?]
오징어를 사고 싶어요. 1 키로에 얼마예요?

Magkano ang isáng kilo ng bawang?
[막까-노 앙 이상 키-ㄹ로 낭 바-왕]
마늘 1킬로에 얼마예요?

Ang halagá ninyó ay mabuti.
[앙 할라가 닌요 아이 마부-띠]
가격이 적당하군요.

Sariwà ba ang manók?
[사리-와' 바 앙 마녹?]
그 닭은 신선합니까?

Mas mura itó kaysá iyán.
[마스 무-라 이또 까이사 이얀]
이것은 그것보다 더 쌉니다.

Pakibalot ngâ ninyó.
[빠끼바-ㄹ롵 ㅇ아' 닌요]
포장해 주세요.

Nápakamahál namán.
[나-빠까마할 나만]
대단히 비쌉니다.

Bigyán ninyó akó ng isáng kilong asukal.
[빅얀 닌요 아꼬 낭 이상 키-ㄹ롱 아수-깔]
설탕 1킬로 주세요.

▶ 물건 파는 장소 물어보기

palengke[빨레-ㅇ께]: 시장, 장터

tindahan[띤다-한]: 가게

bílíhan[비-ㄹ리-한]: 구매장소, 가게, 시장

sarisarì[사리사-리']: 잡화점, 구멍가게

supermarket[슈퍼마-켙]: 슈퍼마켓

mall[몰]: 대형 매장

panaderyá[빠나데랴]: 빵집

hardwer[하-드웨어]: 철물점

isdahán[이스다한]: 어시장

tindahan ng aklát[띤다-한 낭 아끌랕]: 서점

tindahan ng bulaklák[띤다-한 낭 불락락]: 꽃가게

tindahan ng sari-saring matamís[띤다-한 낭 사-리 사-링 마따미스]: 제과점

tindahan ng sapatos[띤다-한 낭 사빠-또스]: 신발가게

tindahan ng laruán[띤다-한 낭 라루안]: 장난감 가게

tindahan ng alahas[띤다-한 낭 알라-하스]: 보석가게

tindahan ng gamit sa isport[띤다-한 낭 가-밑 사 이스포-츠]: 운동용품점

tindahan ng gamit-panulat[띤다-한 낭 가-밑 빠누-ㄹ랏]: 문방구점

Iturò ninyó ang daán sa palengke.
[이뚜-로‘ 닌요 앙 다안 사 빨레-ㅇ께]
시장 가는 길을 가르쳐 주세요.

Saán puwedeng bumilí ng sariwang gulay?
[사안 뿌웨-뎅 부밀리 낭 사리-왕 구-ㄹ라이?]
어디에서 신선한 채소를 살 수 있어요?

Saán mainam mamalenke?
[사안 마이-남 마말레-ㅇ께?]
장보기는 어디로 가면 좋아요?

Saán ang bílíhan?
[사안 앙 비-ㄹ리-한?]
가게(사는 곳) 는 어디에 있어요?

Saán ang bílíhan(tindahan) ng pagkain?
[사안 앙 비-ㄹ리-한(띤다-한) 낭 빡까-인?]
식품 사는 곳(가게) 는 어디에 있어요?

Saán ang bílíhan ng damít?
[사안 앙 비-ㄹ리-한 낭 다밑?]
옷을 사는 곳(가게) 은 어디예요?

Saán ang bílíhan ng gamit sa bahay?
[사안 앙 비-ㄹ리-한 낭 가-밑 사 바-하이?]
가정용품가게는 어디에 있어요?

Saán ang bílíhan ng laruán para sa sanggól?
[사안 앙 비-ㄹ리-한 낭 라루안 빠-라 사 상골?]
아기용 장난감가게는 어디에 있어요?

Saán ang tindahan ng bulaklák dito?
[사안 앙 띤다-한 낭 불락락 디-또?]
이 근처에 꽃 가게는 어디에 있어요?

12

Humáhánap akó ng tindahan ng aklát.
[후마-하-낲 아꼬 낭 띤다-한 낭 아끌랕]
책 가게를 찾고 있습니다.

Gustó kong pumuntá sa MOA(Mall of Asia) .
[구스또 꽁 뿌문따 사 모아(몰 어브 아시아)]
저는 모아(몰 어브 아시아) 에 가고 싶습니다.

Sabihin mo kung saán ang tindahan ng kosmétikó.
[사비-힌 모 꿍 사안 앙 띤다-한 낭 꼬스메-띠꼬]
화장품 가게가 어디에 있는지 말해 주세요.

Hináhánap ko ang tindahan ng gamit sa isport.
[히나-하-낲 꼬 앙 띤다-한 낭 가-밑 사 이스포-츠]
운동용품점을 찾고 있습니다.

Gustó kong mamilí sa SM Mall sa lungsód ng Tarlác.
[구스또 꽁 마밀리 사 에스엠 몰 사 룽솓 낭 따를락]
나는 딸락시에 있는 에스엠 몰에서 쇼핑하고 싶습니다.

Lagì kong biníbilí ang itlóg sa sarisaring tindahang iyón.
[라-기' 꽁 비니-빌리 앙 이뜰록 사 사리사-링 띤다-항 이욘]
나는 항상 저 사리사리에서 계란을 산다.

흥정

Magkano itó(iyán, iyón) ?
[막까-노 이또(이얀, 이욘) ?]
이거(그거, 저거) 얼마예요?

Magkano 'to('yan, 'yon)?
[막까-노 또(얀, 욘)?]
이거(그거, 저거) 얼마예요?

'to[또], 'yan[얀], 'yon[욘]: itó, iyán, iyón의 회화체용 줄임말.

Ang mahál namán.
[앙 마할 나만]
너무 비싸요.

Masyadong mahál 'yan.
[마샤-동 마할 얀]
그건 너무 비싸요.

Patawad namán.
[빠따-왇 나만]
깎아 주세요.

Bigyán mo akó ng patawad.
[빅얀 모 아꼬 낭 빠따-왇]
깎아 주세요.

12

Magkano ang gustó ninyó?
[막까-노 앙 구스또 닌요?]
얼마에 사고 싶어요?

Kalahatì lang, sana.
[깔라하-띠' 랑, 사-나]
절반 가격에 사고 싶어요.

Mayroón ba kayóng hindî masyadong mahál?
[마이로온 바 까용 힌디' 마샤-동 마할?]
너무 비싸지 않은 거 있습니까?

Merón pa bang mas mura?
[메론 빠 방 마스 무-라?]
더 싼 거 있어요?

Magkano pô ang dalá ninyó?
[막까-노 뽀' 앙 달라 닌요?]
가지고 계신 돈은 얼마입니까?

May pera ka ba?
[마이 뻬-라 까 바?]
돈 가지고 있어?

Kulang ang pera ko.
[꾸-ㄹ랑 앙 뻬-라 꼬]
가지고 있는 돈이 부족합니다.

Hustó ang pera ko para sa bayad.
[후스또 앙 뻬-라 꼬 빠-라 사 바-얃]
지불하기 위한 돈은 충분합니다.

May pambilí pô ba kayó?
[마이 빰빌리 뽀' 바 까요?]
살 돈 가지고 계십니까?

May pambayad ka ba?
[마이 빰바-얃 까 바?]
지불할 돈 가지고 있어?

물건 고르기

Gustó mo ba itó(iyán, iyón) ?
[구스또 모 바 이또(이얀, 이욘) ?]
이거(그거, 저거) 마음에 드세요?

Hindî ko gustó.
[힌디' 꼬 구스또]
마음에 안 듭니다.

Ay, gustó ko palá.
[아이, 구스또 꼬 빨라]
아니, 좋습니다.

싫다고 했다가 다시 좋다고 번복할 때

Oo, gustó ko.
[오-오, 구스또 꼬]
예, 좋습니다.

Ay, ayaw ko palá.
[아이, 아-야우 꼬 빨라]
아니, 마음에 안 듭니다.

좋다고 했다가 싫다고 번복할 때

Mayroón pa ba itó?
[마이로온 빠 바 이또?]
이것 더 있습니까?

Walâ, ubós na.
[왈라‘, 우보스 나]
없어요. 매진입니다.

Tamà ba ang lakí?
[따-마‘ 바 앙 라끼?]
사이즈는 맞습니까?

Tamà lang.
[따-마‘ 랑]
잘 맞습니다.

Malakí.
[말라끼]
커요.

Sobra ang lakí.
[소-브라 앙 라끼]
너무 커요.

Gustó mo bang mas malakí?
[구스또 모 방 마스 말라끼?]
더 큰 것을 원하세요?

Gustó ko iyáng pinakamalakí.
[구스또 꼬 이용 삐나까말라끼]
그걸로 제일 큰 것을 원합니다.

Maliít.
[말리잍]
작아요.

12

Sobra ang liít.
[소-브라 앙 리잍]
너무 작아요.

Gustó mo bang mas maliít?
[구스또 모 방 마스 말리잍?]
더 작은 것을 원하세요?

Gustó ko ang pinakamaliít.
[구스또 꼬 앙 삐나까말리잍]
가장 작은 것을 원합니다.

물건수량 말하기

Ilán ang gustó ninyó?
[일란 앙 구스또 닌요?]
몇 개를 원하십니까?

Isá lang.
[이사 랑]
한 개만요.

Isá pa ngâ.
[이사 빠 ㅇ아']
한 개 더 부탁합니다.

ngâ[ㅇ아]는 "정말, 진짜"의 의미와 더불어 영어의 please와 같은 "부탁, 요청"의 의미도 있어서 겸손한 표현이 된다.

Dalawá pa ngâ.
[달라와 빠 ㅇ아']
두 개 더 부탁합니다.

Dagdagán mo pa ngâ.
[닥다간 모 빠 ㅇ아']
더 추가해 주세요.

Isáng dosena ngâ.
[이상 도세-나 ㅇ아‘]
한 타스 부탁합니다.

Kalahating dosena ngâ.
[깔라하-띵 도세-나 ㅇ아‘]
반 타스 부탁합니다.

May tawad ba ang isáng dosena?
[마이 따-왇 바 앙 이상 도세-나?]
한 타스 사면 깎아줍니까?

Ay, tapát na ang presyo.
[아이, 따빹 나 앙 쁘레-쇼]
안됩니다. 가격은 정찰제입니다.

Pakibalík itó.
[빠끼발릭 이또]
이건 반납해 주세요.

쇼핑 마무리 및 지불

Kúkúnin ko mga itó.
[꾸-꾸-닌 꼬 망아 이또]
이것들을 사겠습니다.

May kailangan pa ba kayó?
[마이 까일라-ㅇ안 빠 바 까요?]
더 필요한 거 있습니까?

Tamà na ba iyán?
[따-마‘ 나 바 이얀’?]
그걸로 충분합니까?

Tamà na ‘yan.
[따-마‘ 나 얀]
그걸로 됐습니다.

Magkano lahát?
[막까-노 라핱?]
전부 얼마예요?

Pakisupot ngâ itó.
[빠끼수-뽇 ㅇ아' 이또]
이거 봉투에 담아 주세요.

Maáarì bang balutin ang panregalong itó.
[마아-아-리' 방 발루-띤 앙 빤레가-ㄹ롱 이또?]
이거 선물용 포장을 해 줄 수 있습니까?

Pahingí ngâ ng resibo.
[빠힝이 ㅇ아' 낭 레시-보]
영수증 부탁합니다.

Tumátangáp ba kayó ng credit card?
[뚜마-땅갚 바 까요 낭 크레딭 카-드?]
신용카드로 지불할 수 있습니까?

Hindî kamí tumátangáp ng credit card.
[힌디 까미 뚜마-땅갚 낭 크레딭 카-드]
우리는 신용카드를 받지 않습니다.

쇼핑(실전회화)

〈**A** : 점원, **B** : 남자 손님〉

A : Ginoó, anó ang hináhánap ninyó?
[기노오, 아노 앙 히나-하-낲 닌요?]
손님, 무엇을 찾으십니까?

B : Merón ba kayóng telang pang-kurtina?
[메론 바 까용 떼-ㄹ랑 빵꾸르띠-나?]
커튼용 천이 있습니까?

A : Opò, mayroón lahát ng klase ng telang pang-kurtina sa tindahan namin.
[오-뽀', 마이로온 라핱 낭 끌라-세 낭 떼-ㄹ랑 빵꾸르띠-나 사 띤다-한 나-민]
예, 손님. 우리 가게에는 모든 종류의 커튼용 천을 구비하고 있습니다.

B : Magkano ang presyo ng isáng metro ng telang itó?
[막까-노 앙 쁘레-쇼 낭 이상 메-뜨로 낭 떼-ㄹ랑 이또?]
이 천은 일 미터당 가격이 얼마입니까?

A : Tatlóng daáng piso, pô.
[따뜰롱 다앙 삐-소, 뽀']
삼백 페소입니다, 손님.

B : Masyadong namáng mahál iyán. Gustó ko ang mas mura.
[마샤-동 나망 마할 이얀. 구스또 꼬 앙 마스 무-라]
그것은 너무 비쌉니다. 더 싼 것을 원합니다.

A : Kung masyadong mahál itó, ang asúl na telang iyón ay dalawáng daáng piso.
[꿍 마샤-동 마할 이또, 앙 아술 나 떼-ㄹ랑 이욘 아이 달라왕 다앙 삐-소]
이것이 너무 비싸면, 저 푸른 색 천은 200페소입니다.

B : Kung gayón, bíbilhín ko iyón.
[꿍 가욘, 비-빌힌 꼬 이욘]
그렇다면 저것으로 사겠습니다.

12

13 사교

개인 신상 질문 및 답변(실전회화)

〈**P**: 필리핀 사람, **K**: 한국 유학생〉

P : Anó ang pangalan mo?
[아노 앙 빵아-ㄹ란 모?]
자네의 이름은 무엇인가?

K : Si Youngsoo Kim, pô.
[시 영수 킴 뽀']
김 영수입니다.
Ang pangalan ay Youngsoo at ang apelyido ay Kim, pô.
[앙 빵아-ㄹ란 아이 영수 앝 아뻴위-도 아이 킴, 뽀']
이름은 영수이고 성은 김입니다.

P : Iláng taón ka na?
[일랑 따온 까 나?]
지금 몇 살인가?

K : Akó pô ay dalawampú't isáng taón.
[아꼬 뽀' 아이 달라왐뿥 이상 따온]
저는 21살입니다.

P : Anó ang ginágawâ mo sa Pilipinas?
[아노 앙 기나-가와' 모 사 삘리삐-나스?]
자네는 필리핀에서 무엇을 하는가?

K : Nag-áaral pô akó ng literaturang Inglés sa unibersidád.
[낙아-아-랄 뽀‘ 아꼬 낭 리떼라뚜-랑 잉글레스 사 우니베르시닫]
저는 대학교에서 영문학을 공부하고 있습니다.
Akó pô ay estudyante.
[아꼬 뽀 아이 에스뚜쟈-ㄴ떼]
저는 학생입니다.

P : Ilán kayó sa pamilya mo?
[일란 까요 사 빠미-ㄹ랴 모?]
자네 가족은 몇 명인가?

K : Apat pô lahát.
[아-빹 뽀‘ 라핱]
전부 4명입니다.

13

P : Sinú-sinó ang miyembro ng pamilya mo?
[시누 시노 앙 미예-ㅁ브로 낭 빠미-ㄹ랴 모?]
가족은 누구누구인가?

K : Magulang at isáng kapatíd na batang babae, pô.
[마구-ㄹ랑 앝 이상 까빠띧 나 바-땅 바바-에, 뽀]
부모님과 여동생 한 명입니다.

P : Saán nakatirá silá?
[사안 나까띠라 실라?]
그들은 어디에 살고 있는가?

K : Nakatirá pô ngayón silá nasa Seoul, Korea.
[나까띠라 뽀‘ ㅇ아욘 실라 나-사 서울, 코리아]
그들은 지금 한국의 서울에서 살고 있습니다.
Akó pô ay nakatirá sa dormitoryo ng unibersidád.
[아꼬 뽀‘ 아이 나까띠라 사 도르미또-료 낭 우니베르시닫]
저는 대학교 기숙사에서 살고 있습니다.

P : May kaibigang babae ka ba?
[마이 까이비-강 바바-에 까 바?]
자네 여자 친구는 있는가?

K : Walâ pô.
[왈라' 뽀']
없습니다.

P : Oo ngâ. Kung gayón, gustó kong ipakilala ang anák na babae ko sa iyó.
[오--ㅇ아. 꿍 가욘 구스또 꽁 이빠낄라-ㄹ라 앙 아낙 나 바바-에 꼬 사 이요]
그렇구만. 그렇다면 내 딸을 자네에게 소개하고 싶네.
Siyá'y labinsiyám na taón at estudyante rin.
[시야이 라빈시얌 나 따온 앗 에스뚜쟈-ㄴ떼 린]
그 애는 19살이고 역시 학생일세.
At sakâ, magandá at mabaít.
[앗 사까', 마간다 앗 마바잍]
또한 예쁘고 착하다네.
Heto ang isáng larawan niyá.
[헤-또 앙 이상 라라-완 냐]
여기 그 애의 사진 한 장이 있네.
Anó ang palagáy mo?
[아노 앙 빨라가이 모?]
자네 생각은 어떤가?

K : Salamat at mabuti pô.
[살라-맡 앗 마부-띠 뽀']
감사합니다. 좋습니다.
Gustúng-gustó ko pong mákíta siyá.
[구스뚱 구스또 꼬 뽕 마-끼-따 샤]
그녀를 꼭 만나고 싶습니다.

P : OK! Bumisita ka sa bahay ko bukas ng gabí.
[오케이! 부미시-따 까 사 바-하이 꼬 부-까스 낭 가비]
오케이! 내일 저녁 우리 집에 방문해주게.
Kumain tayo ng hapunan kasama ang pamilya ko.
[꾸마-인 따-요 낭 하뿌-난 까사-마 앙 빠미-ㄹ랴 꼬]
나의 가족과 함께 저녁식사를 하세.

K : Maraming salamat pô sa kumbidá ninyó.
[마라-밍 살라-맡 뽀' 사 꿈비다 닌요]
초대해 주셔서 대단히 감사합니다.
Sigurado pô akóng bíbisíta bukas ng gabí.
[시구라-도 뽀' 아꽁 비-비시-따 부-까스 낭 가비]
내일 저녁에 꼭 방문하겠습니다.

13

약속

(1) 약속 청하기

May oras ka ba?
[마이 오-라스 까 바]
시간 있느냐?

May oras pô ba kayó?
[마이 오-라스 뽀' 바 까요?]
시간 있으십니까?

의문조사 ba[바]는 8개 단음절(pô, ka, ko, mo, na, pa, daw(raw) , din(rin)) 의 단어가 문장에 포함되는 경우, ba는 이 단어들의 뒤에 위치한다.

May oras ka ba bukas ng gabí?
[마이 오-라스 까 바 부-까스 낭 까비?]
내일 저녁 때 시간 있어?

May oras pô ba kayó samakalawá ng tanghalì?
[마이 오-라스 뽀' 바 까요 사마깔라와 낭 땅하-ㄹ리'?]
모레 점심 때 시간 있으십니까?

Anó ang gágawín mo bukas ng umaga?
[아노 앙 가-가윈 모 부-까스 낭 우마-가?]
내일 아침에 뭐 할 예정이야?

Nagkákaroón ka ba ng balak bukas ng hapon?
[낙까-까로온 까 바 낭 바-ㄹ락 부-까스 낭 하-뽄?]
내일 오후에 계획 있어?

Gustó kong mákíta kitá bukas ng gabí.
[구스또 꽁 마-끼-따 끼따 부-까스 낭 가비]
내일 저녁에 너를 만나고 싶다.

Gustó kong mákíta kayó samakalawá.
[구스또 꽁 마-끼-따 까요 사마깔라와]
모레 당신을 뵙고 싶습니다.

Puwede pô ba akóng bumisita sa bahay ninyó mámayáng hapon.
[뿌웨-데 뽀' 바 아꽁 부미시-따 사 바-하이 닌요 마-마양 하-뽄?]
오늘 오후에 당신의 집을 방문해도 되겠습니까?

Gustó kong dumalaw sa opisina mo bukas ng hapon.
[구스또 꽁 두마-ㄹ라우 사 오삐시-나 모 부-까스 낭 하-뽄]
나는 내일 오후에 너의 사무실을 방문하고 싶다.

Gustó kong kumbidahín kitá sa hapunan bukas.
[구스또 꽁 꿈비다힌 끼따 사 하뿌-난 부-까스]
너를 내일 저녁식사에 초대하고 싶다.

Maáarì ka bang pumuntá dito bukas ng tanghalì?
[마아-아-리' 까 방 뿌문따 디-또 부-까스 낭 땅하-ㄹ리'?]
내일 점심 때 여기로 올 수 있어?

13

(2) 약속하기

Magkita tayo sa alás saís ng gabí bukas.
[막끼-따 따-요 사 알라스 사이스 낭 가비 부-까스]
우리 내일저녁 6시에 만나자.

Dádálaw pô akó sa opisina ninyó sa alás diyés ng umaga sa Huwebes.
[다-다-ㄹ라우 뽀' 아꼬 사 오삐시-나 닌요 사 알라스 지예스 낭 우마-가 사 후웨-베스]
요번 목요일 아침 10시에 당신의 사무실을 방문하겠습니다.

Dádaláwin kitá sa Linggó.
[다-달라-윈 끼따 사 링고]
이번 일요일 너를 방문하겠다.

Dádaláwin namin siyá mámayáng gabí.
[다-달라-윈 나-민 시야 마-마양 가비]
우리는 오늘 저녁 그를 방문할 예정이다.

Sigurado akóng púpuntá sa iyó sa alás kuwatro ng mámayáng hapon.
[시구라-도 아꽁 뿌-뿐따 사 이여 사 알라스 꾸와-뜨로 낭 마-마양 하-뽄]
오늘 오후 4시에 반드시 너에게 가겠다.

Sigurado kang dáratíng sa party bago mag-alás singko ng gabí.
[시구라-도 깡 다-라띵 사 파-티 바-고 막알라스 시-ㅇ꼬 낭 가비]
저녁 6시 전까지 파티에 꼭 도착해야 해.

Tinítiyák kong púpuntá sa lugár na 'yon hanggáng alás dos.
[띠니-띠약 꽁 뿌-뿐따 사 루가르 나 욘 항강 알라스 도스]
두시까지 그 장소에 꼭 가겠다.

Tiyakín mong dáratíng sa bahay ko sa alás siyete ng gabí.
[띠야낀 몽 다-라띵 사 바-하이 꼬 사 알라스 시예-떼 낭 가비]
저녁 7시에 내 집에 꼭 오너라.

Tiyakín mong sásáli sa birthday party ko, ha?.
[띠야낀 몽 사-사-ㄹ리 사 버쓰데이 파-티 꼬, 하?]
내 생일 파티에 꼭 참가해, 알았지?

Ipangakò mong dáratíng hanggáng alá una ng hapon.
[이빵아-꼬 몽 다-라띵 항강 알라 우-나 낭 하-뽄]
너, 오후 1시까지 도착하기로 약속해.

Ipinangángakò ko pong bíbisíta sa opisina ninyó bukas ng tanghalì.
[이삐낭아-ㅇ아-꼬' 꼬 뽕 비-비시-따 사 오삐시-나 닌요 부-까스 낭 땅하-ㄹ리]
내일 점심 때, 당신의 사무실 방문을 약속드립니다.

Nangángakò kamí ng dalaw sa eskuwelahán ninyó bukas.
[낭아-ㅇ아-꼬' 까미 낭 다-ㄹ라우 사 에스꾸웰라한 닌요 부-까스]
우리는 내일 너희들 학교를 방문할 것을 약속한다.

May típánan akó sa ikapitó ng gabí.
[마이 띠-빠-난 아꼬 사 이까삐또 낭 가비]
나는 저녁 7시에 약속이 있습니다.

(3) 약속 취소 및 연기

Talagáng dináramdám kong hindí puwede akó sumali sa party mo.
[딸라강 디나-람담 꽁 힌디' 뿌웨-데 아꼬 수마-ㄹ리 사 파-티 모]
너의 파티에 참석하지 못하게 되어 매우 유감이다.

Ibig kong ipagpaliban ang típánan natin.
[이-빅 꽁 이빡빨리-반 앙 띠-빠-난 나-띤]
우리의 약속을 연기하고 싶습니다.

Nagpaliban akó ng dalaw ng ngayón bukas.
[낙빨리-반 아꼬 낭 다-ㄹ라우 낭 ㅇ아욘 부-까스]
오늘 방문을 내일로 연기했습니다.

Gustó kong kanselahín ang dalaw ko sa iyó.
[구스또 꽁 깐셀라힌 앙 다-ㄹ라우 꼬 사 이요]
당신을 방문하는 것을 취소하고 싶습니다.

Kinanselá ko ang balak ng sáyáwan dahil sa bagyó.
[끼난셀라 꼬 앙 바-ㄹ락 낭 사-야-완 다-힐 사 바교]
태풍 때문에 무도회 계획을 취소했습니다.

Ipagpaliban natin nang isáng linggó ang ating típánan.
[이빡빨리-반 나-띤 낭 이상 링고 앙 아-띵 띠-빠-난]
우리의 약속을 1주일 연기합시다.

Pasyensya ka na. Hindî puwede akó dumalaw sa opisina mo ngayón.
[빠셰-ㄴ샤 까 나. 힌디' 뿌웨-데 아꼬 두마-ㄹ라우 사 오삐시-나 모 ㅇ아욘]
미안해. 나는 오늘 너의 사무실에 갈 수 없어.

13

초대

kumbidá[꿈비다]: 초대(장)

paanyaya[빠안야-야]: 초대(장)

imbitasyón[임비따숀]: 초대장

kaarawán[까아라완]: 생일(파티)

piyesta[삐예-스따]: 축제

pistá[삐스따]: 축제

pagdiriwang[빡디리-왕]: 잔치, 파티

bangkete[방께-떼]: 연회

kasál[까살]: 결혼(식)

salu-salo[사-ㄹ루 사-ㄹ로]: 파티

May gágawín ka ba ngayóng gabí?
[마이 가-가윈 까 바 ㅇ아용 가비?]
오늘 저녁에 무슨 할 일 있어?

May plano ka ba ngayóng hapon?
[마이 쁠라-노 까 바 ㅇ아용 하-뽄?]
오늘 오후에 계획 있어?

Ibig kong kumain kasama ka.
[이-빅 꽁 꾸마-인 까사-마 까]
너하고 함께 식사를 하고 싶다.

Gustó kong makipagsayáw sa iyó bukas ng gabí.
[구스또 꽁 마끼빡사야우 사 이요 부-까스 낭 가비]
내일 저녁 너와 함께 춤추러 가고 싶다.

Puwede ka bang sumali sa hapunan bukas?
[뿌웨-데 까 방 수마-ㄹ리 사 하뿌-난 부-까스]
내일 저녁 식사에 참가할 수 있겠어?

Gustó mo bang maghapunan kasama akó?
[구스또 모 방 막하뿌-난 까사-마 아꼬?]
나하고 저녁식사 하지 않을래?

Gustó kong kumbidahín kayó sa birthday party ko.
[구스또 꽁 꿈비다힌 까요 사 버-쓰데이 파-티 꼬]
저의 생일파티에 당신을 초대하고 싶습니다.

Iníimbitá ko kayó sa aking kaarawán.
[이니-임비따 꼬 까요 사 아-낑 까아라완]
너희들을 내 생일파티에 초대한다.

Inanyayahan ko ang mga kaibigan sa salu-salo.
[인안야야-한 꼬 앙 망아 까이비-간 사 사-ㄹ루 사-ㄹ로]
나는 친구들을 파티에 초대했다.

Nag-anyaya akó ng mga kamag-anak sa kasál namin.
[낙안야-야 아꼬 낭 망아 까-막 아-낙 사 까살 나-민]
우리의 결혼식에 친척들을 초대했다.

Dumaló pô kayó sa piyesta ng aming baranggáy.
[두말로 뽀' 까요 사 삐예-스따 낭 아-밍 바랑가이]
우리 바랑가이 축제에 와 주십시오.

baranggáy[바랑가이]: 최소 단위의 지방자치단체. 우리의 동(洞) 에 해당

Ipinadalá ko ang paanyaya sa iyó. Tinanggáp mo ba 'yan?
[이삐나달라 꼬 앙 빠안야-야 사 이요. 띠낭갑 모 바 얀?]
너한테 초청장 보냈는데, 그거 받았어?

Pinadalhán ko siyá ng imbitasyón para sa kasál ng anák ko.
[삐나달한 꼬 시야 낭 입비따숀 빠-라 사 까살 낭 아낙 꼬]
내 자녀의 결혼식 초대장을 그에게 보냈다.

Tinanggáp ko ang paanyaya ng inyóng pagdiriwang.
[띠낭갑 꼬 앙 빠안야-야 낭 인용 빡디리-왕]
너희들의 축제 초청장을 받았다.

13

Salamát sa kumbidá sa kasáyáhan ng bahay mo.
[살라-맏 사 꿈비다 사 까사-야-한 낭 바-하이 모]
너의 집 잔치에 초대해 주어서 고마워.

레스토랑 식사(실전회화)

〈A, B: 친구, C: 웨이터〉

A : Salamat sa pagdatíng mo, ha?
[살라-맡 사 빡다띵 모, 하?]
와줘서 정말 고마워.

ha: 강조, 확인 등을 의미하는 문미조사.

B : Hoy, hindî. Gustó ko talagáng pumuntá dito.
[호이, 힌디'. 구스또 꼬 딸라강 뿌문따 디-또]
아-, 아니야. 정말로 여기에 와보고 싶었어.

A : Bakit? Gustó mo ba ang pagkain dito?
[바-낕? 구스또 모 바 앙 빡까-인 디-또?]
왜 그렇지? 여기 음식을 좋아하는 거야?

B : Oo, at gustó ko ang serbis dito.
[오-오, 앝 구스또 꼬 앙 서-비스 디-또]
맞아, 그리고 여기 손님접대 하는 거 마음에 들어.

A : Iyóng damít ng mga weyter gustó mo, dî ba?
[이용 다밑 낭 망아 웨이터 구스또 모, 디' 바?]
웨이터들이 입고 있는 옷을 좋아하는구나, 안 그래?

B : Hoy, palabirò ka palá!
[호이, 빨라비-로' 까 빨라!]
허-, 농담 잘하는 건 여전하네!

pala~[빨라~]: 어근의 의미에 "습관, 경향, 좋아 함" 등의 의미를 부가하는 명사 또는 형용사용 접두사.

Ex) palabirò[빨라비-로']: 습관적으로 농담하는 (사람)
palainóm[빨라이놈]: 애주가, 모주가
palasimbá[빨라심바]: 습관적으로 교회에 가는 사람

13

A : Hindí, nag-éenjoy lang.

[힌디' 낙에-엔조이 랑]

아니, 그냥 즐기는 것뿐이야.

Ay nakú, nalimutan ang order ng pagkain!

[아이 나꾸, 날리무-딴 앙 오-더 낭 빡까-인]

이런, 음식 주문하는 걸 잊었네!

Weyter, ákina ngâ ang menú.

[웨이터, 아-끼나 ㅇ아' 앙 메뉴]

웨이터, 메뉴 좀 갖다 주세요.

ákina ngâ[아-끼나 ㅇ아']: 실제 대화에서는 [아끼낭아']로 발음되며, ngâ는 명령형 문장을 부드럽게 요구하는 의미를 갖게 한다.

C : Heto pô ang menú. Anó ang order ninyó?

[헤-또 뽀' 앙 메뉴. 아노 앙 오-더 닌요?]

여기 메뉴 있습니다. 무엇을 주문하시겠습니까?

〈식사 끝나고〉

A : Anó, uwî na tayo?

[아노, 우위' 나 따-요?]

자, 이제 돌아갈까?

anó[아노]는 의문대명사로서 "무엇"이라는 의미 외에도, 대화에서 본론을 말하기 전에 주의를 불러일으키는 "자–, 그런데" 등의 의미로도 사용된다.

B : Oo, tayo na.

[오-오, 따-요 나]

그래, 이제 가자.

A : Weyter, tapós na kamí. Pakikuwenta ngâ.

[웨이터, 따뽀스 나 까미. 빠끼꾸웨-ㄴ따 ㅇ아']

웨이터, 식사 끝났어요. 계산서 부탁해요.

C : Heto pô ang kuwenta ninyó.

[헤-또 뽀' 앙 꾸웨-ㄴ또 닌요]

여기 손님 계산서입니다.

A : Akó na ang magbábáyad.
[아꼬 나 앙 막바-바-얃]
내가 계산하지.

B : Hoy, hindî! akó na.
[호이, 힌디! 아꼬 나]
어, 아니야! 내가 계산할게.

A : Akó ngayón, ikáw sa súsunód.
[아꼬 ㅇ아욘, 이까우 사 수-수녿]
요번에는 내가 하고, 다음에 네가 해.

B : O sige. Sa súsunód akó namán.
[오 시-게. 사 수-수녿 아꼬 나만]
그렇게 해. 다음에는 필히 내가 하지.

A : Weyter, heto ang bayad. Itagò mo ang suklî.
[웨이터, 헤-또 앙 바-얃. 이따-고' 모 앙 수끌리']
웨이터, 여기 요금일세. 잔돈은 갖게.

C : Maraming salamat pô.
[마라-밍 살라-맡 뽀']
대단히 감사합니다.
Nais ko pong mákíta kayó ulî agád.
[나이스 꼬 뽕 마-끼-따 까요 울리' 아갇]
곧 다시 뵙기를 희망합니다.

A : Sa súsunód, magpapagutom muna akó.
[사 수-수녿, 막빠빠구-똠 무-나 아꼬]
다음에는 오기 전에 많이 굶어야지.

B : Oo ngâ tamà. akó rin.
[오-오 ㅇ아' 따-마'. 아꼬 린]
그래 맞아. 나도 그럴 거야.

데이트

kaibigan[까이비-간]: 친구

pagkakaibigan[빡까까이비-간]: 우정

pag-ibig[빡이-빅]: 사랑

pagmamahál[빡마마할]: 사랑

pusò[뿌-소']: 가슴, 심장, 마음

halík[할릭]: 키스

yakap[야-깝]: 포옹

yapós[야뽀스]: 포옹

ligaw/pagligaw[리-가우/빡리-가우]: 청혼, 구애

kaibigang lalaki[까이비-강 랄라-끼]: 여자 친구

kaibigang babae[까이비-강 바바-에]: 남자 친구

pusong bató[뿌-송 바또]: 무정한(돌과 같은) 마음

mahál/sintá/giliw/irog/hirang[마할/신따/기-ㄹ리우/이-록/히-랑]: 애인, 연인

Gustó kitá.
[구스또 끼따]
당신을 좋아한다.

May gustó akó sa iyó.
[마이 구스또 아꼬 사 이요]
당신에게 호감이 있다.

Gustó kitáng tawagan. Anó ang númeró ng selpon mo.
[구스또 끼땅 따와-간. 아노 앙 누-메로 낭 세-ㄹ뽄 모?]
당신에게 전화하고 싶다. 당신의 핸드폰 번호가 무엇이냐?

Gustó kitáng mákíta.
[구스또 끼땅 마-끼-따]
당신을 만나고 싶다.

Mahál kitá./Minámahál kitá.
[마할 끼따/미나-마할 끼따]
당신을 사랑한다.(사랑해.)

Mahál na mahál kitá.
[마할 나 마할 끼따]
당신을 많이 사랑한다.

Mis kitá./Namímis kitá.
[미스 끼따/나미-미스 끼따]
당신이 그립다.(보고 싶다.)

Mis kitá talagá.
[미스 끼따 딸라가]
당신이 정말 그립다(보고 싶다) .

Mis na mis kitá.
[미스 나 미스 끼따]
당신이 매우 보고 싶다.

Araw at gabí, iníísip kitá lamang.
[아-라우 앝 가비. 이니-이-싶 끼따 라-망]
밤낮으로 당신 생각만 하고 있다.

Kahít násaán akó, ikáw ang lamán ng isip ko.
[까힡 나-사안 아꼬, 이까우 앙 라만 낭 이-싶 꼬]
나는 어디에 있더라도, 내 생각은 당신으로 채워져 있다.

Ikáw ang lahát sa akin.
[이까우 앙 라핱 사 아-낀]
당신은 나에게 전부이다.

Gustó kitáng yakapin.
[구스또 끼땅 야까-삔]
당신을 껴안고 싶어요.

Gustó kitáng halikán sa labì mo.
[구스또 끼땅 할리깐 사 라-비' 모]
너의 입술에 키스하고 싶다.

13

Ikáw ang bigáy ng Maykapál sa akin.
[이까우 앙 비가이 낭 마이까빨 사 아-낀]
당신은 나에게 주어진 하느님의 선물이다.

Bawat pagkakátaón, ang ibigin ko ay ikáw.
[바-왙 빡까까-따온, 앙 이비-긴 꼬 아이 이까우]
모든 순간순간 나의 사랑은 당신이다.

Magpakailanpamán tanging ikáw lamang.
[막빠까일란빠만 따-ㅇ잉 이까우 라-망]
영원히 오직 당신뿐이다.

Habang-buhay kang áalagáan.
[하-방 부-하이 깡 아-알라가-안]
평생 당신을 돌보겠다.

Ang pag-ibig ko sa iyó ay magpakailanpamán.
[앙 빡이-빅 꼬 사 이요 아이 막빠까일란빠만]
당신에 대한 나의 사랑은 영원할 것이다.

Damdamin ko sa iyó ay hindî magbábágo.
[담다-민 꼬 사 이요 아이 힌디' 막바-바-고]
당신에 대한 나의 마음은 변치 않을 것이다.

Walâ na ibáng pag-ibig sa aking pusò.
[왈라' 나 이방 빡이-빅 사 아-낑 뿌-소']
나의 마음에는 더 이상 다른 사랑은 없다.

Kung may pag-asa ng bukas pa, dahil may isáng ikáw.
[꿍 마이 빡아-사 낭 부-까스 빠, 다-힐 마이 이상 이까우]
내일의 희망이 아직도 있다면, 그것은 당신이라는 존재가 있기 때문이다.

Kahít na nákikita kitá, gustó ko pang mákíta kitá.
[까힡 나 나-끼끼따 끼따, 구스또 꼬 빵 마-끼-따 끼따]
너를 보고 있어도, 그래도 여전히 보고 싶다.

Huwág sana akóng kalimutan.
[후왁 사-나 아꽁 깔리무-딴]
제발 나를 잊지 마세요.

Kaya kong ialay ang lahát sa iyó.
[까-야 꽁 이아-ㄹ라이 앙 라핱 사 이요]
나는 너에게 모든 것을 바칠 수 있다.

Ang pag-ibig na iniáálay ko ay wagás at waláng pagkukunwarì.
[앙 빡이-빅 나 이니아-아-ㄹ라이 꼬 아이 와가스 앝 왈랑 빡꾸꾼와-리']
내가 바치는 사랑은 순수하고 가식이 없다.

Pag-ibig ko sa iyó ay tunay at totoó.
[빡이-빅 꼬 사 이요 아이 뚜-나이 앝 또또오]
너에 대한 나의 사랑은 정말로 진실하다.

Íibígin kitá hanggáng kabiláng buhay.
[이-이비-긴 끼따 항강 까빌랑 부-하이]
나는 너를 저 세상까지(영원히) 사랑하겠다.

13

데이트(실전회화)

〈**A**: 남자, **B**: 여자, 관계: 연인사이, 전화 통화중〉

A: Libré ka ba sa Sábado at Linggó?
[리브레 까 바 사 사-바도 앝 링고]
요번 주말에 시간 있어?
Ibig kong magdeyt sa 'yo.
[이-빅 꽁 막데이트 사 요]
너랑 데이트 하고 싶어.

B: Anó ang balak mo?
[아노 앙 바-ㄹ랔 모?]
계획이 뭔데?

A: Muna magháhapúnan tayo sa restaurán, tapos dádaló sa sáyáwan.
[무-나 막하-하뿌-난 따-요 사 레스따우란, 따-뽀스 다-달로 사 사-야-완]
우선 레스토랑에서 저녁식사를 하고나서 춤추러 갈 예정이야.

B: Mukháng kasiyá-siyá palá. Ok, magkakápanahón akó.
[묶항 까시야 시야 빨라. 오케이, 막까까-빠나혼 아꼬]
정말 재미있을 거 같다. 그래, 시간 낼게.

A: At sakâ nais kong matulog na kasama ka.
[앝 사-까' 나이스 꽁 마뚜-ㄹ록 나 까사-마 까]
그리고 너와 함께 자고 싶어.

B: Kung gayón, huwág mong malimutan ang kondom.
[꿍 가욘, 후왁 몽 말리무-딴 앙 콘돔]
그렇다면 콘돔 가져오는 거 잊지 마.
Kailangang mag-ingat tayo tungkól sa AIDS at pagbubuntís din.
[까일라-ㅇ앙 막이-ㅇ앝 따-요 뚱꼴 사 에이즈 앝 빡부분띠스 딘]
에이즈 그리고 임신에 대해서도 우리는 조심해야 해.

A: Tamà! Hindî tayo dapat sumuóng sa panganib.

[따-마'! 힌디' 따-요 다-빹 수무옹 사 빵아-닙]

맞아! 우리는 위험을 무릅써선 안 돼.

Iyán ang sinásábi ng lahát, e.

[이얀 앙 시나-사-비 낭 라핱, 에]

모든 사람들이 그렇게 말하잖아.

B: Súsunduín mo ba akó?

[수-순두인 모 바 아꼬?]

나 데리러 올 예정이야?

A: Oo, súsunduín kitá sa alás singko ng hapon, Sábado.

[오-오, 수-순두인 끼따 사 알라스 시-ㅇ꼬 낭 하-뽄, 사-바도]

응, 토요일 오후 5시에 데리러 갈게.

B: Salamat! Mahál kitá.

[살라-맡! 마할 끼따]

고마워. 사랑해.

청혼, 약혼, 결혼

ligaw[리-가우]: 구애

asawa[아사-와]: 배우자

kasál[까살]: 결혼(식)

nobyo[노-비요]: 약혼한 남자

nobya[노-비야]: 약혼녀

abay[아-바이]: 결혼식 들러리

pulút-gatâ[뿔롯 가따']: 밀월, 신혼여행

kásálan/pagkakasál[까-사-ㄹ란/빡까까살]: 결혼식

babaeng(lalaking) bagong kasál[바바-엥(랄라-낑) 바-공 까살]: 신부(신랑)

alók na pagpapakasál[알록 나 빡빠빠까살]: 청혼

abay na babae[아-바이 나 바바-에]: 신부 들러리

abay na lalaki[아-바이 나 랄라-끼]: 신랑 들러리

kásunduang pakasál[까-순두앙 빠까살]: 약혼

buhay may-asawa[부-하이 마이 아사-와]: 결혼생활

buhay na waláng-asawa[부-하이 나 왈랑 아사-와]: 독신생활

Manlílígaw akó kay Helen.
[만리-리-가우 아꼬 까이 헬렌]
나는 헬렌에게 청혼할 예정이다.

Niligawan ko si Daisy.
[닐리가-완 꼬 시 데이지]
나는 데이지에게 청혼했다.

Tanggapín mo ang alók na pagpapakasál ko.
[땅가삔 모 앙 알록 나 빡빠빠까살 꼬]
나의 청혼을 받아 줘.

Tinanggáp ko ang alók na pagpapakasál niyá.
[띠낭갚 꼬 앙 알록 나 빡빠빠까살 니야]
나는 그의 청혼을 받아들였다.

Tayo ay may kásunduang pakasál.
[따-요 아이 마이 까-순두앙 빠까살]
우리는 약혼 했습니다.

Ikinasál silá ng parì.
[이끼나살 실라 낭 빠-리']
신부님이 그들의 결혼식에 주례를 하였다.

Sino ang magkákasál sa kanilá?
[시-노 앙 막까-까살 사 까닐라?]
누가 그들의 결혼식에 주례를 합니까?

Kailán kayó pakákasál?
[까일란 까요 빠까-까살?]
당신들은 언제 결혼할 예정입니까?

Saán at kailán gágawín ang kasál?
[사안 앋 까일란 가-가윈 앙 까살?]
결혼식은 언제, 어디서 거행됩니까?

Sino ang abay mo sa iyóng kasál?
[시-노 앙 아-바이 사 이용 까살?]
너의 결혼식에 들러리는 누구냐?

Inabayan ko ang nobyo.
[인아바-얀 꼬 앙 노-비요]
나는 신랑의 들러리를 섰다.

Sinu-sino ang mga ninong at ninang sa kasál?
[시-누 시-노 앙 망아 니-농 앋 니-낭 사 까살?]
결혼식 대부 대모님들은 누구누구입니까?

Pinakasalán ko si Daisy.
[삐나까살란 꼬 시 데이지]
나는 데이지와 결혼했습니다.

Dumaló akó sa kanyáng kasál.
[두말로 아꼬 사 깐양 까살]
나는 그들의 결혼식에 참석했습니다.

13

Magpulút-gatâ silá sa Borakay.
[막뿔룯 가따' 실라 사 보라-까이]
그들은 신혼여행을 보라카이에서 보냈다.

Maligaya ang kaniláng buhay na may-asawa.
[말리가-야 앙 까닐랑 부-하이 나 마이 아사-와]
그들의 결혼생활은 행복하다.

조문 및 장례

punerarya[뿌네라-랴]: 장례식장

sementeryo[세멘떼-료]: 공동묘지

lamay[라-마이]: 철야 추모식

puntód[뿐똗]: 무덤, 묘

kabaong[까바-옹]: 관

ataúl[아따울]: 관

líbíngan[리-비-ㅇ안]: 매장지, 무덤

bangkáy[방까이]: 시신, 사체

burol[부-롤]: 시신의 안치

libíng[리빙]: 매장, 매장식

makiramay[마끼라-마이]: 애도를 표하다

abuloy[아부-ㄹ로이]: 조의금, 축의금, 기부금

Nábalitáan kong namatáy ang inyóng Nanay.
[나-발리따-안 꽁 나마따이 앙 인용 나-나이]
당신의 어머니가 돌아가셨다는 소식을 들었습니다.

Nakíkirámay akó.
[나끼-끼라-마이 아꼬]
삼가 조의를 표합니다.

Nakiramay akó sa kanyá kagabí.
[나끼라-마이 아꼬 사 깐야 까가비]
저는 어젯밤에 그에게 조의를 표했습니다.

Nápakasobra akóng malungkót nang máriníg ang kanyáng kamatayan.
[나-빠까소브라 아꽁 말룽꼳 낭 마-리닉 앙 깐양 까마따-얀]
그가 죽었다는 소식을 들었을 때 저는 매우 슬펐습니다.

nang[낭] : ~ 때(과거에 발생한 일을 서술할 때 사용하는 종속접속사로서 문장 내의 동사는 부정사를 사용한다)

Nagbigáy akó ng kontíng abuloy sa pamilya ng namatáy.
[낙비가이 아꼬 낭 꼰띵 아부-ㄹ로이 사 빠미-ㄹ랴 낭 나마따이]
유족에게 약간의 조의금을 드렸습니다.

Inilagáy nilá ang bangkáy sa ataúl.
[이닐라가이 닐라 앙 방까이 사 아따울]
그들은 시신을 관에 안치하였습니다.

Ang kanyáng bangkáy ay nakaburol sa punerarya.
[앙 깐양 방까이 아이 나까부-롤 사 뿌네라-랴]
그의 시신은 장례식장에 안치되어 있습니다.

Kailán ang libíng sa Nanay niyáng namatáy?
[까일란 앙 리빙 사 나-나이 니양 나마따이?]
그의 돌아가신 모친의 시신 매장은 언제입니까?

Ang patáy ay ilílibíng sa Linggó.
[앙 빠따이 아이 일리-리빙 사 링고]
시신은 요번 일요일 묻힐 것입니다.

Ang líbíngan ay nasa sementeryong Katólikó.
[앙 리-비-ㅇ안 아이 나-사 세멘떼-룡 까또-ㄹ리꼬]
묘지는 천주교 공동묘지입니다.

Dinalaw namin ang kanyáng líbíngan kahapon.
[디나-ㄹ라우 나-민 앙 깐양 리-비-ㅇ안 까하-뽄]
우리는 어제 그의 묘지를 찾아 보았습니다.

13

14 통신

우체국

Iturò pô ninyó kung saán ang tanggapan ng koreo rito.
[이뚜-로‘ 뽀‘ 닌요’ 꿍 사안 앙 땅가-빤 낭 꼬레-오 리-또]
이 근처에 우체국이 어디 있는지 가르쳐 주십시오.

Gustó kong ipadalá ang sulat sa pos-opis.
[구스또 꽁 이빠달라 앙 수-ㄹ랕 사 뽀스오-삐스]
우체국에 가서 편지를 붙이고 싶습니다.

Saán ang pinakamalapit na busón?
[사안 앙 삐나까말라-삩 나 부손?]
가장 가까운 우체통은 어디에 있습니까?

Alín ang kawnter na dapat kong puntahán upang bilhín ang selyo?
[알린 앙 카운터 나 다-빹 꽁 뿐따한 우-빵 빌힌 앙 세-ㄹ료?]
우표를 살려면 어느 카운터로 가야 합니까?

Magkano ang selyo para sa sulat na itóng patungo sa Korea?
[막까-노 앙 세-ㄹ료 빠-라 사 수-ㄹ랕 나 이똥 빠뚜-ㅇ오 사 코리아?]
한국으로 보낼 이 편지의 우표 값은 얼마입니까?

Nais kong ipadalá itó sa koreong-panghimpapawíd.
[나이스 꽁 이빠달라 이또 사 꼬레-옹 빵힘빠빠윋]
이것을 항공우편으로 보내고 싶습니다.

Ipadalá pô ninyó sa ekspres ang sulat na itó.
[이빠달라 뽀 닌요 사 엑스쁘레스 앙 수-ㄹ랕 나 이또]
이 편지를 속달로 보내 주십시오.

Magkano ang paketeng itó sa rehistradong koreo.
[마까-노 앙 빠께-뗑 이또 사 레히스뜨라-동 꼬레-오]
이 소포를 등기로 보내면 얼마입니까?

Dikitán ninyó ng selyo ang sobre.
[디끼딴 닌요 낭 세-ㄹ료 앙 소-브레]
봉투에 우표를 붙이십시오.

Maáarì ba akóng magpadalá ng paksímilé rito?
[마아-아-리' 바 아꽁 막빠달라 낭 빡시-밀레 리-또?]
여기에서 팩스를 보낼 수 있습니까?

Magkano ang bawat páhiná?
[막까-노 앙 바-왇 빠-히나?]
한 페이지에 얼마입니까?

14

전화

May silíd ng telépono ba sa paligid na itó?
[마이 실릳 낭 뗄레-뽀노 바 사 빨리-긷 나 이또?]
이 근처에 공중전화가 있습니까?

Saán akó maáàring kumuha ng kard ng telépono?
[사안 아꼬 마아-아-링 꾸무-하 낭 카-드 낭 뗄레-뽀노?]
어디서 전화카드를 구할 수 있습니까?

Nawalâ ko ang aking telépono, maáarì ko bang hiramín ang iyó?
[나왈라' 꼬 앙 아-낑 뗄레-뽀노, 마아-아-리' 꼬 방 히라민 앙 이요?]
제 전화를 잃어 버렸습니다. 당신 것을 좀 빌릴 수 있습니까?

Mayroón pô ba kayóng direktoryo ng telépono?
[마이로온 뽀' 바 까용 디렉또-료 낭 뗄레-뽀노]
전화번호부 가지고 계십니까?

Gustó kong bumilí ng SIM kard.
[구스또 꽁 부밀리 낭 심 카-드]
심 카드를 사고 싶습니다.

Saán akó puwedeng magload ng selpon?
[사안 아꼬 뿌웨-뎅 막로-드 낭 셀뽄?]
어디서 핸드폰에 통화요금을 채울 수 있습니까?

Walâ na akóng bateryá.
[왈라' 나 아꽁 바떼랴]
배터리가 다 떨어졌습니다.

Saán ko puwedeng i-charge ang selpon ko?
[사안 꼬 뿌웨-뎅 이차-지 앙 셀뽄 꼬?
어디서 제 핸드폰 배터리를 충전할 수 있습니까?

전화 통화

Heló! Itó ba ang Númeró 351-6489(tatló-limá-isá-anim-apat-waló-siyám) ?
[헬로! 이또 바 앙 누-메로 따뜰로 리마 이사 아-님 아-빧 왈로 시얌?]
여보세요. 351–6489번입니까?

Sino pô silá?
[시-노 뽀 실라?]
누구십니까?

Opò, sino pô ba ang ibig ninyóng mákaúsap?
[오-뽀', 시-노 뽀' 바 앙 이-빅 닌용 마-까우-삽?]
그렇습니다. 누구와 통화하기를 원하십니까?

Dinádamdám ko, malî ang idinayal kong númeró.
[디나-담담 꼬, 말리' 앙 이디나-얄 꽁 누-메로]
미안합니다, 번호를 잘못 눌렀습니다.

Puwede bang mákaúsap si G. Smith?
[뿌웨-데 방 마-까우-삽 시 기노옹 스미쓰?]
스미쓰씨와 통화할 수 있습니까?

Náriyán pô ba si G. Smith?
[나-리얀 뽀' 바 시 기노옹 스미쓰?]
스미쓰씨 계십니까?

Náritó pô. Mag-antáy kayóng sandalî.
[나-리또 뽀'. 막안따이 까용 산달리']
예, 있습니다. 잠깐만 기다리세요.

Pakisabi ninyó lamang na akó'y tumawag.
[빠끼사-비 닌요 라-망 나 아꼬이 뚜마-왁]
저가 전화했다고 전해주세요.

Pakisabi ninyó lamang na tawagan akó pag balík niyá.
[빠기사-비 닌요 라-망 나 따와-간 아꼬 빡 발릭 냐]
그가 돌아오면 저에게 전화해 달라고 전해주세요.

14

Tumawag kayó ng isáng marunong ng Inglés.
[뚜마-왁 까요 낭 이상 마루-농 낭 잉글레스]
영어를 할 수 있는 사람을 불러주세요.

May nagsásalitâ ba ng Inglés?
[마이 낙사-살리따' 바 낭 잉글레스?]
영어하는 분 계십니까?

Huwág ninyó munang ibábabâ ang telépono.
[후왁 닌요 무낭 이바-바바' 앙 뗄레-뽀노]
전화를 끊지 마세요.

Laksán ninyó nang kontî. Hindî máriníg na mabuti.
[락산 닌요 낭 꼰띠' 힌디' 마-리닉 나 마부-띠]
좀 더 큰 소리로 말해주세요. 잘 들리지 않습니다.

인터넷

Anó ang iyóng emeyl adres?
[아노 앙 이용 이메일 아드레스?]
당신 이메일 주소가 무엇입니까?

Heto ang adres ko.
[헤-또 앙 아드레스 꼬]
저의 주소입니다.

Maáarì ba kitáng maiemeyl?
[마아-아-리' 바 끼땅 마이이메일?]
너에게 이메일 보내도 돼?

Íi-meylán mo ba akó?
[이-이메일란 모 바 아꼬?]
나한테 이메일 보낼꺼야?

Mag-chat tayo sa Yahoo Messinger mámayáng gabí.
[막챝 따-요 사 야후 메씬저 마-마양 가비]
오늘밤 우리 야후 메신저에서 채팅하자.

Anóng oras ka mag-óonline?
[아농 오-라스 까 막오-온라인?]
몇 시에 인터넷에 접속할꺼야?

Maáarì ba kitáng magíng kaibigan sa Facebook?
[마아-아-리' 바 끼땅 마깅 까이비-간 사 페이스북?]
페이스북에서 당신의 친구가 될 수 있습니까?

Anó ang ID mo sa Facebook?
[아노 앙 아이디 모 사 페이스북?]
너의 페이스북 주소가 무엇이냐?

Huwág mo akóng kalimutang i-add sa Facebook.
[후왁 모 아꽁 깔리무-땅 이애드 사 페이스북]
나를 페이스북에 추가하는 거 잊지 마.

Ipópost ko ang mga larawan sa Facebook.
[이포-포스트 꼬 앙 망아 라라-완 사 페이스북]
페이스북에 사진들을 올리겠습니다.

Gustó kong mákíta kitá sa webkam.
[구스또 꽁 마-끼-따 끼따 사 웹캠]
웹카메라로 너를 보고 싶다.

14

15 병

병명

sakít[사낕]: 병

sipón[시뽄]: 감기

ubó[우보]: 기침

lagnát[라그낱]: 열

trangkaso[뜨랑까-소]: 독감

kursó[꾸르소]: 설사

sakít ng ulo[사낕 낭 우-ㄹ로]: 두통

tibí[띠비]: 변비

kabag[까-박]: 위장에 가스가 참

empatso[엠빠-초]: 소화불량

sakít sa pusò[사낕 사 뿌-소']: 심장병

artritis[아르뜨리-띠스]: 관절염

kanser[까-ㄴ서]: 암

tisis[띠-시스]: 결핵

altapresyón[알따쁘레숀]: 고혈압

sugat[수-같]: 상처

insómniyá[인소-ㅁ니야]: 불면증

diyabetis[디야베-띠스]: 당뇨

ngiki/pangiki[ㅇ이-끼/빵이-끼]: 오한

apendisitis[아뻰디시-띠스]: 맹장염

sakít sa tiyán[사낕 사 띠얀]: 위통

pasò[빠-소']: 화상

tumór[뚜모르]: 종양, 종기

gasgás[가스가스]: 타박상

sakít sa atáy[사낕 사 아따이]: 간염

hikà[히-까‘]: 천식

balì ng butó[바-ㄹ리‘ 낭 부또]: 골절

epilepsya[에삘레-ㅍ샤]: 간질

atake sa pusò[아따-께 사 뿌-소‘]: 심장발작

Masamâ ang pakiramdám ko.
[마사마‘ 앙 빠끼람담 꼬]
찌뿌듯하게 기분이 안 좋습니다.

Masamáng-masamâ ang katawán ko.
[마사망 마사마‘ 앙 까따완 꼬]
몸이 많이 아픕니다.

15

Masakít ang ulo ko.
[마사낕 앙 우-ㄹ로 꼬]
머리가 아파요.

Masakít ang lalamunan ko.
[마사낕 앙 랄라무-난 꼬]
목(식도) 이 아픕니다.

Násuká akó kaninang umaga.
[나-수까 아꼬 까니-낭 우마-가]
오늘 아침에 토했어요.

Para akóng másusuká.
[빠-라 아꽁 마-수수까]
토할 것 같습니다.

Nilálagnát akó ng sobra.
[닐라-라그낱 아꼬 낭 소-브라]
열이 너무 많이 납니다.

Gaano katagál na ang iyóng nárararamdamán?
[가아-노 까따갈 나 앙 이용 나-라람다만?]
당신의 증세는 얼마나 되었습니까?

Nagkasipón akó.
[낙까시뽄 아꼬]
감기에 걸렸습니다.

May ubó at sipón akó.
[마이 우보 앝 시뽄 아꼬]
기침감기를 앓고 있습니다.

May ngiki akó.
[마이 ㅇ이-끼 아꼬]
오한이 납니다.

Palagáy ko ay magkákasipón akó.
[빨라가이 꼬 아이 막까-까시뽄 아꼬]
감기가 오고 있는 것 같습니다.

Sinísipón akó nang mahigít na dalawáng linggó.
[시니-시뽄 아꼬 낭 마히깉 나 달라왕 링고]
저는 2주 이상 감기를 앓고 있습니다.

Mag-ingat ka sa sipón.
[막이-ㅇ앝 까 사 시뽄]
감기 조심해라.

May pangiki ang batà.
[마이 빵이-끼 앙 바-따']
그 아이는 오한을 앓고 있다.

May apendisitis siyá.
[마이 아뻰데시-띠스 시야]
그는 맹장염을 앓고 있다.

Si Smith ay may hikà.
[시 스미쓰 아이 마이 히-까']
스미쓰는 천식을 앓고 있다.

Inilagáy niyá sa sugat ng braso ang benda.
[이닐라가이 니야 사 수-갇 낭 브라-소 앙 베-ㄴ다]
그는 팔의 상처에 붕대를 감았다.

May tumór siyá sa utak.
[마이 뚜모르 시야 사 우-딱]
그는 뇌에 종양을 가지고 있다.

Nagkaroón siyá ng gasgás sa bintî.
[낙까로온 시야 낭 가스가스 사 빈띠']
그는 종아리에 타박상을 입었다.

Iyón ay isáng sakít na talamák.
[이욘 아이 이상 사낃 나 딸라막]
저 병은 하나의 만성병이다.

May tuyóng ubó akó.
[마이 뚜용 우보 아꼬]
마른기침이 납니다.

Akó'y nakagát ng aso.
[아꼬이 나까갇 낭 아-소]
저는 개에 물렸습니다.

Akó'y natukláw ng ahás.
[아꼬이 나뚜끌라우 낭 아하스]
저는 뱀에 물렸습니다.

병원, 의사

ospitál[오스삐달]: 병원

pasyente[빠시예-ㄴ떼]: 환자

operasyón[오뻬라시욘]: 수술

reseta[레세-따]: 처방

manggagamot[망가가-몯]: 의사

doktór[독또르]: 남자 의사

doktora[독또-라]: 여자 의사

nars[나르스]: 간호원

tipo ng dugô[띠-뽀 낭 두고']: 혈액형

rikonosí[리꼬노시]: 진단

pagbubuntís[빡부분띠스]: 임신

maysakít[마이사낕]: 환자

Saán ang ospitál dito?
[사안 앙 오스삐딸 디-또?]
이 근처에 병원이 어디 있습니까?

Siyá ay mabaít at mahusay na doktór.
[시야 아이 마바잍 앝 마후-사이 나 독또르]
그는 친절하고 유능한 의사이다.

Itawag mo akó ng doktór ngayón din.
[이따-왁 모 아꼬 낭 독또르 ㅇ아욘 딘]
지금 즉시 나에게 의사를 불러 주게.

Pakitawag mo ang doktór sa akin ngayón din.
[빠끼따-왁 모 앙 독또르 사 아-낀 ㅇ아욘 딘]
지금 즉시 나에게 의사를 불러 주기를 부탁하네.

Pakitawag pô ninyó ang doktór sa akin.
[빠끼따-왁 뽀' 닌요 앙 독또르 사 아-낀]
나에게 의사를 불러 주시기를 부탁드립니다.

Magpatawag kayó ng doktór agád.
[막빠따-왁 까요 낭 독또르 아갇]
빨리 의사를 부르러 사람을 보내세요.

Maáarì ba akóng gumawâ ng pakikipagkita sa doktór?
[마아-아-리' 바 아꽁 구마와' 낭 빠끼끼빡끼-따 사 독또르?]
의사와 상담예약을 할 수 있습니까?

May pakikipagkita akó sa doktór sa alás dos.
[마이 빠끼끼빡끼-따 아꼬 사 독또르 사 알라스 도스]
2시에 의사와 상담예약을 했습니다.

Gustó kong mákaúsap ang isáng doktora.
[구스또 꽁 마-까우-삽 앙 이상 독또-라]
여자 의사와 상담하고 싶습니다.

Anó ang tipo ng dugô ninyó?
[아노 앙 띠-뽀 낭 두고' 닌요?]
혈액형이 무엇입니까?

Nagkaroón akó minsan ng atake sa pusò.
[낙까로온 아꼬 미-ㄴ산 낭 마따-께 사 뿌-소']
저는 전에 한 번 심장발작을 일으킨 적이 있습니다.

Nagkaroón akó ng operasyón sa sikmurà.
[낙까로온 아꼬 낭 오뻬라숀 사 식무-라']
저는 전에 위 수술을 받은 적이 있습니다.

15

May sakít kang nakuha sa pagtatalik.
[마이 사낕 깡 나꾸-하 사 빡따따-ㄹ릭]
당신은 성병에 걸렸습니다.

Ang pagpapahingá ay makabúbúti sa maysakít.
[앙 빡빠빠힝아 아이 마까부-부-띠 사 마이사낕]
휴식을 취하는 것이 환자에게 도움이 될 것입니다.

약국, 약

gamót[가뫁]: 약

parmasya[빠르마-샤]: 약국

botika[보띠-까]: 약국, 약방

antibayótiko[안티바요-띠꼬]: 항생제

reseta[레세-따]: 처방

gamót na tubig[가뫁 나 뚜-빅]: 물약

gamót na pulbós[가뫁 나 뿔보스]: 가루약

tableta[따블레-따]: 알약

gamót sa sipón[가뫁 사 시뽄]: 감기약

pampatulog[빰빠뚜-록]: 수면제

gamót sa lagnát[가뫁 사 라그낱]: 해열제

gamót sa tibí[가뫁 사 띠비]: 변비약

gamót sa kursó[가뫁 사 꾸르소]: 설사약

bitamina[비따미-나]: 비타민

gamót sa pusò[가뫁 사 뿌-소']: 강심제

gamót para hindî magbuntís buntís[가뫁 빠-라 힌디' 막분띠스]: 피임약

gamót na pampatunaw[가뫁 나 빰빠뚜-나우]: 소화제

gamót sa sakít ng ulo[가뫁 사 사낕 낭 우-ㄹ로]: 두통약

Iturò ninyó sa akin kung saán may malakíng parmasya.
[이뚜-로' 닌요 사 아-낀 꿍 사안 마이 말라낑 빠르마-샤]
어디에 큰 약국이 있는지 아르켜 주세요.

Gustó kong bumilí ng mga gamót sa resetang itó.
[구스또 꽁 부밀리 낭 망아 가뫁 사 레세-땅 이또]
이 처방전에 있는 약들을 사고 싶습니다.

Paano akó iinóm ng gamót na itó?
[빠아-노 아꼬 이이놈 낭 가뫁 나 이또?]
이 약은 어떻게 먹습니까?

Uminóm ka ng tatlóng beses sa isáng araw bago kumain.
[움이놈 까 낭 따뜰롱 베-세스 사 이상 아-라우 바-고 꾸마-인]
하루에 3번씩 식사 전에 드세요.

Uminóm ka ng tatlóng kutsarita pagkakain.
[움이놈 까 낭 따뜰롱 꾸차리-따 빡까까-인]
식사 후에 차 스푼으로 3번 드세요.

Iláng tableta sa bawat gamit?
[일랑 따블레-따 사 바-왙 가-밑?]
한 번에 몇 알씩 먹습니까?

Uminóm ka ng dalawáng tableta sa bawat gamit.
[움이놈 까 낭 달라왕 따블레-따 사 바-왙 가-밑]
매 번 두 알씩 드세요.

Iláng beses sa isáng araw?
[일랑 베-세스 사 이상 아-라우?]
하루에 몇 번입니까?

Nakabuti sa maysakít ang gamót.
[나까부-띠 사 마이사낕 앙 가뫁]
그 약이 환자에게 효과를 냈습니다.

15

진찰(실전회화)

〈**P : Pasyente**(환자) , **M : Manggagamot**(의사) 〉

P : Dahil nagkasakít akó, nanghinà ang katawán ko.
[다-힐 낙까사낕 아꼬, 낭히-나' 앙 까따완 꼬]
병에 걸려서 몸이 약해 졌어요.
Nilálagnát akó at masakít ang ulo.
[닐라-라그낱 아꼬 앝 마사낕 앙 우-ㄹ로]
열도 나고 머리도 아픕니다.

M : Kailán ka nagkasakít?
[까일란 까 낙까사낕?]
언제부터 아팠어요?

P : Nagkasakít mulâ pa noóng isáng linggó.
[낙까사낕 물라' 빠 노옹 이상 링고]
일주일 전부터 계속 아팠어요.

P : Ang sakít ko ba ay nakakáháwa?
[앙 사낕 꼬 바 아이 나까까-하-와?]
저의 병은 전염됩니까?

M : Hindî itó nakakáháwa at hindî malubhâ.
[힌디' 이또 나까까-하-와 앝 힌디' 말룹하']
이 병은 전염되는 것도 아니고 심각하지도 않습니다.

P : Oo ngâ, salamat.
[오-- ㅇ아', 살라-맡]
그렇군요. 감사합니다.

M : Heto ang gamót. Uminóm ng tatlóng tableta araw-araw.

[헤-또 앙 가뫁. 욺이놈 낭 따뜰롱 따블레-따 아-라우 아-라우]

여기 약 있습니다. 하루에 3알씩 드세요.

Kung hindî ka pa gumalíng, bumalík ka.

[꿍 힌디' 까 빠 구말링, 부말릭 까]

여전히 낳지 않으면 다시 오세요.

Gágalíng ka sa awà ng Diyós.

[가-갈링 까 사 아-와' 낭 지요스]

신의 가호로 나을 것입니다.

15

치과

ngipin[ㅇ이-삔]: 치아

dentista[덴띠-스따]: 치과의사

gilagid[길라-긷]: 잇몸

bagáng[바강]: 어금니

pampamanhíd[빰빠만힏]: 마취제

tutpeyst[뚣페이스트]: 치약

bulók na ngipin[불롴 나 ㅇ이-삔]: 충치, 썩은 치아

sipilyo ng ngipin[시삐-ㄹ료 낭 ㅇ이-삔]: 칫솔

sakít ng ngipin[사낕 낭 ㅇ이-삔]: 치통

Saán akó makakákíta ng isáng mahusay na dentista?
[사안 아꼬 마까까-끼-따 낭 이상 마후-사이 나 덴띠-스따?]
좋은 치과의사를 어디로 가면 찾을 수 있습니까?

Pakiusap, igawâ mo akó ng pakikipagkita sa dentista.
[빠끼우-삽, 이가와' 모 아꼬 낭 빠끼끼빡끼-따 사 덴띠-스따]
내 대신 치과예약을 좀 해주세요. 부탁해요.

Huwág ninyó bunutin ang ngipin, pastahán lang.
[후왁 닌요 부누-띤 앙 ㅇ이-삔, 빠스따한 랑]
이를 뽑지 말고 그냥 때워 주세요.

Gustó kong ipabunot ang masakít na ngipin.
[구스또 꽁 이빠부-놑 앙 마사낕 나 ㅇ이-삔]
아픈 이를 뽑고 싶어요.

Masyadong masakít ang ngipin ko.
[마샤-동 마사낕 앙 ㅇ이-삔 꼬]
치아가 너무 아픕니다.

Maáarì bang bigyán ninyó akó ng pamatáy sa sakít?
[마아-아-리' 방 빅얀 닌요 아꼬 낭 빠마따이 사 사낕?]
저에게 진통제를 줄 수 있습니까?

Pakibunot ninyó ang bulók na ngipin.
[빠끼부-놑 닌요 앙 불롴 나 ㅇ이-삔]
썩은 이를 뽑아 주세요.

Bíbigyán kitá ng lokál na anestisya.
[비-빅얀 끼따 낭 로깔 나 아네스띠-샤]
국부마취를 하겠습니다.

Ibukás ang bibíg nang maluwáng
[이부까스 앙 비빅 낭 말루왕]
입을 크게 벌리세요.("아-" 하세요.)

Ipinid mo ang bibíg.
[이삐-닏 모 앙 비빅]
입을 다무세요.

Magmumog kayó.
[막무-목 까요]
입을 헹구세요.

Gamitin mo ang malambót na sipilyo ng ngipin.
[가미-틴 모 앙 말람볻 나 시삐-ㄹ요 낭 ㅇ이-삔]
부드러운 칫솔을 사용하세요.

Pagkatapos na pagkatapos ng pagkain, magsipilyo ka.
[빡까따-뽀스 나 빡까따-뽀스 낭 빡까-인, 막시삐-ㄹ요 까]
식사 끝나는 즉시 양치질을 하세요.

Ginágámit niyá ang ngiping pustiso.
[기나-가-밑 냐 앙 ㅇ이-삥 뿌스띠-소]
그는 틀니를 사용하고 있습니다.

May nanà nasa gilagid.
[마이 나-나' 나-사 길라-긷]
잇몸에 고름이 있습니다.

Binigyán akó ng pampamanhíd nang bunutin ang ngipin.
[비닉얀 아꼬 낭 빰빠만힏 낭 부누-띤 앙 ㅇ이-삔]
나는 치아를 뽑을 때, 마취제를 맞았다.

15

16 결혼생활

남편 출퇴근(실전 회화)

〈**A**: 남편, **B**: 아내〉

A : Darling. Áalís na akó sa kompanyá.
[다알링. 아-알리스 나 아꼬 사 꼼빠냐]
여보. 나 회사 출근해요.

B : Honey, alám mo ba, ikáw ay pinakapogi sa mundóng itó pag handâ ka sa pagpasok sa trabaho?
[하니, 알람 모바, 이까우 아이 삐나까뽀-기 사 문동 이또 빡 한다' 까 사 빡빠-솟 사 뜨라바-호]
여보, 회사 출근준비가 되었을 때 당신이 이 세상에서 제일 잘생긴 거 알아요?

A : Hahaha! Salamat sa batì mo.
[하하하! 살라-맡 사 바-띠' 모]
하하하! 칭찬해 줘서 고마워요.
Ikáw din pinakamagandá sa akin.
[이까우 딘 삐나까마간다 사 아-낀]
당신도 나에게 최고의 미인이에요.

B : Umuwî ka agád pagkatapos ng iyóng trabaho.
[움우위' 까 아갇 빡까따-뽀스 낭 이용 뜨라바-호]
당신 일 끝나면 바로 돌아와요.

A : Okay. Úuwî akó sa lalong madalíng panahón.
[오케이. 우-우위' 아꼬 사 라-ㄹ롱 마달링 빠나혼]
알았어요. 가능한 빨리 돌아오리다.

〈퇴근 후〉

A : Darling, uwî na akó.
[다알링. 우위' 나 아꼬]
여보, 나 퇴근했어요.

B : Tulóy na, Honey. Nahirapan ka ba ngayón?
[뚤로이 나, 하니. 나히라-빤 까 바 ㅇ아욘?]
여보, 어서 들어와요. 오늘 힘들었지요?

A : Okay lang akó. Masayá akóng tumingín sa iyó sa bahay.
[오케이 랑 아꼬. 마사야 아꽁 뚜밍인 사 이요 사 바-하이]
괜찮아요. 집에서 당신을 보니 행복해요.

16

B : Gustó mo bang inumín ang malamíg na katás.
[구스또 모 방 이누민 앙 말라믹 나 까따스?]
시원한 쥬스 마시겠어요?

A : Salamat. Naúúhaw akó ng sobra.
[살라-맡. 나우-우-하우 아꼬 낭 소-브라]
고마워요. 갈증이 많이 나는 중 이었어요.

B : Handâ na ang hapunan.
[한다' 나 앙 하뿌-난]
저녁준비 됐어요.
Pagkatapos ng paligò mo, kumain tayo.
[빡까따-뽀스 낭 빨리-고' 모, 꾸마-인 따-요]
당신 샤워 끝나고, 식사해요.

A : Gustó kong kumain ng pagkain mo kaagád.
[구스또 꽁 꾸마-인 낭 빡까-인 모 까아갇]
당신 음식 빨리 먹고 싶어요.

쇼핑(실전회화)

〈**A** : 남편, **B** : 아내〉

A : Tayo na sa shopping ngayón.
[따-요 나 사 쇼핑 ㅇ아욘]
오늘 쇼핑하러 갑시다.

B : Áalís ba tayo nagyón din?
[아-알리스 바 따-요 ㅇ아욘 딘?]
우리 지금 바로 출발할 거예요?

A : Oo, ihandâ mong púpuntá.
[오-오, 이한다' 몽 뿌-뿐따]
응, 갈 준비해요.

B : Hintáy ka sandalî lang.
[힌따이 까 산달리' 랑]
잠깐만 기다려 주세요.

A : Sabihin mo kung anó ang kailangan mo.
[사비-힌 모 꿍 아노 앙 까이라-ㅇ안 모]
무엇이 필요한지 말해요.
Gustó kong ibilí ka nang marami.
[구스또 꽁 이빌리 까 낭 마라-미]
나는 당신에게 많이 사주고 싶어요.

B : Natútuwâ akó sa pag-ibig mo.
[니뚜-뚜와' 아꼬 사 빡이-빅 모]
당신 사랑에 행복해요.

A : Ang kaligayahan mo ay kaligayahan ko.
[앙 깔리가야-한 모 아이 깔리가야-한 꼬]
당신 행복이 내 행복이요.

B : Anó sa palagáy mo ang meykap ko?
[아노 사 빨라가이 모 앙 메이깝 꼬?]
당신 생각에 내 화장은 어때요?

A : Palaging magandá nang waláng meykap.
[빨라-깅 마간다 낭 왈랑 메이깝]
화장 안 해도 항상 예뻐요.
Pinakamagandá ka kasí sa akin.
[삐-나까간다 까 까시 사 아-낀]
나에게는 당신 제일 아름다우니까.

B : Salamat. Máhuhulí na kayâ sumakáy tayo sa taksi.
[살라-맡. 마-후훌리 나 까야' 수마까이 따요 사 따-ㅋ시]
고마워요. 늦을 것 같으니까 우리 택시타고 가요.

〈옷 가게에서〉

A : Kumustá ang damít na itóng may kulay-rosas na gustó mo?
[꾸무스따 앙 다밑 나 이똥 마이 꾸-ㄹ라이 로-사스 나 구스또 모?]
당신이 좋아하는 분홍색의 이 옷 어때요?

B : Hindî gustó ko. Makalumà na ang damít na iyán.
[힌디' 구스또 꼬. 마까루-마' 나 앙 다밑 나 이얀]
마음에 안 들어요. 그 옷은 이미 유행이 지났어요.

A : Kung hindî mo gustó iyán, pumilì ka ng ibá.
[꿍 힌디' 모 구스또 이얀, 뿌미-ㄹ리' 까 낭 이바]
그거 마음에 안 들면 다른 거 골라봐요.

B :Gustó ko ang damít na itó.
[구스또 꼬 앙 다밑 나 이또]
이 옷이 마음에 들어요.

A : Mabuti. Subukan mong isuót iyán.
[마부-띠. 수부-깐 몽 이수옽 이얀]
괜찮네요. 그거 한번 입어 봐요.

16

B : Anó sa palagáy mo? Mukhâ ko bang payát?
[아노 사 빨라가이 모? 묵하' 꼬 방 빠얕?]
어때요? 날씬해 보여요?

A : Bumilí ka ng damít na iyán. Bagay sa iyó.
[부밀리 까 낭 다밑 나 이또. 바-가이 사 이요]
그 옷 사요. 당신한테 잘 어울려요.

B : Nágugustuhán ko. Salamat.
[나-구구스뚜한 꼬. 살라-맡.
마음에 들어요. 고마와요.

A : Natútuwâ akő't nágustuhán mo.
[나뚜-뚜와' 아꽅 나-구스뚜한 모]
마음에 들었다니 나도 기분이 좋아요.

임신(실전회화)

〈**A** : 남편, **B** : 아내, **C** : 산부인과 의사〉

B: Mulâ pa noóng iláng araw masamâ nang kontî ang katawán ko.
[물라‘ 빠 노옹 일랑 아-라우 마사마‘ 낭 꼰띠’ 앙 까따완 꼬]
요 며칠 전부터 계속 몸이 좀 안 좋아요.

A : Hindî ba iyán ang panahóng regla?
[힌디‘ 바 이얀 앙 빠나홍 레-글라?]
생리기간이라서 그런 거 아닌가요?

B : Medyo lampás na sa inâasáhang araw ng regla.
[메-죠 람빠스 나 사 인아-아사-항 아-라우 낭 레-글라]
예정된 생리 일자가 좀 지났어요.

A : Bakâ buntís ka ba?
[바까‘ 분띠스 까 바?]
혹시 당신 임신했어요?

B : Sa akalà ko rin.
[사 아까-ㄹ라‘ 꼬 린]
저의 생각에도 그런 거 같아요.

A : Tayo na sa ospitál ngayón din.
[따-요 나 오스삐딸 ㅇ아욘 딘]
지금 즉시 병원에 갑시다.

〈병원에서〉

C : Tulóy kayó. Umupô kayó.
[뚤로이 까요. 움우뽀‘ 까요]
들어오세요. 앉으세요.

A : Kilalanin pô ninyó ang buntís ng asawa ko.
[낄랄라-닌 뽀‘ 닌요 앙 분띠스 낭 아사-와 꼬]
저의 아내가 임신했는지 검사해 주십시오.

C : Limáng linggó ka nang buntís. Binábatì kitá.
[리망 링고 까 낭 분띠스. 비나-바-띠' 끼따]
임신 5주입니다. 축하합니다.

B : Totoó ba? Maligayang-maligaya akó.
[또또오 바? 말리가-양 말리가-야 아꼬]
정말이에요? 너무 행복해요.

A : Totoó ba? Magigíng amá akó rin. Hindî akó makapaniwalà.
[또또오 바? 마기깅 아마 아꼬 린. 힌디' 아꼬 마까빠니와-ㄹ라']
사실입니까? 나도 아버지가 되는군요. 믿을 수가 없어요.

C : Huwág kang magbuhat ng mabigát na bagay mulâ ngayón.
[후왁 깡 막부-핱 낭 마비같 나 바-가이 물라' ㅇ아욘]
지금부터 무거운 물건을 들어 올리지 마세요.
At huwág mong inumín ang gamót na waláng permiso ng manggagamot.
[앝 후왁 몽 이누민 앙 가몯 나 왈랑 뻬르미-소 낭 망가가-몯]
그리고 의사의 허락이 없는 약은 먹지 마세요.

B : Maraming salamat pô. Paalam na pô.
[마라-밍 살라-맡 뽀'. 빠아-ㄹ람 나 뽀']
대단히 감사합니다. 안녕히 계세요.

〈병원에서 돌아오는 길〉

A : Pípilítin kong ibilí ka ng marami na gustó mong kainin.
[삐-삘리-띤 꽁 이빌리 까 낭 마라-미 나 구스또 몽 까이-닌]
당신이 먹고 싶은 거 많이 사 주도록 노력 하겠어요.

B : Kákáin akó ng marami para sa sanggól natin. Honey, salamat.
[까-까-인 아꼬 낭 마라-미 빠-라 사 상골 나-띤. 하니, 살라-맡]
우리 아기를 위해 많이 먹을게요. 여보, 고마워요.

A : Ay! Hindî ba tayo mag-asawa?

[아이! 힌디' 바 따-요 막아사-와?]

뭘! 우리는 부부 아닌가요?

Akó ang dapat magpasalamat sa iyó.

[아꼬 앙 다-빹 막빠살라-맡 사 이요]

내가 당신에게 고마워해야지요.

16

▶ 부부싸움(실전회화)

〈**A** : 남편, **B** : 아내〉

A : Galít ka na ba? Sana'y hindî ka nagágálit nang malimit.
[갈맅 까 나 바? 사나이 힌디' 까 나가-가-ㄹ맅 낭 말리-밑]
당신 화났어? 자주 화내지 않으면 좋겠는데.

B : Kasí náhuhulí ka tuwíng gabí.
[까시 나-후훌리 까 뚜윙 가비]
당신이 매일 저녁 늦으니까 그러지요.

A : Hindî mo alám kung bakit náhuhulí akó, e.
[힌디' 모 알람 꿍 바-낕 나-후훌리 아꼬, 에.]
내가 왜 늦는지 알지도 못하면서.

B : Okay, bakit náhuhulí ka?
[오케이, 바-낕 나-후훌리 까?]
그래요. 왜 늦어요?

A : Sa kamakalawá ng gabí nag-óbertaim at kahapon ng gabí naghapunan kasama ang mga katrabaho ng opisina.
[사 까마깔라와 낭 가비 낙오버타임 앝 까하-뽄 낭 가비 낙하뿌-난 까사-마앙 망아 까뜨라바-호 낭 오삐시-나]
그저께 저녁에는 야근을 했고, 어제 저녁에는 사무실 동료들과 회식을 했어요.

B : Kung máhuhulí ka, dapat kang tumawag sa akin.
[꿍 마-후훌리 까, 다-빹 깡 뚜마-왁 사 아-낀]
늦게 되면 전화를 해 줘야지요.

A : Pasensya ka na. Tátawág akó sa iyó kung máhuhulí akó mulâ ngayón.
[빠세-ㄴ샤 까 나. 따-따왁 아꼬 사 이요 꿍 마-후훌리 아꼬 물라' ㅇ아욘]
미안해요. 앞으로 늦을 때는 항상 전화하겠어요.

B : Pero huwág kang máhulí madalás.

[뻬-로 후왁 깡 마-훌리 마달라스]

그렇지만 자주 늦으면 안돼요.

A : Salamat sa pagkáunawà mo.

[살라-맡 사 빡까-우나-와‘ 모]

이해해줘서 고마워요.

B : Náiintindihán mo ba kung bakit akó nagágálit?

[나-이인띤디한 모 바 꿍 바-낕 아꼬 나가-가-ㄹ릳?]

내가 왜 화를 내고 있는지 이해겠어요?

A : Dahil dito humingî na akó ng paumanhín.

[다-힐 디-또 후밍이‘ 나 아꼬 낭 빠우만힌]

그래서 사과를 했잖아요.

B : Mag-usap tayo nang bukás ang pag-iisip.

[막우-삽 따-요 낭 부까스 앙 빡이이-싶]

우리 숨김없이 마음을 열고 얘기해요.

A : Mangakò tayong hindî na mulî tayo mag-aaway.

[망아-꼬‘ 따-용 힌디’ 나 물리‘ 따-요 막아아-와이]

우리 다시는 싸우지 않기로 약속해요.

16

생일(실전회화)

〈**A** : 남편, **B** : 아내〉

A : Darling, ang birthday mo sa ikalawáng linggó.
[다-ㄹ링, 앙 버쓰데이 모 사 이깔라왕 링고]
여보, 2주일 있으면 당신 생일이네.

B : Oo ngâ palá! Mabilís na mabilís ang panahón, e.
[오-옹아' 빨라! 마빌리스 나 마빌리스 앙 빠나혼, 에]
어~, 정말이네! 세월이 정말 빠르네.
Hindî ko nápapansíng agád ng gayón ang kapangánákan ko.
[힌디' 꼬 나-빠빤싱 아갇 낭 가욘 앙 까빵아-나-깐 꼬]
저의 생일이 그렇게 가까울 줄은 생각하지 못하고 있었어요.

A : Abaláng-abalá ka kasí araw-araw dahil sa sanggól natin, e.
[아발랑 아발라 까 까시 아-라우 아-라우 사 상골 나-띤, 에]
우리 아기 때문에 당신이 매일매일 너무 바쁘니까 그래요.

B : Sa damdamin ko, parang kahapon lang ang kapangánákan ko noóng isáng taón.
[사 담다-민 꼬, 빠-랑 까하-뽄 랑 앙 까빵아-나-깐 꼬 노옹 이상 따온]
제 기분에는 작년 저의 생일이 바로 어제인 것 같애요.

A : Anó ang birthday-wish mo?
[아노 앙 버쓰데이 위시 모?]
생일날 하고 싶은 게 뭐예요?

B : Honey, magtipíd tayo ng gastos para sa sanggól natin.
[하니, 막띠삗 따-요 낭 가-스또스 빠-라 사 상골 나띤]
여보, 우리 아기를 위해 낭비하지 말고 절약해요.
Masayáng-masayá na akó sa pag-ibig mo.
[마사양 마사야 나 아꼬 사 빡이-빅 모]
저는 당신 사랑에 이미 너무 행복해요.

A : Huwág kang mahiyâ.
[후왁 깡 마히야']
사양하지 말아요.
Ibú-blow kitá.
[이부-블라우 끼따]
당신에게 한 턱 낼꺼예요.

〈생일날, 레스토랑에서〉

A : Darling, maligayang batì sa kapangánákan mo!
[다-ㄹ링, 말 리가-양 바-띠' 사 까빵아-나-깐 모!]
여보, 당신 생일 축하해요!
Anó ang gustó mong kumain?
[아노 앙 구스또 몽 꾸마-인?]
무엇을 먹고 싶어요?

B : Salamat, honey. Gustó ko anumáng pagkain.
[살라-맡, 하니. 구스또 꼬 아누망 빡까-인]
여보, 고마워요. 아무 음식이나 좋아요.

A : Sabihin mo kung anumáng pagkaing ang iyóng gustó.
[사비-힌 모 꿍 아누망 빡까-잉 앙 이용 구스또]
먹고 싶은 것은 뭐든지 말해요.
At itó'y para sa iyó.
[앝 이또이 빠-라 사 이요]
그리고 이거 받아요.

B : Abá, kuwintás at hikaw! Anóng gandá ng mga itó!
[아바, 꾸윈따스 앝 히-까우! 아농 간다 낭 망아 이또!]
어머, 목걸이와 귀걸이네요! 이것들 정말 아름다워요!
Honey, maraming-maraming salamat. Mahál na mahál kitá.
[하니, 마라-밍 마라-밍 살라-맡. 마할 나 마할 끼따]
하니, 너무 너무 고마워요. 당신 많이 사랑해요.

16

17 여행

공항, 세관, 출입국 관리

Saán ang himpilan ng taksi para sa Maynila airport, Terminal 3.
[사안 앙 힘삐-ㄹ란 낭 따-ㅋ시 빠-라 사 마이니-ㄹ라 에어포트, 터미널 쓰리]
마닐라 공항, 제3청사로 가는 택시 타는 곳은 어디입니까?

Dalhín ninyó akó sa Maynila airport, Terminal 1.
[달힌 닌요 아꼬 사 마이니-ㄹ라 에어포트, 터미널 원]
마닐라 공항, 제1청사로 태워 주세요.

Sunduín mo akó sa airport.
[순두인 모 아꼬 사 에어포트]
나를 공항에 데려다 주세요.

Maligayang paglalakbáy!
[말 리가-양 빡랄락바이!]
즐거운 여행이 되기를...

Masiyahán ka sana sa iyóng biyahe.
[마시야한 까 사-나 사 이용 비야-헤]
즐거운 여행이 되기를 기원합니다.

Ipakita mo ang pasaporte at tiket.
[이빠끼-따 모 앙 파사포-르떼 앝 띠-껱]
여권과 표를 보여 주세요.

Gaano katagál ang inyóng pagtigil?
[가아-노 까따갈 앙 인용 빡띠-길?]
얼마동안 체류하실 예정입니까?

Títígil akó rito nang dalawáng linggó.
[띠-띠-길 아꼬 리-또 낭 달라왕 링고]
저는 여기에 2주간 머물 예정입니다.

Saáng lugár dito ang Adwana?
[사앙 루가르 디또 앙 아드와-나?]
여기 세관은 어디에 있습니까?

Sísiyasátin mo ba ang aking mga kargada?
[시-시야사-띤 모 바 앙 아낑 망아 까르가-다?]
내 짐들을 검사하겠습니까?

Heto ang kargada ko.
[헤-또 앙 까르가-다 꼬]
나의 짐들은 여기에 있습니다.

Iláng pirasong bagahe mayroón kayó?
[일랑 삐라-송 바가-헤 마이로온 까요?]
가방은 몇 개를 가지고 있습니까?

17

Ilán ang dalá-dalahan mo?
[일란 앙 달라 달라-한 모?]
가방은 몇 개입니까?

May limáng piraso.
[마이 리망 삐라-소]
5개입니다.

Mayroón akóng dalawáng maleta.
[마이로온 아꽁 달라왕 말레-따]
여행가방 두 개를 가지고 있습니다.

Akin itó.
[아-낀 이또]
이것은 내것입니다.

Walâ akóng dapat ipagbigáy-ulat.
[왈라' 아꽁 다-빹 이빡비가이 우-ㄹ랕]
신고할 것은 없습니다.

Mayroón ba kayóng ilegál na kalakal?
[마이로온 바 까용 일레갈 나 깔라-깔?]
불법적인 상품을 가지고 있습니까?

Hindî, walâ na.
[힌디' 왈라' 나]
아닙니다. 없습니다.

Hindî bago ang mga itó.
[힌디' 바-고 앙 망아 이또]
이것들은 신품이 아닙니다.

Ang mga itó'y pansariling gamit at aking mga damít.
[앙 망아 이또이 빤사리-ㄹ링 가-밑 앝 아-낑 망아 다밑]
이것들은 개인사용품들과 저의 옷들입니다.

Tapós na. Isará ninyó ang maleta.
[따뽀스 나. 이사라 닌요 앙 말레-따]
끝났습니다. 가방 닫으세요.

비자 및 이민국

Gustó kong pumuntá sa Immigration Office.
[구스또 꽁 뿌문따 사 이미그레이숀 오피스]
이민국 사무실에 가고 싶습니다.

Mawaláng-galang na ngâ pô. Saán ang gusalì ng Immigration Office?
[마왈랑 가-ㄹ랑 나 ㅇ아' 뽀. 사안 앙 구사-ㄹ리' 낭 이미그레이숀 오피스?]
실례합니다. 이민국 건물이 어디에 있습니까?

Saán ang Immigration Office sa Probinsya Batangas?
[사안 앙 이미그레이숀 오피스 사 쁘로비-ㄴ샤 바따-ㅇ가스?]
바땅가스 주에는 이민국이 어디 있습니까?

Ang punong-tanggapan ng Immigration Office ay sa Intramuros, Maynila.
[앙 뿌-농 땅가-빤 낭 이미그레이숀 오피스 아이 사 인뜨라무-로스, 마이니-ㄹ라]
이민국 본부는 마닐라, 인트라무로스에 있습니다.

Gustó ko pô ang pagpapahabà ng bisa.
[꼬 뽀' 구스또 앙 빡빠빠하-바' 낭 비-사]
저는 비자를 연장하고 싶습니다.

Patawarin pô ninyó. Iturò pô ninyó sa akin ang paraán ng visa-extension.
[빠따와-린 뽀 닌요. 이뚜-로' 뽀 닌요' 사 아-낀 앙 빠라안 낭 비자 익스텐숀]
죄송스럽지만, 비자 연장하는 방법을 좀 가르쳐 주십시오.

May Retirement Visa akó.
[마이 리타이어먼트 비자 아꼬]
저는 은퇴비자를 가지고 있습니다.

Akó ay merón ng permanenteng bisa.
[아꼬 아이 메론 낭 퍼-머네-ㄴ뗑 비-사]
저는 영주권을 가지고 있습니다.

merón[메론]: "~을 가지고 있다"를 의미하는 mayroón[마이로온]의 회화체용 줄임말

Magkano pô ang visa-extension para sa isáng buwán?
[막까-노 뽀 앙 비자 익스텐숀 빠-라 사 이상 부완?]
한 달 비자 연장비가 얼마입니까?

Puwede ang tumirá isáng taón sa Pilipinas sa pamamagitan ng Tourist-Visa.
[뿌웨-데 앙 뚜미라 이상 따온 사 삘리삐-나스 사 빠마마기-딴 낭 투리스트 비자]
관광 비자를 이용하면 1년간 필리핀에 체류할 수 있습니다.

Ang panahóng waláng bisa sa Pilipinas ay isáng buwán.
[앙 빠나홍 왈랑 비-사 사 삘리삐-나스 아이 이상 부완]
필리핀의 비자 면제 기간은 한 달입니다.

▶ 각종 교통수단

taksi[따-ㅋ시]: 택시

bus[바-쓰/부-쓰]: 버스

tren[뜨렌]: 기차

eruplano[에루쁠라-노]: 비행기

kotse[꼬-체]: 차, 승용차

awto[아우또]: 자동차

trak[뜨락]: 트럭

bisikleta[비시끌레-따]: 자전거

diypni/diyp[지-프니/지-ㅍ]: 지프니

terminal[떠-미날]: 터미널

páliparan[빠-ㄹ리빠란]: 비행장

istasyón[이스따시욘]: 역

bangká[방까]: 방카(소형 목선, 어선)

bapór[바뽀르]: 기선, 큰 배

barkó[바르꼬]: 배

puwerto[뿌웨-르또]: 항구

sasakyán[사사끼얀]: 탈것, 교통수단

motorsiklo[모또르시-끌로]: 오토바이

tráysikel[트라-이시켈]: 삼륜 오토바이

pasahero[빠사헤-로]: 승객

Saán patungo ang treng itó?
[사안 빠뚜-ㅇ오 앙 뜨렝 이또?]
이 기차는 어디로 갑니까?

Ang treng itó ba ay títígil sa Baclaran?
[앙 뜨렝 이또 바 아이 띠-띠-길 사 바클라-란?]
이 기차는 바클라란에 정차합니까?

Saán tumítígil ang bus?
[사안 뚜미-띠-길 앙 부-쓰?]

bus를 발음시 "바-쓰" 또는 "부-쓰"로 힘주어 발음할 것.

버스는 어디에 정차합니까?

Gaano katagál ang datíng ng bus?
[가아-노 까따갈 앙 다띵 낭 부-쓰?]
버스가 도착하는데 얼마나 걸립니까?

Anóng oras ang datíng ng bus na itó sa Maynila?
[아농 오-라스 앙 다띵 낭 부-쓰 나 이또 사 마이니-ㄹ라?]
이 버스는 언제 마닐라에 도착합니까?

Pag sapit ng bus na itó sa terminal, lumipat ka sa ibáng bus na patungo sa Baguio city.
[빡 사-삗 낭 부-쓰 나 이또 사 떠-미날, 루미-빹 까 사 이방 부-쓰 나 빠뚜-ㅇ오 사 바기오 시티]
이 버스가 터미널에 도착하면, 바기오시로 가는 다른 버스로 옮겨 타라.

Maraming pasahero sa bus.
[마라-밍 빠사헤-로 사 부-쓰]
버스에는 승객이 많이 타고 있다.

Ang úpúang itó ba ay bakante?
[앙 우-뿌-앙 이또 바 아이 바까-ㄴ떼?]
이 자리는 비어 있습니까?

Ang úpúang iyán ay okupado na.
[앙 우-뿌-앙 이얀 아이 오꾸빠-도]
그 자리는 이미 차지되었습니다.

Umupa tayo ng isáng bangká.
[움우-빠 따-요 낭 이상 바-ㅇ까]
방카 1대를 빌리자.

17

Mga magkano ang bayad kung púpuntá doón sa taksi?
[망아 막까-노 앙 바-얃 꿍 뿌-뿐따 도온 사 따-ㅋ시?]
택시타고 거기로 가면 얼마정도 요금이 나와요?

taksi: 일반적인 택시이나 마닐라, 바기오 등 대도시에서만 운행되고 있으며, 지방 소도시 등 대부분 지역은 트라이시켈이 그 기능을 수행하고 있음.

Gaano katagál sa tráysikel?
[가아-노 까따갈 사 뜨라-이시켈?]
트라이시켈로 가면 얼마나 걸려요?

tráysikel : 오토바이에 여러 명이 탈 수 있도록 개조한 교통수단

Mayroón ba ang istasyón ng MRT ditó?
[마이로온 바 앙 이스따숀 낭 엠알티 디또?]
이 부근에 엠알티 전철역이 있습니까?

MRT, LRT[엠알티, 엘알티]: 마닐라 시내에서 운행되는 2개 전철 노선

Puwede ko bang sakyán ang dyipni sa SM Mall?
[뿌웨-데 꼬 방 사끼얀 앙 지-쁘니 사 에스엠 몰?]
에스엠 몰로 가는 지프니를 탈 수 있습니까?

dyipni : 군용 지프차를 개조한 서민용 대중 교통수단

SM Mall : 필리핀에서 가장 크고 전국적인 체인을 가지고 있는 대형 매장

Násaán ang kuhanán ng tiket?
[나-사안 앙 꾸하난 낭 티-켙?]
매표소가 어디예요?

Dalhín mo akó sa Otél Holiday Inn.
[달힌 모 아꼬 사 오뗄 할리데이 인]
Hoilday Inn 호텔로 데려다 주세요.

Isakáy mo ba akó hanggáng sa otél ko?
[이사까이 모 바 아꼬 사 오뗄 꼬?]
내 호텔까지 태워 주겠는가?

Isásakáy ko kayó sa aking kotse hanggáng sa bahay ninyó.
[이사-사까이 꼬 까요 사 아-낑 꼬-체 항강 사 바-하이 닌요]
저의 차로 집까지 모셔 드리겠습니다.

Ilikô mo sa kanan.
[일리꼬' 모 사 까-난]
우회전 해라.

Ilikô ninyó sa kaliwâ.
[일리꼬' 닌요 사 깔리와']
좌회전 하세요.

Pumuntá kayó deretso lang.
[뿌문따 까요 데레-초 랑]
똑바로 가세요.

Bayad pô.
[바-얀 뽀']
요금 받으세요.

Magkano pô ang bayad?
[막까-노 뽀' 앙 바-얀?]
요금은 얼마입니까?

Para pô.
[빠-라 뽀']
세워 주세요.

Násaán tayo ngayón?
[나-사-안 따-요 ㅇ아욘?]
여기가 어디예요?/현재 우리는 어디에 있는가요?

Kung lumikô sa kanan sa kanto doón, mákikita mo ang City Hall.
[꿍 루미꼬' 사 까-난 사 까-ㄴ또 도온, 마-끼끼따 모 앙 시티 홀]
저기 모퉁이에서 우회전하면 시청이 보일 것이다.

17

▶ 비행기

Ang aming eruplano ay lumipád nang ikaapat ng hapon.
[앙 아-밍 에루쁠라-노 아이 루미빧 난 이까아-빹 낭 하-뽄]
우리 비행기는 오후 4시에 이륙했다.

Gaano katagál buhat sa Korea hanggáng Pilipinas sa eruplano?
[가아-노 까따갈 부-핱 사 꼬레-아 항강 삘리삐-나스 사 에루뿔라-노?]
한국에서 필리핀까지 비행기로 얼마나 걸려요?

Magtátagál mga apat na oras.
[막따-따갈 망아 아-빹 나 오-라스]
약 4시간 정도 걸릴 것입니다.

Pakikabít pô ninyó ang sinturóng pangkaligtasan.
[빠끼까빝 뽀' 닌요 앙 신뚜롱 빵까릭따-산]
안전벨트를 매어 주시기 바랍니다.

Naúúhaw na akó. Bigyán mo akó ng isáng baso ng tubig na malamíg.
[나우-우-하우 나 아꼬. 빅얀 모 아꼬 낭 이상 바-소 낭 뚜-빅 나 말라믹]
갈증이 나요. 시원한 물 한 잔 주세요.

Nagíginâw akó. Ibigáy mo sa akin isáng kumot.
[나기-기나우 아꼬. 이비가이 모 사 아-낀 앙 이상 꾸-뫁]
추워요. 담요 한 장 주세요.

Anóng oras ang datíng ng eruplanong itó sa páliparan?
[아농 오-라스 앙 다띵 낭 에루쁠라-농 이또 사 빠-ㄹ리빠란?]
이 비행기는 공항 도착이 몇 시입니까?

Lumapág na tayo sa páliparan ng Ninoy Aquino International Airport.
[루마빡 나 따-요 사 빠-ㄹ리빠란 낭 니-노이 아키-노 인터내셔널 에어포트]
우리는 지금 니노이 아키노 국제공항에 착륙했습니다.

Maligayang pagdatíng sa páliparan ng Maynila.
[말 리가-양 빡다띵 사 빠-ㄹ리빠란 낭 마이니-ㄹ라]
마닐라 공항에 도착하신 것을 환영합니다.

▶ 여객선

Pakipuntá mo sa piyér. Sásakyán ko ang barkóng patungo sa Cebú.
[빠끼뿐따 모 사 삐예르. 사-사끼얀 꼬 앙 바르꽁 빠뚜-ㅇ오 사 세부]
부두로 가 주세요. 세부로 가는 배를 탈 예정입니다.

Humáhánap akó ng kuhanán ng tiket para sa Borakay.
[후마-하-낲 아꼬 낭 꾸하난 낭 띠-껱 빠-라 사 보라-까이]
보라카이행 표 판매소를 찾고 있습니다.

Bigyán mo akó ng dalawáng tiket na de primera klase para sa Cebú.
[빅얀 모 아꼬 낭 달라왕 띠-껱 나 데 쁘리메-라 끌라-세 빠-라 사 세부]
세부행 1등실 두장 주세요.

de segunda klase[데 세구-ㄴ다 끌라-세] : 2등실

de tersera klase[데 떼르세-라 끌라-세] : 3등실

Anóng oras ang pag-alís ng barkóng itó?
[아농 오-라스 앙 빡알리스 낭 바르꽁 이또?]
이 배는 몇 시에 출발합니까?

Ibig kong lumulan sa bapór na patungo sa Borakay.
[이빅 꽁 루무-ㄹ란 사 바뽀르 나 빠뚜-ㅇ오 사 보라-까이]
나는 보라카이로 가는 배를 타고 싶습니다.

Anóng oras ang pagdatíng sa Cebú?
[아농 오-라스 앙 빡다띵 사 세부?]
세부에는 몇 시에 도착합니까?

Tamà ba ang pagtungo sa Cebú?
[따-마' 바 앙 빡뚜-ㅇ오 사 세부?]
세부로 가는 것이 맞습니까?

Gaano katagál hanggáng Cebú?
[가아-노 까따갈 항강 세부?]
세부까지 얼마나 걸립니까?

Dalawáng daáng katao ang nakasakáy sa bapór na itó.
[달라왕 다앙 까따-오 앙 나까사까이 사 바뽀르 나 이또]
이 배에는 이백 명이 타고 있다.

17

Pumaroón tayo sa kubyerta para sa sariwang hangin.
[뿌마로온 따-요 사 꾸비예-르따 빠-라 사 사리-왕 하-ㅇ인]
맑은 공기 마시러 갑판에 나가자.

호텔

Maáarì ka bang magrekomenda ng isáng otél na hindî mahál?
[마아-아-리' 까 방 막레꼬메-ㄴ다 낭 이상 오뗄 나 힌디' 마할?]
비싸지 않은 호텔 하나를 추천해 줄 수 있습니까?

Gustó kong kumuha ng isáng kuwarto.
[구스또 꽁 꾸무-하 낭 이상 꾸와-르또]
객실 하나를 원합니다.

Masyadong malakí. Tamà na sa akin ang isáng mas maliít na kuwarto.
[마샤-동 말라끼. 따-마' 나 사 아-낀 앙 이상 마스 말리잍 나 꾸와-르또]
너무 커요. 좀 더 작은 객실이 좋겠습니다.

Ibig kong isáng kuwartong may dalawáng kama.
[이-빅 꽁 이상 꾸와-르똥 마이 달라왕 까-마]
침대 2개의 객실 하나를 원합니다.

Magkano ang bayad isáng araw?
[막까-노 앙 바-얃 이상 아-라우?]
1박에 얼마예요?

Kúkúnin ko ang kuwartong itó.
[꾸-꾸-닌 꼬 앙 꾸와-르똥 이또]
이 객실을 사용하겠습니다.

Kailangang magbayad muna kayó.
[까일라-ㅇ앙 막바-야드 무-나 까요]
선불로 지불해 주십시오.

Dalhín mo ang kargadang itó sa aking kuwarto.
[달힌 모 앙 까르가-당 이또 사 아-낑 꾸와-르또]
이 짐을 내 방으로 옮겨 주세요.

Dalhán mo akó ng ínúming tubig na malamíg.
[달한 모 아꼬 낭 이-누-밍 뚜-빅 나 말라믹]
시원한 마실 물을 가져 오세요.

Kailangan ko isá pang kumot.
[까일라-ㅇ안 꼬 이사 빵 꾸-몯]
담요 한 장 더 필요해요.

May dáratíng akóng bisita nang agád.
[마이 다-라띵 아꽁 비시-따 낭 아갇]
나한테 방문객이 곧 올겁니다.

Sabihin mong maghitáy.
[사비-힌 몽 막힌따이]
기다리라고 말해 주세요.

Papanhikín mo siyá sa kuwarto ko.
[빠빤히낀 모 시야 사 꾸와-르또 꼬]
그 사람을 내 방으로 올려 보내세요.

Kung may tátáwag sa akin, sabihin mong lumabás na akó.
[꿍 마이 따-따-왁 사 아-낀, 사비-힌 몽 루마바스 나 아꼬]
혹시 나한테 전화 오면 이미 나갔다고 말해 주세요.

Bábalík akó sa alás onse ng gabí.
[바-발릭 아꼬 사 알라스 오-ㄴ세 낭 가비]
밤 11시에 돌아올 예정입니다.

Bigyán mo akó ng susì ng silíd bilang dalawáng daán labingisá.
[빅얀 모 아꼬 낭 수-시‘ 낭 실린 비-ㄹ랑 달라왕 다안 라빙이사]
211호실 열쇠를 주세요.

Pakigising mo akó sa alás singko, bukas ng umaga.
[빠끼기-싱 모 아꼬 사 알라스 시-ㅇ꼬, 부-까스 낭 우마-가]
내일 아침 5시에 깨워주세요.

Mulâ anóng oras ang almusal?
[물라‘ 아농 오-라스 앙 알무-살?]
아침식사는 몇 시 부터입니까?

17

Karaniwan ang almusal ay mulâ ikaaním.
[까라니-완 앙 알무-살 아이 물라' 이까아님]
아침식사는 보통 6시 부터입니다.

Sa aking silíd akó ay kákáin.
[사 아-낑 실릳 아꼬 아이 까-까-인]
내 방에서 식사를 하겠습니다.

Ákina ang menu.
[아-끼나 앙 메뉴]
음식 메뉴를 갖다 주세요.

Áalís akó bukas.
[아-알리스 아꼬 부-까스]
내일 떠날 예정입니다.

Áalís akó mámayáng tanghalì.
[아-아-알리스 아꼬 마-마야 땅하-ㄹ리']
오늘 점심 때 떠날 예정입니다.

Ákina ang kuwenta ko.
[아-끼나 앙 꾸웨-ㄴ따 꼬]
계산서 주세요.

Pakikuha mo ngâ ang aking kargada.
[빠끼꾸-하 모 ㅇ아' 앙 아-낑 까르가-다]
내 짐을 좀 갖다 주세요.

Maraming salamat sa inyóng mabuting pagtanggáp.
[마라-밍 살라-맏 사 인용 마부-띵 빡땅갑]
환대해 주셔서 감사합니다.

▶ 길 묻기

daán[다안]: 사람, 차량이 통행하는 일반적인 길이며 영어의 street 또는 road에 해당한다.

lansangan[란사-ㅇ안]: 국도에 해당하며, 영어 highway로 더 많이 통용된다.

kalsada[깔사-다]: 차량이 다니는 다소 넓은 길

kalye[까-ㄹ예]: daán 또는 langsangan 개념의 길

eskina[에스끼-나]: 골목길, 샛길

express way[엑스프레스 웨이]: 고속도로

Sandalî pô lamang, maáarì pô ba magtanóng?
[산달리' 뽀' 라-망, 마아-아-리' 뽀' 바 막따농?]
실례지만, 여쭈어 보아도 되겠습니까?

Anó ang pinakamadalíng daáng patungo sa Immigration Office?
[아노 앙 삐나까마달링 다앙 빠뚜-ㅇ오 사 이미그레이숀 오피스?]
이민국 사무실로 가는 가장 빠른 길은 어느 것입니까?

Paano ang pagpuntá sa Rizal Park?
[빠아-노 앙 빡뿐따 사 리잘 파크?]
리잘 공원은 어떻게 갑니까?

Mulâ doón ay sundán mo lang ang mga panandâ.
[물라' 도온 아이 순단 모 랑 앙 망아 빠난다']
저기서부터 그냥 표지들을 따라 가세요.

Gaano kalayò doón buhat ditó?
[가아-노 깔라-요' 도온 부-할 디또?]
거기는 여기에서 얼마나 멉니까?

Maáarì bang sumama kayó sa akin?
[마아-아-리' 방 수마-마 까요 사 아-낀?]
저와 함께 갈 수 있습니까?

Gaano katagál galing dito hanggáng sa Tagaytáy sa bus.
[가아-노 까따갈 가-ㄹ링 디-또 항강 사 따가이따이 사 부-쓰]
여기에서 따가이따이까지 버스로 얼마나 걸립니까?

17

Itó ba ang daán para sa baranggáy(또는 barangáy) Ligtasin?
[이또 바 앙 다안 빠-라 사 바랑가이 릭따-신?]
이 길이 바랑가이 릭따신으로 가는 길입니까?

Anó ang pangalan ng baranggáy na itó?
[아노 앙 빵아-ㄹ란 낭 바랑가이 나 이또?]
이 바랑가이의 명칭은 무엇입니까?

- baranggáy[바랑가이]: 필리핀 지방자치단체 중 최하위 단위로서 우리나라의 "동(洞) "에 해당하며, 전국적으로 42,026개의 바랑가이가 있다.
- 바랑가이의 상위 지자체는 lungsód[룽솓]와 munisipyo[무니시-뽀]로서 우리의 "시(市) "와 "군(郡) "에 해당한다. 전국적으로 138개 시와 1,496개군이 있다.
- 최상위 지자체는 probinsya[쁘로비-ㄴ샤]로서 주(州) 를 의미하며 우리의도(道) 에 해당한다. 80개의 주가 있다.

Merón ba ang express way para sa Baguio city galing sa Maynila?
[메론 바 앙 엑스프레스 웨이 빠-라 사 바기-요 씨티 가-ㄹ링 사 마이니-ㄹ라?]
마닐라에서 바기오로 가는 고속도로가 있습니까?

Ang bahay na iyán ay nasa dulo ng eskinang itó.
[앙 바-하이 나 이얀 아이 나-사 두-ㄹ로 낭 에스끼-낭 이또]
그 집은 이 골목길 끝에 있습니다.

Saán makakábilí ng pagkain?
[사안 마까까-빌리 낭 빡까-인?]
음식은 어디서 살 수 있습니까?

Saán ba ang pasukán(lábásan) ?
[사안 바 앙 빠수깐(라-바-산) ?]
입구(출구) 는 어디에 있습니까?

Iturò mo sa akin ang daán sa palengke.
[이뚜-로' 모 사 아-낀 앙 다안 사 빨레-ㅇ께]
시장으로 가는 길을 가르쳐 주세요.

Itó ang daán sa palengke.
[이또 앙 다안 사 빨레-ㅇ께]
이 길이 시장으로 가는 길입니다.

Huwág lumabás sa kalsada. Mapanganib!
[후왁 루마바스 사 깔사-다. 마빵아-닙!]
길거리에 나가지 마라. 위험해.

▶ 장소 물어보기

"어디"라는 의미를 갖는 의문사는 대부분의 언어에는 한 단어만 있는데 비해 필리핀어에는 두 가지(saán[사안]과 násaán[나-사안]) 로 구분한다.
Saán은 움직일 수 없는 고정된 장소를 질문할 때 사용하는 의문사이고, násaán은 움직여 질 수 있거나 스스로 움직이는 것(사람, 물건 등) 에 대한 위치를 질문할 때사용하는 의문사이다. 그러나 일상회화에서는 구분하지 않고 사용하기도 한다.

Saán ang CR?
[사안 앙 씨알?]
화장실은 어디입니까?

Saán ang embahada ng Koreano?
[사안 앙 엠바하-다 낭 꼬레아-노?]
한국 대사관은 어디에 있습니까?

Saán ang bus terminal?
[사안 앙 바-스 떠-미날?]
버스 터미널은 어디 입니까?

Saán pô kayó nakatirá?
[사안 뽀' 까요 나까띠라?]
어디서 사십니까?

Saán ang Luzena city sa mapang itó?
[사안 앙 루쩨-나 시티 사 마-빵 이또?]
이 지도에서 루제나 시는 어디에 있습니까?

Násaán ang Nanay mo?
[나-사안 앙 나-나이 모?]
너의 어머니는 어디 계시냐?

Násaán ang kaibigan niyá?
[나-사안 앙 까이비-간 냐?]
그의 친구는 어디에 있습니까?

Násaán ang pagkain para sa aso?
[나-사안 앙 빡까-인 빠-라 사 아-소?]
개한테 줄 음식은 어디 있습니까?

Násaán ang ínúmin para sa atin?
[나-사안 앙 이-누-민 빠-라 사 아-띤?]
우리가 마실 음료수는 어디에 있습니까?

Násaán ang bus na patungo sa Sorsogon?
[나-사안 앙 바-스 나 빠뚜-ㅇ오 사 소르소-곤?]
소르소곤 향 버스는 어디에 있습니까?

길 묻기(실전회화)

〈T : **Tanóng**(질문) , **S**: **Sagot**(답변) 〉

T : Ginoó, excuse me. Puwede pô bang magtanóng?

[기노오, 익스큐스 미. 뿌웨-데 뽀' 방 막따농?]

사장님(또는 선생님) , 실례합니다. 좀 여쭤보아도 되겠습니까.

S : Opò, anó pô iyón?

[오-뽀', 아노 뽀' 이욘?]

예, 무엇입니까?

T : Saán pô rito ang opisina ni Attorni Bernardino?

[사안 뽀' 리-또 앙 오피시-나 니 아또-니 베르나르디-노?]

이 부근에 베르나르디노 변호사의 사무실이 어디입니까?

S : Doón sa súsunód na kanto. May mákikita kayóng karátulá.

[도온 사 수-수놑 나 까-ㄴ또. 마이 마-끼끼따 까용 까라-뚤라]

저기 다음 교차로입니다. 간판이 보일 겁니다.

S' : Hindî ko pô siyá nákikilala. Bago lang pô akó rito, e.

[힌디' 꼬 뽀' 시야 나-끼끼랄라. 바-고 랑 뽀' 아꼬 리-또, 에]

그 사람 모르겠습니다. 저도 이곳이 처음입니다.

e[에] : 이유나 유감을 나타나기 위해 문장 끝에 붙이는 문미 조사

T : Maraming salamat pô.

[마라-밍 살라-맡 뽀']

대단히 감사합니다.

S : Walâ pong anumán.

[왈라' 뽕 아누만]

천만에요.

17

▶ 관광

Nakapuntá ka ba sa Borakay?
[나까뿐따 까 바 사 보라-까이?]
보라카이에 가 봤습니까?

Oo, nakapuntá akó doón.
[오-오, 나까뿐따 아꼬 도온]
예, 거기 가봤습니다.

Hindî pa.
[힌디 빠]
아직 못 가 봤어요.

Hindî pa akó nakakápuntá sa Borakay.
[힌디' 빠 아꼬 나까까-뿐따 사 보라카이]
아직 보라카이에 가보지 못했습니다.

Kailanmá'y hindî akó nakakápuntá.
[까일란마이 힌디' 아꼬 나까까-뿐따]
전혀 가 본 적이 없습니다.

Anó ang mga pinakainteresadong lugár sa lungsód na itó?
[아노 앙 망아 삐나까인떼레사-동 루가르 사 룽손 나 이또?]
이 도시에서 가장 흥미로운 장소들이 무엇입니까?

Maáarì mo bang iturò ang lugár na iyón sa mapang itó?
[마아-아-리' 모 방 이뚜-로' 앙 루가르 나 이욘 사 마-빵 이또?]
이 지도에서 그 장소를 가르쳐 줄 수 있습니까?

Saán puwede akó bumilí ng pasalubong?
[사안 뿌웨-데 아꼬 부밀리 낭 빠사루-봉]
기념품은 어디서 살 수 있습니까?

Gustó kong bilhín ang pasalubong.
[구스또 꽁 빌힌 앙 빠사루-봉]
기념품을 사고 싶습니다.

Saán akó makakábilí ng mga panregalo?
[사안 아꼬 마까까-빌리 낭 망아 빤레가-ㄹ로?]
선물은 어디에서 살 수 있습니까?

May giya bang nagsásalitâ ng Inglés?
[마이 기-야 방 낙사-살리따' 낭 잉글레스?]
영어를 할 수 있는 가이드가 있습니까?

Anó ang pamamasyál naming maáarì gawín sa paligid ng poók na itó?
[아노 앙 빠마마샬 나-밍 마아-아-리' 가윈 사 빨리-긷 낭 뽀옥 나 이또?]
이 지역을 관광할 수 있는 방법은 무엇입니까?

Anóng oras tayo manánanghalì?
[아농 오-라스 따-요 마나-낭하-ㄹ리?]
우리는 언제 점심을 먹습니까?

Anóng oras tayo mag-áalmúsal?
[아농 오-라스 따-요 막아-알무-살?]
우리는 언제 아침을 먹습니까?

Anóng oras tayo magháhapúnan?
[아농 오-라스 따-요 막하-하뿌-난?]
우리는 언제 저녁을 먹습니까?

Humintô kayó sa isáng mabuting restaurán.
[후민또' 까요 사 이상 마부-띵 레스따우란]
좋은 식당에 세워 주세요.

Humanap ka ng isáng mabuting puwesto para kumain.
[후마-낲 까 낭 이상 마부-띵 뿌웨-스또 빠-라 꾸마-인]
식사할 수 있는 좋은 자리를 찾아라.

Pakilibot mo kamí sa bayan mámayáng gabí.
[빠끼리-봍 모 까미 사 바-얀 마-마양 가비]
오늘 저녁에 우리에게 시내구경을 좀 시켜줘.

kamí[까미] : 대화의 상대를 제외한 우리

tayo[따-요] : 대화의 상대까지 포함한 우리

17

Saán akóng makákíta ng mahusay na nightclub dito?
[사안 아꽁 마까-끼-따 낭 마후-사이 나 나이트클럽 디-또?]
이곳에서 좋은 나이트클럽은 어디에서 찾을 수 있습니까?

Magpuntá tayo sa bar upang uminóm.
[막뿐따 따-요 사 바- 우-빵 움이놈]
술 마시러 바에 갑시다.

Huwág mo kamíng dádalhín sa lugár na nakahíhiyâ.
[후왁 모 까밍 다-달힌 사 루가르 나 나까히-히야']
우리를 저속한 장소로 데려가지 마.

Dalhín mo kamí sa isáng desenteng night club.
[달힌 모 까미 사 이상 데세-ㄴ뗑 나이트 클럽]
분위기 좋은(품위 있는) 나이트 클럽에 데려다 줘.

Puwede bang magsama ng babae doón?
[뿌웨-데 방 막사-마 낭 바-바에 도온?]
거기에 여성을 동반할 수 있습니까?

Nápakabuti mo.
[나-빠까부띠 모]
당신은 매우 친절하군요.

Waláng anumán. Ikinasísiyá ko.
[왈랑 아누만. 이끼나시-시야 꼬]
천만에요. 덕분에 저가 즐거웠습니다.

여행 경험담(실전회화)

〈**A** : 여행을 다녀 온 친구, **B** : 함께 여행하지 않은 친구〉

B : Nátulóy ba ang biyahe ninyó ng mabuti?

[나-뚤로이 바 앙 비야-헤 닌요 낭 마부-띠?]

너희들 여행은 즐겁게 계속할 수 있었어?

A : Oo, pero hindî kamí nag-enjoy.

[오-오, 뻬-로 힌디' 까미 낙엔조이]

응, 그러나 우리는 즐기지 못했어.

nag-enjoy: mag-enjoy[막엔조이](즐기다) 의 과거형

현재형 nag-éenjoy[낙에엔조이]

미래형 mag-éenjoy[막에엔조이]

"mag"(능동사용 접두사) 을 이용하여 외래어를 어근으로 결합시켜 필리핀어화 함.

Ex) mag-order[막오-더]: 주문하다

maglosyon[막로-숀]: 로숀을 바르다

어근의 첫 글자가 모음일 경우 연자부호(-) 를 삽입한다.

B : Anó ang nangyari?

[아노 앙 낭야-리?]

무슨 일이 생겼는데?

A : Hindî tumilà ang ulán, e.

[힌디' 뚜미-ㄹ라' 앙 울란, 에.]

비가 그치지 않았거든.

B : Kayâ palá. Nasa loób lang kayó ng resort, dî ba?

[까야' 빨라. 나-사 로옵 까요 낭 리조-트, 디' 바?]

그랬었구나. 너희들은 리조트 안에만 머물렀지, 안 그래?

A : Ganoón na ngâ.

[가노온 나 ㅇ아]

바로 그거야.

B : Okay lang iyón. Nakapagpahingá ka namán siguro.
[오케이 랑 이욘. 나까빡빠힝아 까 나만 시구-로]
그것도 좋았겠다. 푹 쉴 수 있었을 거 같은데.

A : Sa akalà ko rin, pero hindî.
[사 아까-ㄹ라' 꼬 린, 뻬-로 힌디']
내 생각에도 그랬는데, 그러나 아니였어.

B : Bakit? Anóng nangyari?
[바-낕? 아농 낭야-리?]
왜? 무슨 일이 일어났는데?

A : Tumútulò kasí ang bubóng sa kuwarto namin.
[뚜무-뚜-ㄹ로' 까시 앙 부봉 사 꾸와-르또 나-민]
우리 방의 지붕이 새고 있어서....

kasí[까시]: ~한 이유로, ~ 때문에(이유, 원인을 설명하는 문장이 됨.)

B : Sayang! Káwawà ngâ.
[사-양! 까-와-와' ㅇ아']
저런, 불쌍해라.

식당/레스토랑

Gustó ko'y isáng mesang pang-apat na tao.
[구스또 꼬이 이상 메-상 빵아-빹 나 따-오]
4인용 식탁 하나를 원합니다.

pang[빵]은 용도 및 수단을 의미하는 형용사용 접두사

Ex) pang-ospitál[빵오스삐딸]: 병원용의
pambatà[빰바-따']: 어린이용의
panlutò[빤루-또']: 요리용의

연결되는 단어의 첫글자가 d, l, r, s, t인 경우에는 pan[빤], b p인 경우는 pam[빰], 그 외에는 모두 pang[빵]으로 쓴다.

Gustó kong magpareserba ng isáng mesa para sa dalawáng tao.
[구스또 꽁 막빠레세-르바 낭 이상 메-사 빠-라 사 달라왕 따-오]
2인용 식탁 하나를 예약하고 싶습니다.

Nais ko pong magpareserba ng isáng mesa sa ikapitó ng gabí.
[나이스 꼬 뽕 막빠레세-르바 낭 이상 메-사 사 이까삐또 낭 가비]
저녁 7시에 식탁 하나를 예약하고 싶습니다.

17

Ibigáy ninyó sa amin ang mesang malapit sa bintanà.
[이비가이 닌요 사 아-민 앙 메-상 말라-삩 사 빈따-나']
우리에게 창가에서 가까운 식탁을 주십시오.

May reserbasyón pô ba kayó?
[마이 레세르바숀 뽀' 바 까요?
예약하셨습니까?

Hintáy kayó sandalî lang.
[힌따이 까요 산달리' 랑]
잠깐만 기다려 주세요.

Magkákaroón pô kamí ng bakanteng mesa sa loób ng sampúng minuto.
[막까-까로온 뽀' 까미 낭 바까-ㄴ뗑 메-사 사 로옵 낭 삼뿡 미누-또]
10분 내로 빈 식탁이 나올 예정입니다.

Maáarì pô ba kayóng maghintáy?
[마아-아-리‘ 뽀’ 바 까용 막힌따이?]
기다려 주실 수 있습니까?

Weyter, halika dito.
[웨이터, 할리-까 디-또]
웨이터, 여기 와 보세요.

Ákina ang manú.
[아-끼나 앙 메뉴]
메뉴 주세요.

Maáarì ba naming mákíta ang menú?
[마아-아-리‘ 바 나-밍 마-끼-따 앙 메누?]
메뉴를 볼 수 있을까요?

Mayroón ba kayóng espesyál na pagkain ng araw?
[마이로온 바 까용 에스뻬샬 나 빡까-인 낭 아-라우?]
오늘의 특별 음식(추천메뉴) 이 있습니까?

Walâ akóng gana.
[왈라‘ 아꽁 가-나]
나는 식욕이 없습니다.

Gustó kong kumain ng pampagana.
[구스또 꽁 꾸마-인 낭 빰빠가-나]
식욕을 돋우는 음식을 먹고 싶습니다.

Gaya rin ng dati.
[가-야 린 낭 다-띠]
같은 걸로 주세요.

Masiyahán kayó sa pagkain.
[마시야한 까요 사 빡까-인]
즐겁게 식사하세요.

Sobra ang pagkalutò nitó.
[소-브라 앙 빡까루-또' 니또]
이 요리는 너무 구워졌어요.

nitó[니또]는 itó[이또]의 소유격(itó : 이것, nitó : 이것의)

Hindî akó nag-order nitó.
[힌디' 아꼬 낙오-더 니또]
이것은 주문하지 않았습니다.

Hindî sariwà itó.
[힌디' 사리-와' 이또']
이것은 신선하지 않습니다.

Sobra ang tamís nitó.
[소-브라 앙 따미스 니또]
이것은 너무 달아요.

Waláng papél pangkubeta sa pálikuran.
[왈랑 빠뻴 빵꾸베-따 사 빠-ㄹ리꾸란]
화장실에 화장지가 없어요.

Bigyán mo akó ng kutsilyong matalím.
[빅얀 모 아꼬 낭 꾸찌-ㄹ용 마딸림]
잘 썰리는 칼을 주세요.

Kailangan ko isá pang tinapay.
[까일라-ㅇ안 꼬 이사 빵 띠나-빠이]
빵 한 개가 더 필요합니다.

Iabót mo sa akin ang asín.
[이아봍 모 사 아-낀 앙 아신]
소금을 나한테 건네주세요.

Abután mo akó ng pamintá.
[아부딴 모 아꼬 낭 빠민따]
후추를 나한테 건네주세요.

17

Maáarì pô bang bigyán ninyó akó ng palito?
[마아-아-리' 뽀' 방 빅얀 닌요 아꼬 낭 빨리-또?]
이쑤시개를 주실 수 있습니까?

Alisín mo na itó.
[알리신 모 나 이또]
이것 좀 치워주세요.

Bigyán mo akó ng kapéng waláng gatas.
[비얀 모 아꼬 낭 까뻬 왈랑 가-따스]
블랙커피를 주세요.

Lagyán mo ng gatas ang aking kapé.
[락얀 모 낭 가-따스 앙 아-낑 까뻬]
내 커피에는 크림을 타 주세요.

Tapós na akó. Ákina ang kuwenta.
[따뽀스 나 아꼬. 아-끼나 앙 꾸웨-ㄴ따]
끝났습니다. 계산서 주세요.

Ang pagkain ay nápakahusay.
[앙 빡까-인 아이 나-빠까후사이]
음식은 매우 훌륭했습니다.

Hindî tamà itó.
[힌디' 따-마' 이또]
이것은 틀렸습니다.

Pakitawag mo ngâ ang mánedyér.
[빠끼따-왁 모 ㅇ아' 앙 마-네졔르]
매니저 좀 불러 주세요.

Itagò mo ang suklî.
[이따-고' 모 앙 수끌리']
거스름돈은 가지세요.

세탁 및 옷 수선

tuwalya[뚜와-ㄹ야]: 수건, 타월

medyas[메-쟈스]: 양말

amerikana[아메리까-나]: 상의, 외투

kamiseta[까미세-따]: 내의

kamisadentro[까미사데-ㄴ뜨로]: 셔츠

pantalón[빤딸론]: 바지

karsonsilyo[까르손시-ㄹ요]: 속바지

panyolito[빤욜리-또]: 손수건

saya[사-야]: 치마, 스커트

kamisón[까미손]: 슈미즈

nayt-gawn[나이트 가운]: 잠옷(여성)

blusa[블루-사]: 블라우스

bra[브라]: 브래지어

pantis[빠-ㄴ띠스]: 팬티

kubrekama[꾸브레까-마]: 침대 커버

kumot[꾸-몯]: 담요

kurtina[꾸르띠-나]: 커텐

diyaket[쟈-껟]: 재킷, 웃옷

kurbata[꾸르바-따]: 넥타이

punda ng unan[뿌-ㄴ다 낭 우-난]: 베갯잇

Puwede ba ang paglalabá ng damít sa otél na itó?
[뿌웨-데 바 앙 빡라라바 낭 다밑 사 오뗄 나 이또?]
이 호텔에서 옷 세탁이 가능합니까?

Gustó kong magpalabá ng damít ko.
[구스또 꽁 막빠라바 낭 다밑 꼬]
내 옷을 세탁시키고 싶습니다.

17

Gustó ko sana'y dalí-daliín lamang.
[구스또 꼬 사-나이 달리 달리인 라-망]
가능한 빨리 해 주세요.

Saán ang labanderiya ditó?
[사안 앙 라반데리-야 디-또?]
이 근처에 세탁소가 어디 있습니까?

Kailán maibábalík ang mga itó?
[까일란 마이바-발릭 앙 망아 이또?]
이것들을 언제 돌려받을 수 있습니까?

Tingnán ninyó kung tamà ang listahang itó.
[띵난 닌요 꿍 따-마' 앙 리스따-항 이또]
이 목록이 맞는지 봐 주세요.

Pag-ingatan mo ang damít na itó.
[빡잉아-딴 모 앙 다밑 나 이또]
이 옷은 조심해 줘.

Kailán kong makúkúha ang aking mga damít?
[까일란 꽁 마꾸-꾸-하 앙 아-낑 망아 다밑?]
언제 내 옷들을 찾아 갈 수 있나요?

Hindî akin itó.
[힌디' 아-낀 이또]
이것은 내 것이 아닙니다.

May náwawaglít na iláng piraso.
[마이 나-와와글릳 나 일랑 삐라-소]
몇 개가 없습니다.

Pakilagyán mo lamang ng butones ang damít na itó.
[빠끼락얀 모 라-망 낭 부또-네스 앙 다밑 나 이또]
이 옷에 단추 좀 달아 주세요.

Gustó kong másulsihán ang blusang itó.
[구스또 꽁 마-술시한 앙 블루-상 이또]
이 블라우스를 수선하고 싶습니다.

Parang makipot ang manggás.
[빠-랑 마끼-뽙 앙 망가스]
소매가 좀 끼입니다.

Aryahán ninyó nang kontî ang manggás.
[아랴한 닌요 낭 꼰띠 앙 망가스]
소매를 조금만 늘려 주세요.

Bábalikán ko ang damít na iyán bukas ng umaga.
[바-발리깐 꼬 앙 다밑 나 이얀 부-까스 낭 우마-가]
내일 아침에 그 옷을 찾으러 다시 오겠습니다.

17

18 종교 및 신앙생활

필리핀에서 천주교는 국교라고 할 정도로 신자들이 많다. 무슬림이 많은 민다나오지역을 제외하면 약 85%정도가 천주교 신자이다.
따라서 천주교는 정부조직과 더불어 필리핀을 이끌어 가는 하나의 축으로서 필리핀인들의 일상생활에 스며들어 있다.

종교관련 용어

Panginoón[빵이노온]: 하느님, 주 그리스도

simbahan[심바-한]: 교회, 성당

katedrál[까떼드랄]: 대성당

binyág[빈약]: 세례

Ang Papa[앙 빠-빠]: 교황

Kardenál[까르데날]: 추기경

Arsobispo[아르소비-스뽀]: 대주교

Padre/Parì[빠-드레/빠-리']: 신부

sambahan[삼바-한]: 교회

pagsambá[빡삼바]: 예배

Ministro[미니-스뜨로]: 목사

Pastór[빠스또르]: 목사

Predikadór[쁘레디까도르]: 전도사

sermon[세-르몬]: 설교

misa[미-사]: 미사

kapilya[까삐-ㄹ야]: 예배당

kurús[꾸루스]: 십자가

kandilà[깐디-ㄹ라']: 초

dasál/dalangin[다살/달라-ㅇ인]: 기도

kumpisál[꿈삐살]: 고해성사

iglesya[이글레-샤]: 교회, 성당

relihiyón[렐리히욘]: 종교

Amá Namin[아마 나-민]: 주기도문(*의미: 우리 아버지)

Iglesya ni Kristo[이글레-샤 니 끄리-스또]: 그리스도 교

Hesus Kristo[헤-수스 끄리-스또]: 예수 그리스도

Ang Sampúng Utos[앙 삼뿡 우-또스]: 십계

Semana Santa[세마-나 사-ㄴ따]: 성(聖) 주간(부활절의 전주)

Diyós/Bathalà[지요스/밭하-ㄹ라']: 하느님, 신

Maykapál/Maylikhâ[마이까빨/마이릭하']: 창조주, 하느님

Ang Mahál na Birheng Maria[앙 마할 나 비-르헹 마리아]: 동정녀 마리아

18

Tayo na sa simbahan.
[따-요 나 사 심바-한]
교회(성당) 에 가자.

Tayo na magsimbá.
[따-요 나 막심바]
미사 보러 가자.

Ikáw ba ay sumísimbá kung Linggó?
[이까우 바 아이 수미-심바 꿍 링고?]
일요일에는 미사 보러 가느냐?

Ikinasál silá sa simbahan.
[이끼나살 실라 사 심바-한]
그들은 교회에서 결혼식을 했다.

Anó ang relihiyón ninyó?
[아노 앙 렐리히욘 닌요?]
당신의 종교는 무엇입니까?

Lumuhód tayo at manalangin.
[루무혿 따-요 앝 마날라-ㅇ인]
무릎 꿇고 기도합시다.

Magsésérmon ang parì.
[막세-세-르몬 앙 빠-리']
신부님이 설교를 할 것이다.

Ipagdasál(Ipanalangin) mo akó.
[이빡다살(이빠날라-ㅇ인) 모 아꼬]
날 위해 기도해 줘.

Ipagdasál natin ang kanyáng paggalíng.
[이빡다살 나-띤 앙 깐양 빡갈링]
그의 회복을 위해 기도합시다.

Dapat tayong magdasál araw-araw.
[다-빹 따-용 막다살 아-라우 아-라우]
우리는 매일매일 기도해야 한다.

Sumísimbá ang mga tao upang sumambá sa Diyós.
[수미-심바 앙 망아 따-오 우-빵 수맘바 사 지요스]
사람들은 하느님께 예배를 드리기 위해 교회에 간다.

Maraming sumísimbá kung Semana Santa.
[마라-밍 수미-심바 꿍 세마-나 사-ㄴ따]
성 주일에는 많은 사람이 교회에 간다.

Nabinyagán na ba siyá?
[나빈야간 나 바 시야?]
그는 세례를 받았느냐?

Ang pagbibinyág ng kanyáng anák ay gágawín sa Linggó.
[앙 빡비빈약 낭 깐양 아낙 아이 가-가윈 사 링고]
그의 아이 세례식은 요번 일요일에 있을 예정이다.

Siyá ay bininyagáng Juan.
[시야 아이 비닌야걍 후안]
그는 후안이라고 세례명을 받았다.

Si Pedro ay nagíng alagád ni Jesuskristo.
[시 뻬-드로 아이 나깅 알라갇 니 헤수스끄리-스또]
페드로는 예수그리스토의 사도가 되었다.

Si San Pedro ay isá sa labindalawáng alagád ng ating Panginoón.
[시 산 뻬-드로 아이 이사 사 라빈달라왕 알라갇 낭 아-띵 빵이노온]
성 페드로는 우리 하느님의 12사도 중 한 사람이다.

신앙생활

Naníniwalà akó sa Diyós.
[나니-니와-ㄹ라' 아꼬 사 지요스]
나는 신의 존재를 믿습니다.

Mahál ka(kayó, tayo) ng Diyós.
[마할 까(까요, 따-요) 낭 지요스]
하느님은 당신을(당신들을, 우리들을) 사랑하십니다.

Tinátáwag silá(kayó, tayo) ng Diyós.
[띠나-따-왁 실라(까요, 따-요) 낭 지요스]
하느님은 그들을(당신들을, 우리를) 부르십니다.

Binábantayán tayo ng Diyós.
[비나-반따얀 따-요 낭 지요스]
하느님은 우리를 지켜 주십니다.

Magtiwalà tayo sa Dyiós.
[막띠와-ㄹ라' 따요 사 지요스]
하느님을 믿읍시다.

Magtiwalà ka ba sa Dyiós?
[막띠와-ㄹ라' 까 바 사 지요스?]
너는 하느님을 믿느냐?

Manalangin tayo sa Diyós.
[마날라-ㅇ인 따-요 사 지요스]
하느님께 기도합시다.

18

Humilíng tayo sa Diyós.
[후밀링 따요 사 지요스]
하느님께 간청합시다.

May-awà ang Diyós sa atin.
[마이 아-와' 앙 지요스 사 아-띤]
하느님은 우리를 불쌍히 여기십니다.

Nakíkiníg ang Diyós sa atin.
[나끼-끼닉 앙 지요스 사 아-띤]
하느님은 우리의 말을 듣고 계십니다.

Pag-ibig ang Diyós.
[빡이-빅 앙 지요스]
하느님은 사랑입니다.

Mahál ko(natin) ang Diyós.
[마할 꼬(나-띤) 앙 지요스]
나는(우리는) 하느님을 사랑합니다.

Matíísin ang Diyós.
[마띠-이-신 앙 지요스]
하느님은 참습니다.

Nagpápatáwad ang Diyós.
[낙빠-빠따-왇 앙 지요스]
하느님은 용서하십니다.

Tagasunód tayo ng Diyós.
[따가수놑 따-요 낭 지요스]
우리는 하느님을 따르는 사람들입니다.

Ang iglesya ang katawán ni Kristo.
[앙 이글레-샤 앙 까따완 니 끄리-스또]
교회는 하느님의 몸입니다.

Nilaláng ng Diyós ang mundó.
[닐랄랑 낭 지요스 앙 문도]
하느님께서 이 땅을 창조하셨습니다.

Tayo ay mga nilaláng ng Diyós.
[따-요 아이 망아 닐랄랑 낭 지요스]
우리는 하느님의 창조물들입니다.

Katóllikó ba kayó?
[까또-ㄹ리꼬 바 까요?]
당신들은 천주교 신자입니까?

Oo, katólikó kamí.
[오-오. 까또-ㄹ리꼬 까미]
예, 우리는 천주교 신자입니다?

Hindî kamí katólikó.
[힌디' 까미 까또-ㄹ리꼬]
우리는 천주교 신자가 아닙니다.

Protestante pô ba kayó?
[쁘로떼스따-ㄴ떼 뽀' 바 까요?]
당신은 기독교 신자이십니까?

Sabadista ba silá?
[사바디-스따 바 실라?]
그들은 제7일 안식일 재림파의 신도들입니까?

Maglingkód tayo sa Diyós.
[막링꼳 따-요 사 지요스]
하느님을 섬깁시다.

Sama-sama tayong manalangin.
[사-마 사-마 따-용 마날라-ㅇ인]
우리 함께 기도합시다.

Patawarin natin ang isá't isá.
[빠따와-린 나-띤 앙 이샅 이사]
우리 서로 용서합시다.

Kalimutan natin ang nakaraán.
[깔리무-딴 나-띤 앙 나까라안]
과거를 잊읍시다.

18

Dahil kay Kristo, púpuntá tayong lahát sa langit.
[다-힐 까이 끄리-스또, 뿌-뿐따 따-용 라할 사 라-ㅇ잍]
그리스도 덕분에 우리는 모두 천국으로 갈 것입니다.

Pinatawad tayo ng Diyós dahil kay Kristo.
[삐나따-왇 따-요 낭 지요스 다-힐 까이 끄리-스또]
그리스도 덕분에 하느님은 우리를 용서하셨습니다.

Namatáy si Jesus sa krus alang-alang sa atin.
[나마따이 시 헤-수스 사 끄루스 아-ㄹ랑 아-ㄹ랑 사 아-띤]
예수는 우리를 대신해 십자가에서 돌아 가셨습니다.

alang-alang sa[아-ㄹ랑 아-ㄹ랑 사] ~: ~를 위해, ~를 대신하여

Biníbinyagán kitá sa ngalan ng Amá, at ng Anák, at ng Espíritú Santo.
[비니-빈야간 끼따 사 ㅇ아-ㄹ란 낭 아마, 앝 낭 아낰, 앝 낭 에스삐-리뚜 사-ㄴ또]
성부와 성자와 성신의 이름으로 너에게 세례를 내리노라.

주기도문

Amá Namin[아마 나-민]

Amá namin, sumásalángit Ka
[아마 나-민, 수마-살라-ㅇ잍 까]
하늘에 계신 우리 아버지

Sambahín ang ngalan Mo
[삼바힌 앙 ㅇ아-ㄹ란 모]
아버지의 이름이 거룩히 빛나시며

Mápasaamin ang kaharian Mo
[마-빠사아민 앙 까하리-안 모]
아버지의 나라가 오시며

Sundín ang loób Mo dito sa lupà, para nang sa langit.
[순딘 앙 로옵 모 디-또 사 루-빠‘, 빠-라 낭 사 라-ㅇ잍]
아버지의 뜻이 하늘에서와 같이 땅에서도 이루어지소서!

Bigyán Mo kamí ngayón ng aming kakanín sa araw-araw.
[빅얀 모 까미 ㅇ아욘 낭 아-밍 까까닌 사 아-라우 아-라우]
오늘 우리에게 일용할 양식을 주시고,

At patawarin Mo kamí sa aming mga sala, para nang pagpapatawad namin sa mga nagkakásála sa amin.
[앋 빠따와-린 모 까미 사 아-밍 망아 사-ㄹ라, 빠-라 낭 빡빠빠따-왇 나-민 사 망아 낙까 까-사-ㄹ라 사 아-민]
저희에게 잘못한 이를 저희가 용서하오니 저희 죄를 용서하시고

At huwág Mo kamíng ipahintulot sa tuksó,
[앋 후왁 모 까밍 이빠힌뚜-ㄹ롣 사 뚝소]
저희를 유혹에 빠지지 않게 하시고

At iadyá Mo kamí sa lahát ng masamâ.
[앋 이아쟈 모 까미 사 라할 낭 마사마']
모든 악에서 구하소서.

Sapagká't Iyó ang kaharian, at kapangyarihan, at ang kadakilaan, magpakailanmán. Amén.
[사빡깓 이요 앙 까하리-안, 앋 까빵야리-한, 앋 앙 까다낄라-안 막빠까일란만. 아멘]
나라와 권능과 영광이 영원히 아버지의 것입니다. 아멘.

18

십계

Ang sampúng utos[앙 삼뿡 우-또스]

1. Ibigin mo ang Diyós ng higít sa lahát.
   [이비-긴 모 앙 지요스 낭 히긷 사 라할]
   오직 한 분이신 하느님을 흠숭하여라.

2. Huwág kang magpahamak na manumpâ sa ngalan ng Diyós.
   [후왁 깡 막빠하-막 나 마눔빠' 사 ㅇ아-ㄹ란 닝 지요스]
   하느님의 이름을 욕되게 하지 마라.

3. Mangilin ka Linggó at piestang pangilin.
   [망이-ㄹ린 까 링고 앋 삐에-스땅 빵이-ㄹ린]
   안식일을 거룩히 지내라.

4. Igalang mo ang iyóng amá't iná.
[이가-ㄹ랑 모 앙 이용 아맡 이나]
부모에게 효도하여라.

5. Huwág kang pápatáy.
[후왁 깡 빠-빠따이]
살생을 하지 마라.

6. Huwág kang makiapíd.
[후왁 깡 마끼아삗]
간음하지 마라.

7. Huwág kang magnakaw.
[후왁 깡 막나-까우]
도둑질을 하지마라.

8. Huwág kang magbintáng o manirang puri sa iyóng kapwà.
[후왁 깡 막빈땅 오 마니-랑 뿌-리 사 이용 까-쁘와']
너의 이웃을 음해하지 마라.

9. Huwág mong pagnasaan ang dî mo asawa.
[후왁 몽 빡나사-안 앙 디' 모 아사-와]
남의 아내를 탐내지 마라.

10. Huwág kang magnasa ng dî mo pag-aarì.
[후왁 깡 막나-사 낭 디' 모 빡아아-리']
남의 재물을 탐내지마라.

성(聖) 주간(실전회화)

천주교가 국교라고 해도 과언이 아닐 정도인 필리핀에서 연중 최고의 명절기간은 Semana Santa[세마-나 사-ㄴ따]인 부활절 전주인 성 주간이다.
성 주간중 목요일과 금요일은 Huwebes Santo[후웨-베스 사-ㄴ또], Biyernes Santo[비예-르네스 사-ㄴ또], 우리말로는 예수 승천 축일(성 목요일) 과 예수 수난일(성 금요일) 로서 국가 공휴일로 지정되어 있기 때문에 목요일부터 주말까지 연휴가 된다.
각 급 학교들의 방학기간 중이고, 또한 계절적으로도 가장 좋은 바캉스 시즌이라 연중 가장 많은 유동인구가 발생한다.

〈**P**: **Pinóy**(필리핀인) , **D**: **Dayuhan**(외국인) , 관계: 친구) 〉

D : May mahabang week-end sa Semana Santa.
[마이 마하-방 위크 엔드 사 세마-나 사-ㄴ따]
성 주간이라 주말이 길어.
May plano ka na ba?
[마이 쁠라-노 까 나 바?]
계획한 거 있어?

P : Mas gustó kong tumigil dito sa Maynila pag Semana Santa.
[마스 구스또 꽁 뚜미-길 디-또 사 마이니-ㄹ라 빡 세마-나 사-ㄴ따]
성 주간이 오면 나는 여기 마닐라에 머무는 게 더 좋아.
Tahimik at waláng trapik kasí, e.
[따히-믹 앝 왈랑 뜨라-삑 까시, 에]
조용하고 교통도 혼잡하지 않거든.

D : Pero sarado lahát ng tindahan at káinan.
[뻬-로 사라-도 라핱 낭 띤다-한 앝 까-이-난]
그렇지만 가게와 식당들이 다 문을 닫아 버리는데.
Anó ang gágawín mo rito?
[아노 앙 가-가윈 모 리-또?]
여기서 뭐 할 거야?

18

P : Nagbíbisíta sa iglesya kamí pag Huwebes Santo.
[낙비-비시-따 사 이글레-샤 까미 빡 후웨-베스 사-ㄴ또]
우리는 성 목요일이 되면 교회에 가.
Pumúpuntá kamí sa pitóng simbahan para magrosaryo.
[뿌무-뿐따 까미 사 삐똥 심바-한 빠-라 막로사-료]
우리는 묵주기도를 하기 위해 7개 교회를 순회 하지.

D : Lahát iyón sa loób ng isáng araw?
[라핱 이욘 사 로옵 낭 이상 아-라우?]
그거 다 하루 만에 하는 거야?

sa loób ng[사 로옵 낭] ~ : ~ 안에, ~ 이내에, ~의 내부에

P : Oo. Nagsísimulâ sa umaga hanggáng gabí.
[오-오. 낙시-시물라' 사 우마-가 항강 가비]
응. 아침에 시작해서 저녁까지 하지.

D : Nalílíbot mo palá ang Maynila.
[날리-리-봍 모 빨라 앙 마이니-ㄹ라]
마닐라 시내를 완전히 한 바퀴 돌겠구나.

P : O, ikáw? Anó ang plano mo sa Semana Santa?
[오, 이까우? 아노 앙 쁠라-노 모 사 세마-나 사-ㄴ따?]
참, 너는? 성 주일동안 너의 계획은 뭐야?

D : Iníimbitá akó ng kaibigan sa Batangas.
[이니-임비따 아꼬 낭 까이비-간 사 바따-ㅇ가스]
바땅가스에 있는 친구로부터 초대 받았어.
Mangángawíl at lálangóy kamí sa isáng pulô.
[망아-ㅇ아윌 앝 라-랑오이 까미 사 이상 뿔로']
우리는 섬에 가서 낚시도 하고 수영도 할 예정이야.

P : Wowooo! Tuwáng-tuwâ ka, e.
[와우--! 뚜왕 뚜와' 까, 에]
와—! 너 정말 즐겁겠다.

세례(실전회화)

필리핀 국민들에게 유아세례는 종교적인 목적 외에도 교회가 정부에 대한 공식적인 출생신고를 대행해 줄 뿐만 아니라, 주변 사람들과 친척관계와 유사한 특별한 인적 관계를 맺을 수 있는 기회가 되기 때문에 매우 중요한 행사이다.
아이가 자라가면서 물질적, 정신적 후원자가 되는 대부모를 많이 두기 위해 아이 부모는 연이 있는 주변 사람들에게 대부모가 되어 달라고 부탁한다.

binyág[빈약]: 세례

ináanák[이나-아낙]: 대자녀

ninong[니-농]: 대부

ninang[니-낭]: 대모

kumpadre/kumpare/pare[꿈빠-드레/꿈빠-레/빠-레]: 자기 자녀의 대부에 대한 호칭

kumadre/kumare/mare[꾸마-드레/꾸마-레/마-레]: 자기 자녀의 대모에 대한 호칭

18

〈**A, B**: 여성, 친구관계〉

A : Mukháng magsá-shopping ka, dî ba?
[묵항 막사-샤핑 까, 디' 바?]
쇼핑하러 가는 거 같이 보이는데, 아니야?

magsá-shopping: mag-shopping(쇼핑하다)의 미래형
현재형: nagsá-shopping[낙사-샤핑]
과거형: nag-shopping[낙샤핑]

MAG 접두사는 외래어나 고유명사를 어근으로 결합하여 동사로 활용된다.
Ex)mag-excersise[막엑서사이스]: 연습하다, 운동하다
mag-deliver[막딜리버]: 인도하다, 배달하다
mag-MOA[막모아]: MOA(Mall Of Asia)에서 쇼핑하다.

B : Oo, bíbilí akó ng regalo para sa ináanák ko.

[오-오, 비-빌리 아꼬 낭 레가-ㄹ로 빠-라 사 이나-아낙 꼬]

응, 대자녀에게 줄 선물을 살 예정이야.

Magníninang sa binyág samakalawá.

[막니-니-낭 사 빈약 사마깔라와]

모레 세례식에 대모가 될 예정이야.

A : Sikát ka na talagá!

[시깥 까 나 딸라가!]

너 인기 참 좋구나!

Kinúkúha ka nang magninang.

[끼누-꾸-하 까 낭 막니-낭]

대모가 되어 달라고 부탁받고 있잖아.

B : Pero ayoko ngâ sana.

[뻬-로 아요-꼬 ㅇ아' 사-나]

그렇지만 그러지 않았으면 좋겠어.

Alám mo na, hindî akó títirá rito habambuhay.

[알람 모 나, 힌디' 아꼬 띠-띠라 리-또 하밤부-하이]

내가 여기에 평생 살지 않는 다는 거, 너 알잖아.

Hindî ko masúsubaybayán ang batà hanggáng paglakí niyá.

[힌디' 꼬 마수-수바이바얀 앙 바-따' 항강 빡라끼 냐]

그 아이가 성인이 될 때까지 돌보아 줄 수 없잖아.

A : Hayaan mo na.

[하야-안 모 나]

그냥 내 버려 둬.

Pinilì ka namán ng mga magulang ng batà.

[삐니-ㄹ리' 까 나만 낭 망아 마구-ㄹ랑 낭 바-따']

그 아이의 부모들이 너를 선택한 것뿐이야.

B : Anó'ng ibig mong sabihin?

[아노-옹 이-빅 몽 사비-힌?]

무슨 말이야?

Anó'ng[아노-옹]은 Anó ang[아노 앙]의 회화체용 줄임말이다.

A : Ibig sabihin, gustó niláng magíng mas matibay ang pagkakaibigan n'yo sa pamamagitan ng seremonya ng binyág.

[이-빅 사비-힌, 구스또 닐랑 마깅 마스 마띠-바이 앙 빡까까이비-간 뇨 사 빠마마기-딴 낭 세레모-냐 낭 빈약]

뭐냐 하면, 그들은 세례식을 통해서 너와의 우정을 더욱 돈독하게 하고 싶어 한다는 뜻이야.

n'yo[뇨]는 ninyó[닌요]의 회화체용 줄임말로서 아이의 부모를 의미하는 복수 2인칭 후부수식 소유격이다.

sa pamamagitan ng~[사 빠마마기-딴 낭]: ~를 통해서, ~를 이용하여

B : Ganoón ba?

[가노온 바?]

그런거야?(정말이야?)

A : Oo. Isá pa, malakíng karángálan para sa kanilá na magkaroón ng kumare na tulad mo.

[오-오. 이사 빠, 말라낑 까라-ㅇ아-ㄹ란 빠-라 사 까닐라 나 막까로온 낭 꾸마-레 나 뚜-ㄹ랄 모]

그래. 한 가지 더 있어, 너 같은 대모를 갖게 되는 것은 그들에게 큰 영광이지.

B : Karángálan ko rin na mápalapít sa kanilá.
[까라-ㅇ아-ㄹ란 꼬 린 나 마-빠라삗 사 까닐라]
그들과 가까워지는 것은 나에게도 영광이야.
Mabubuting tao silá at tapát na kaibigan.
[마부부-띵 따-오 실라 앝 따빹 나 까이비-간]
그들은 좋은 사람들이고 진실한 친구야.

mabubuti[마부부-띠]는 mabuti[마부-띠]의 복수형
Ex) magandáng babae[마간당 바바-에]: 아름다운 여자(단수)
magagandáng babae[마가간당 바바-에]: 아름다운 여자들(복수)
malalakíng bahay[말랄라낑 바-하이]: 큰 집들
malilinis na kuwarto[말릴리-니스 나 꾸와-르또]: 깨끗한 방들

O, magsá-shopping ka rin ba?
[오, 막사-샤핑 까 린 바?]
그런데 너도 쇼핑 할 거야?

A : Hindî. Patítingnán ko lang ang mga matá ko sa doktór.
[힌디'. 빠띠-띵난 꼬 랑 앙 망아 마따 꼬 사 독또르]
아니야. 의사한테 눈 검사 좀 받을 예정이야.
Mukháng tumaás na ang grado ng salamín.
[묵항 뚜마아스 나 앙 그라-도 낭 살라민]
안경 도수를 더 높여야 할 거 같아.

B : O, sige. Ingat.
[오, 시-게. 이-ㅇ앝]
그래, 알았어(가서 검사 받아) . 조심해.

A : Ingat ka rin.
[이-ㅇ앝 까 린]
너도 조심해.

18

19

비즈니스

▶ 사업

negosyo[네고-시요]: 사업, 거래, 기업

negosyante[네고시야-ㄴ떼]: 사업가

puhunan[뿌후-난] : 자본금, 투자금

kompanyá[꼼빠냐]: 회사

mánedyér[마-네제르]: 매니저, 사장

tagapamahalà[따가빠마하-ㄹ라']: 경영인

kawaní[까와니]: 직원, 종업원

empleado[엠쁠레아-도]: 직원, 종업원

pagluluwás[빡루루와스]: 수출

pag-angkát[빡앙깥]: 수입

angkát[앙깥]: 수입품

mang-aangkát[망아앙깥]: 수입회사, 수입업자

pábriká[빠-브리까]: 공장

págawaan[빠-가와안]: 공장

kalakal[깔라-깔]: 상품

produkto[쁘로두-ㅋ또]: 생산품

bahay-kalakal[바-하이 깔라-깔]: 회사(합자회사 등) , 기업체

kalakal na inilúluwás[깔라-깔 나 이니루-루와스]: 수출품

Mabuti ang negosyo ng tindahang itó.
[마부-띠 앙 네고-시요 낭 띤다-항 이또]
이 가게는 거래(사업) 가 잘되고 있다.

Siyá'y isáng matagumpáy na negosyante.
[시야이 이상 마따굼빠이 나 네고시야-ㄴ떼]
그는 성공한 사업가이다.

Nasa negosyo ang pera ko.
[나-사 네고-시요 앙 뻬-라 꼬]
내 돈은 사업에 투자되었다.

Ang puhunan ng kompanyáng iyán ay sampúng milyóng piso.
[앙 뿌후-난 낭 꼼빠냥 이얀 아이 삼뿡 밀용 삐-소]
그 회사의 자본금은 천만 페소입니다.

Namuhunan akó ng isáng milyóng piso sa negosyong itó.
[나무후-난 아꼬 낭 이상 밀용 삐-소 사 네고-시용 이또]
나는 이 기업에 백만 페소를 투자했다.

Akó'y mánedyér ng kompanyáng itó.
[아꼬이 마-네졔르 낭 꼼빠냥 이또]
저가 이 회사의 사장입니다.

Namámahalá siyá sa isáng malakíng bahay-kalakal.
[나마-마할라 시야 사 이상 말라낑 바-하이 깔라-깔]
그는 대기업체를 경영하고 있다.

Bagong angkát galing sa Espanya ang mga alak na iyón.
[바-공 앙깓 가-ㄹ링사 에스빠-냐 앙 망아 아-ㄹ락 나 이욘]
저 포도주들은 최근 스페인에서 수입된 것이다.

May kota ang pagluluwás natin ng asukal sa Estados Unidos.
[마이 꼬-따 앙 빡루루와스 나-띤 낭 아수-깔 사 에스따-도스 우니-도스]
우리는 미국에 대한 설탕 수출에 할당량이 있습니다.

Naglúluwás ng maraming kotse sa ibáng bansâ ang kompanyá namin.
[낙루-루와스 낭 마라-밍 꼬-체 사 이방 반사' 앙 꼼빠냐 나-민]
우리 회사는 외국에 많은 차를 수출하고 있습니다.

May malalakíng pábriká(págawaan) ng tela sa Maynila.
[마이 말라라낑 빠-브리까(빠-가와안) 낭 떼-ㄹ라 사 마이니-ㄹ라]
마닐라에는 대형 직물공장들이 있다.

19

Anó ang produkto ng págawaang itó?
[아노 앙 쁘로두-ㅋ또 낭 빠-가와앙 이또?]
이 공장의 생산품은 무엇입니까?

Empleado(Kawaní) siyá sa isáng bahay-kalakal.
[엠쁠레아-도(까와니) 시야 사 이상 바-하이 깔라-깔]
그는 기업체의 직원이다.

구인, 구직

Kailangan ko ang abogado na marunong ng Inglés.
[까일라-ㅇ안 꼬 앙 아보가-도 나 마루-농 낭 잉글레스]
영어를 할 수 있는 변호사가 필요합니다.

Kailangan ko ang isáng Tenedór-de-libro nang mádalian.
[까일라-ㅇ안 꼬 앙 이상 떼네도르 데 리-브로 낭 마-달리안]
회계사 1명이 긴급히 필요합니다.

Gustó ko'y isáng sekretarya na marunong ng Inglés.
[구스또 꼬이 이상 세끄레따-랴 나 마루-농 낭 잉글레스]
영어를 할 수 있는 여비서 한명을 원합니다.

Ibig kong umupa ng isáng kusinero.
[이-빅 꽁 움우-빠 낭 이상 쿠시네-로]
요리사 한명을 고용하고 싶습니다.

Nais kong magtrabaho akó sa kompanyáng itó.
[나이스 꽁 막뜨라바-호 아꼬 사 꼼빠냥 이또]
저는 이 회사에서 근무하기를 원합니다.

Mahusay akóng maginglés, kayâ gustó ko ang trabaho sa trading company
[마후-사이 아꽁 막잉글레스, 까야' 구스또 꼬 앙 뜨라바-호 사 트레이딩 컴퍼니]
저는 영어가 능숙하기 때문에 무역회사에서 근무하고 싶습니다.

Akó ang tagapamahalà. Anó ang maipaglílingkód ko sa inyó?
[아꼬 앙 따가빠마하-ㄹ라. 아노 앙 마이빡리-링꼳 꼬 사 인요?]
저가 매니저입니다. 무엇을 도와드릴까요?

Maligayang pagdatíng. Kailangan natin ang maraming kawaní.
[말리가-양 빡다띵. 까일라-ㅇ안 나-띤 앙 마라-밍 까와니]
환영합니다. 우리는 많은 직원이 필요합니다.

Ipagpaumanhín ninyó, hindî na namin kailangan.
[이빡빠우만힌 닌요, 힌디' 나 나-민 까일라-ㅇ안]
미안하지만 지금은 필요하지 않습니다.

19

구인, 구직(실전회화)

〈B : Bisita(방문자) , **T : Tagapamahalà**(매니저) 〉

B : Magandáng araw pô. Gustó kong magtrabaho sa kompanyá ninyó.
[마간당 아-라우 뽀'. 구스또 꽁 막뜨라바-호 사 꼼빠냐 닌요]
안녕하십니까? 당신회사에서 근무하고 싶습니다.

T : Ikinalúlugód ko ang pagdatíng mo.
[이끼나루-루곧 꼬 앙 빡다띵 모]
여기로 와 주어서 기쁘네.

Anó ang propesyóng alám mo?
[아노 앙 쁘로뻬숑 알람 모?]
전문분야가 무엇인가?

B : Pagtutuós pô. Nagtapós akó ng Maynila Unibersidád.
[빡뚜뚜오스 뽀'. 낙따뽀스 아꼬 낭 마이니-ㄹ라 우니베르시닫]
회계입니다. 마닐라 대학을 졸업했습니다.

T : Nápakagáling! Talagáng kailangang-kailangan namin ang isáng Tenedór-de-libro.
[나-빠까가-ㄹ링! 딸라강 까일라-ㅇ앙 까일라-ㅇ안 나-민 앙 이상 떼네도르 데 리-브로]
아주 좋아요! 마침 회계사 한 명이 매우 필요했어요.

nápaka~[나-빠까~]: 형용사 어근에 붙여서 "매우, 아주, 대단히"의 의미를 갖도록 하는 접두사

Ex) nápakagandá[나-빠까간다]: 매우 아름다운
nápakalápit[나-빠까라-삗]: 아주 가까운

T : Kailán ka makakápagumpisá ng trabaho?
[까일란 까 마까까-빡움삐사 낭 뜨라바-호?]
언제 일을 시작할 수 있겠어?

B : Mabuti pô magumpisá akó sa súsunód na linggó.
[마부-띠 뽀' 막움삐사 아꼬 사 수-수놑 나 링고]
다음 주에 시작하면 좋겠습니다.

T : O sige. Magkita na lang tayo sa súsunód na linggó.
[오 시-게. 막끼-따 나 랑 따-요 사 수-수놉 나 링고]
그렇게 하게. 다음 주에 우리 만나세.

B : Maraming salamat pô.
[마라-밍 살라-맡 뽀']
대단히 감사합니다.

T : Paalam na. May awà ang Diyós.
[빠아-ㄹ람 나. 마이 아-와' 앙 지요스]
잘 가게. 신의 가호가 있기를.....

19

회사 방문

Akó ang kinatawán ng "A" kompanyá.
[아꼬 앙 끼나따완 낭 에이 꼼빠냐]
저는 "A"사의 대리인입니다.

Gustó kong mákaúsap ang mánedyér ng iyóng kompanyá.
[구스또 꽁 마-까우-삽 앙 마-네졔르 낭 이용 꼼빠냐]
당신회사의 사장님과 얘기하고 싶습니다.

Anó ang pangalan ng mánedyér?
[아노 앙 빵아-ㄹ란 낭 마-네졔르?]
사장님의 이름이 무엇입니까?

Makipag-alám pô kayó sa inyóng mánedyér.
[마끼빡알람 뽀' 까요 사 인용 마-네졔르]
댁의 사장님께 연락을 좀 부탁드립니다.

Marunong ba ng Inglés ang mánedyér?
[마루-농 바 낭 잉글레스 앙 마-네졔르?]
사장님은 영어를 할 수 있습니까?

Hindî akó marunong ng Tagalog.
[힌디' 아꼬 마루-농 따가-ㄹ록]
저는 따갈로그어를 모릅니다.

Kayó ba ang mánedyér?
[까요 바 앙 마-네졔르?]
당신이 사장님이십니까?

Mayroón ba ritong marunong ng Inglés?
[마이로온 바 리-똥 마루-농 낭 잉글레스?]
여기에 영어 할 수 있는 사람 있습니까?

Bábalík akó at magsásáma ng isáng intérpreté.
[바-발릭 아꼬 앝 막사-사-마 낭 이상 인떼-르쁘레떼]
통역을 데리고 다시 오겠습니다.

Kailán ko puwedeng mákaúsap ang mánedyér?
[까일란 꼬 뿌웨-뎅 마-까우-삽 앙 마-네졔르?]
언제 사장님과 얘기할 수 있습니까?

Dalhín mo itóng tarheta ko sa mánedyér.
[달힌 모 이똥 따르헤-따 꼬 사 마-네졔르]
저의 명함을 사장님에게 갖다 드리세요.

회의

May pulong mámayáng hapon.
[마이 뿌-ㄹ롱 마-마양 하-뽄]
오늘 오후에 회의가 있습니다.

Saán at kailán magsísimulâ ang pulong?
[사안 앝 까일란 막시-시물라' 앙 뿌-ㄹ롱?]
회의는 언제 어디에서 시작합니까?

May miting sa Conference Room sa alás dos ng hapon.
[마이 미-띵 사 컨퍼런스 룸 사 알라스 도스 낭 하-뽄]
컨퍼런스 룸(회의실) 에서 오후 2시에 회의가 있습니다.

Sásáli akó sa miting na iyán.
[사-사-ㄹ리 아꼬 사 미-띵 나 이얀]
그 회의는 저가 참석할 예정입니다.

Walâ sa miting si Pedro kaninang umaga.
[왈라' 사 미-띵 시 뻬-드로 까니-낭 우마-가]
오늘 오전 회의에 페드로는 참석하지 않았습니다.

Anó ang paksâ ng pulong bukas?
[아노 앙 빡사' 낭 뿌-ㄹ롱 부-까스?]
내일 회의의 주제는 무엇입니까?

Magkákaroón ba tayo ng pulong?
[막까-까로온 바 따-요 낭 뿌-ㄹ롱?]
우리 회의 할까요?

19

Mawaláng-galang pô! Magsimulâ tayo ng miting mulâ ngayón.
[마왈랑 가-ㄹ랑 뽀! 막시물라‘ 따-요 낭 미-띵 물라 ㅇ아욘]
여러분, 주목해 주십시오. 지금부터 회의를 시작하겠습니다.

Ang paksâ ng miting ngayón ay tungkól sa paraán ng pagpapalakí ng pagbibilí.
[앙 빡사‘ 낭 미-띵 ㅇ아욘 아니 뚱꼴 사 빠라안 낭 빡빠빠라끼 낭 빡비빌리]
오늘 회의의 주제는 판매실적 향상 방안에 관한 것입니다.

May tanóng pô ba kayó sa paliwanag ko?
[마이 따농 뽀‘ 바 까요 사 빨리와-낙 꼬?]
저의 설명에 질문 있으십니까?

Anó pô ang palagáy ninyó tungkól sa paraáng itó?
[아노 뽀‘ 앙 빨라가이 닌요 뚱꼴 사 빠라앙 이또?]
이 방법에 대해 여러분은 어떻게 생각합니까?

Sa palagáy ko, parang mas mabuti ang pangalawáng paraán.
[사 빨라가이 꼬, 빠-랑 마스 마부-띠 앙 빵알라왕 빠라안]
저의 생각에는, 두 번째 방법이 더 좋은 것처럼 보입니다.

Kung may tanóng pô kayó, itanóng ninyó sa akin.
[꿍 마이 따농 뽀‘ 까요, 이따농 닌요 사 아-낀]
질문이 있으시면 저에게 질문해 주십시오.

Matátápos ang miting sa alás diyés.
[마따-따-뽀스 앙 미-띵 사 알라스 지예스]
회의는 10시에 끝날 예정입니다.

Sumali sa pulong na iyán ang mga kinatawán ng departamento.
[수마-ㄹ리 사 뿌-ㄹ롱 나 이얀 앙 망아 끼나따완 낭 데빠르따메-ㄴ또]
그 회의에는 부서의 대표들이 참석했습니다.

Salamat pô sa inyóng lahát sa pakikisali sa pulong na itó.
[살라-맏 뽀‘ 사 인용 라핟 사 빠끼끼사-ㄹ리 사 뿌-ㄹ롱 나 이또]
이번 회의에 참가해 주신 모든 분들에게 감사드립니다.

Tapós na ang miting. Salamat pô uli.
[따뽀스 나 앙 미-띵. 살라-맡 뽀' 우-ㄹ리]
회의 끝났습니다. 다시 한 번 감사드립니다.

▶ 상담

Salamat sa pagdatíng ninyó.
[살라-맡 사 빡다띵 닌요]
방문해 주셔서 감사합니다.

Salamat sa malugód na pagtanggáp sa amin.
[살라-맡 사 말루곧 나 빡땅갚 사 아-민]
저희들을 환영해 주셔서 감사합니다.

Hindî pô ba kayó pagód dahil sa matagál na biyahe.
[힌디' 뽀' 바 까요 빠곧 다-힐 사 마따갈 나 비야-헤]
긴 여행에 피곤하지 않으십니까?

Ipakíkilala ko pô muna sa inyó ang kompanyá namin.
[이빠끼-낄랄라 꼬 뽀' 무-나 사 인요 앙 꼼빠냐 나-민]
우선 저희 회사를 소개드리겠습니다.

19

Ang aming págawaan ay gumágawâ ng mga damít na pambabae.
[앙 아-밍 빠-가와안 아이 구마-가와' 낭 망아 다밑 나 빰바바-에]
저희 공장은 여성용 의류를 생산하고 있습니다.

Magkano ang puhunan ng inyóng kompanyá?
[막까-노 앙 뿌후-난 낭 인용 꼼빠냐?]
당신회사의 자본금은 얼마입니까?

Ang kompanyá namin ay naglúluwás ng mga kagamitang pangkusina sa ibáng bansâ.
[앙 꼼빠냐 나-민 아이 낙루-루와스 낭 망아 까가미-땅 빵꾸시-나 사 이방 반사']
저희 회사는 여러 가지 부엌용품을 해외에 수출하고 있습니다.

Kailangan ko ang paliwanag tungkól sa mga produktong itó.
[까일라-ㅇ안 꼬 앙 빨리와-낙 뚱꼴 사 망아 쁘로두-ㅋ똥 이또]
이 제품들에 대한 설명이 필요합니다.

Anó ang tawad ng presyo ayon sa pagbilí ng máramihán?
[아노 앙 따-왇 낭 쁘레-쇼 아-욘 사 빡빌리 낭 마-라미한?]
대량 구매에 따른 가격할인은 어떻게 됩니까?

Anó ang presyo ng bawa't isáng piraso?
[아노 앙 쁘레-쇼 낭 바-왙 이상 삐라-소?]
개당 가격은 얼마입니까?

Puwede pa ba kontî lang ang tawad?
[뿌웨-데 빠 바 꼰띠' 랑 앙 따-왇?]
조금만 더 할인할 수 있겠습니까?

Pasensya na kayó, pero hindî puwede.
[빠세-ㄴ샤 나 까요, 힌디' 뿌웨-데]
죄송하지만 안 됩니다.

은행

Gustó kong magbukás ng account sa banko.
[구스또 꽁 막부까스 낭 어카운트 사 바-ㅇ꼬]
은행에 예금구좌를 열고 싶습니다.

Walâ akóng depósito sa bangko.
[왈라' 아꽁 데뽀-시또 사 바-ㅇ꼬]
나는 은행에 예금이 없습니다.

Mawaláng-galang na pô. Maáarì ko bang máláman kung saán ang Bangko BPI rito?
[마왈랑 가-ㄹ랑 나 뽀'. 마아-아-리' 꼬 방 마-ㄹ라-만 꿍 사안 앙 바-ㅇ꼬 비피아이 리-또?]
실례합니다. 이 부근에 BPI 은행이 어디에 있는지 알 수 있겠습니까?

앞에 사용된 단어의 마지막 철자가 모음일 경우 dito[디–또]는 rito[리–또]로 변한다.

Hinál1ánap ko ang Metro Bank.
[히나-하-낲 꼬 앙 메뜨로 뱅크]
메트로 은행을 찾고 있습니다.

Násaán ang tagapalít ng salapî rito?
[나-사안 앙 따가빨릳 낭 살라삐' 리-또?]
이 부근에 환전소가 어디 있습니까?

Mayroón akóng iláng dollar na ibig kong ipagpalít.
[마이로온 아꽁 일랑 달러 나 이-빅 꽁 이빡빨릳]
바꾸고 싶은 달러를 좀 가지고 있습니다.

Magkano ang halagá ng pálítan ng US dollar?
[막까-노 앙 할라가 낭 빠-ㄹ리-딴 낭 유에스 달러?]
미국 달러에 대한 환율은 얼마입니까?

Ilagáy mo ang iyóng pera sa bangko.
[일라가이 모 앙 이용 뻬-라 사 바-ㅇ꼬]
너의 돈을 은행에 예금해라.

Gustó kong maglagak ng pera sa aking depósito.
[구스또 꽁 막라-각 낭 뻬-라 사 아-낑 데뽀-시또]
나의 계좌에 돈을 예금하고 싶습니다.

Ibigáy ninyó sa akin ang perang gustó ninyó idepósito.
[이비가이 닌요 사 아-낀 앙 뻬-랑 구스또 닌요 이데뽀-시또]
예금할 돈을 저에게 주십시오.

19

Idinepósito niyá ang kanyáng salapî sa bangko.
[이디네뽀-시또 니야 앙 깐양 살라삐' 사 바-ㅇ꼬]
그는 그의 돈을 은행에 예금했다.

Maáarì ba akóng kumuha ng pera sa aking kredit kard dito?
[마아-아-리' 바 아꽁 꾸무-하 낭 뻬-라 사 아-낑 크레딛 카드 디-또?]
저의 신용카드로 여기서 돈을 인출할 수 있습니까?

Saán akóng makakákíta ng mákiná ng ATM?
[사안 아꽁 마까까-끼-따 낭 마-끼나 낭 에이티엠?]
금전자동인출기를 어디에서 찾을 수 있습니까?

Ilagáy ang PIN number.
[일라가이 앙 핀 넘버]
(카드) 비밀번호를 입력하세요.

은행계좌 열기(실전 회화)

〈**A** : 은행원, **B** : 외국인 손님〉

A : Magandáng umaga pô. Anó pô ang kailangan ninyó?
[마간당 우마-가 뽀'. 아노 뽀' 앙 까일라-ㅇ안 닌요?]
안녕하십니까, 손님? 무엇이 필요하십니까?

B : Puwede ko bang buksán ang account sa bangkong itó?
[뿌웨-데 꼬 방 북산 앙 어카운트 사 바-ㅇ꽁 이또?]
이 은행에서 계좌를 열 수 있습니까?

A : Opò, siyempre. Bakit hindî?
[오-뽀', 시예-ㅁ쁘레. 바-낕 힌디'?]
예, 물론입니다. 왜 안 되겠어요?

B : Paano akó makakábukás ng account sa bangkong itó?
[빠-아노 아꼬 마까까-부까스 낭 어카운트 사 바-ㅇ꽁 이또?]
이 은행에서는 어떻게 계좌를 열 수 있습니까?

A : Mayroón pô ba kayóng pasaporte?
[마이로온 뽀' 바 까용 빠사뽀-르떼?]
여권 가지고 계십니까?

B : Oo, itó ay pasaporte ko.
[오-오, 이또 아이 빠사뽀-르떼 꼬]
예, 이것이 저의 여권입니다.

A : Kung gayón, ang paraán ay nápakadalî pô.
[꿍 가욘, 앙 빠라안 아이 나-빠까달리' 뽀']
그렇다면 방법은 아주 간단합니다.
Pakisulat lang pô ang pangalan ninyó sa papél na itó.
[빠끼수-ㄹ랕 랑 뽀 앙 인용 빵아-ㄹ란 닌요 사 빠뻴 나 이또]
이 종이에 손님의 이름을 기입해 주시면 됩니다.
Patí na ang inyóng apelyido at tíráhan.
[빠띠 나 앙 인용 아뻴위-도 앝 띠-라-한]
성과 주소도 포함해 주십시오.

B : Heto, tapós na. Tamà na ba iyán?
[헤-또, 따뽀스 나. 따-마' 나 바 이얀?]
자- 여기, 다 했습니다. 그거 맞습니까?

A : Opò, tamà ang lahát. Sandalî lang pô.
[오-뽀', 따-마' 나. 산달리' 랑 뽀']
예, 전부 맞습니다. 잠깐만 기다려 주십시오.

19

20 학교생활

▶ 학교

aral[아-랄]: 가르침, 교훈

pag-aaral[빡아아-랄]: 배움, 공부

gurò[구-로']: 선생님, 교수

silíd-aralán[실릳 아랄란]: 교실

pisara[삐사-라]: 칠판, 흑판

yeso/tsok[예-소/초-ㅋ]: 분필

maestro[마에-스뜨로]: 남자 선생님

maestra[마에-스뜨라]: 여자 선생님

kindergarten[킨더가르텐]: 유치원

koléhiyó[꼴레-히요]: 칼리지, 대학

unibersidád[우니베르시닫]: 대학교

propesór[쁘로뻬소르]: 교수

klase[끌라-세]: 학급, 수업

kaklase[까끌라-세]: 급우

kurso[꾸-르소]: 전공, 교과 과정

iksamen[익사-멘]: 시험, 테스트

aralíng-bahay[아랄링 바-하이]: 숙제

grado[그라-도]: 학년

mag-aarál[막아아랄]: 학생, 배우는 사람

marká/nota[마르까/노-따]: (시험) 점수, 성적

elementarya[엘레멘따-랴]: 초등학교

mababang páaralán[마바-방 빠-아랄란]: 초등학교

mataás na páaralán[마따아스 나 빠-아랄란]: 고등학교

통상적으로 초등학교는 elementarya, 고등학교는 high school[하이 스쿨]로 짧고 편하게 부른다.

필리핀의 고등학교는 4년제로서 우리의 중학교와 고등학교가 통합된 교육과정이다.

punong-gurò/prinsipál[뿌-농 구-로'/쁘린시빨]: 교장 선생님

estudyante/eskuwela[에스뚜쟈-ㄴ떼/에스꾸웨-ㄹ라]: 학생, 생도

páaralán/eskuwelahán[빠-아랄란/에스꾸웰라한]: 학교, 배움터

pagtatapós/gradwasyón[빡따따뽀스/그랃와숀]: 졸업, 졸업식

edukasyón/pinag-aralan/pagtuturò[에두까숀/삐낙아라-ㄹ란/빡뚜뚜-로']: 교육

Ang mga batà ay pumápások sa páaralán(eskuwelahán) upang mátúto.
[앙 망아 빠-따' 아이 뿌마-빠-속 사 빠-아랄란(에스꾸웰라한) 우-빵마-뚜-또]
아이들은 배우기 위해 학교에 간다.

Dapat igalang ng mga estudyante ang kaniláng mga gurò.
[다-빹 이가-ㄹ랑 낭 망아 에스뚜쟈-ㄴ떼 앙 까닐랑 망아 구-로']
학생들은 그들의 선생님들을 존경해야 한다.

Abalá ang punong-gurò ng páaralán.
[아발라 앙 뿌농 구-로' 낭 빠아랄란]
학교 교장선생님은 바쁩니다.

Walâ ka bang pasok sa eskuwelahán ngayón?
[왈라' 까 방 빠-속 사 에스꾸웰라한 ㅇ아욘?]
너는 오늘 학교 수업이 없느냐?

Waláng pasok ngayón.
[왈랑 빠-속 ㅇ아욘]
오늘은 수업이 없다.

Walâ tayong pasok ngayón.
[왈라' 따-용 빠-속 ㅇ아욘]
우리는 오늘 수업이 없다.

20

Anóng kurso ang kinúkúha mo ngayón?
[아농 꾸-르소 앙 끼누-꾸-하 모 ㅇ아욘?]
너는 현재 무슨 과정을 공부하고 있느냐?

Kinúkúha ni Bb. Daisy ang kurso ng panggagamót ng UST Unibersidád sa Maynila.
[끼누-꾸-하 니 비니비-닝 데이지 앙 꾸-르소 낭 빵가가뫁 낭 유에스티 우니베르시닫 사 마이니-ㄹ라]
데이지양은 마닐라에 소재한 유에스티 대학에서 의학을 이수하고 있습니다.

G. Smith ay isá sa aming mga gurò.
[기노옹 스미쓰 아이 이사 사 아-밍 망아 구-로']
스미쓰씨는 우리 선생님들 중에 한 분이다.

amin: 대화의 상대자를 제외한 우리(kamí) 의 전부수식 소유격.

Natanggáp ko ang batsilyér sa unibersidád na itó.
[나땅갚 꼬 사 앙 바칠예르 사 우니베르시닫 나 이또]
나는 이 대학교에서 석사학위를 받았다.

Siyá ay doktór sa batás.
[시야 아이 독또르 사 바따스]
그는 법학박사이다.

Pumasá akó sa iksamen ng matemátiká.
[뿌마사 아꼬 사 익사-멘 낭 마떼마-띠까]
나는 수학시험을 통과했다.

Bumaksák siyá sa iksamen ng kasaysayan ng Pilipinas.
[부막삭 샤 사 익사-멘 낭 까사이사-얀 낭 삘리삐-나스]
그는 필리핀 역사시험에 떨어졌다.

Nagtapós ang amá ko ng koléhiyó.
[낙따뽀스 앙 아마 꼬 낭 꼴레-히요]
나의 아버지는 대학을 졸업하셨다.

Dumaló ang magulang ko sa aking pagtatapós(gradwasyón) .
[두말로 앙 마구-ㄹ랑 꼬 사 아-낑 빡따따뽀스(그랃와숀)]
부모님께서 저의 졸업식에 참가해 주셨다.

Anó'ng grado ka?/Anóng grado mo?
[아농 그라-도 까?/아농 그라-도 모?]
몇 학년이냐?

Mababà ang kanyáng mga nota.
[마바-바' 앙 깐양 망아 노-따]
그의 시험 성적들은 낮다.

Anó ang marká mo sa iksamen ng wikang Tagalog?
[아노 앙 마르까 모 사 익사-멘 낭 위-깡 따가-ㄹ록?]
따갈로그어 시험에서 너의 성적은 어떻게 받았느냐?

Walâ siyáng mataás na pinag-aralan, nguni't nagtagumpáy siyá sa buhay.
[왈라' 시양 마따아스 나 삐낙아라-ㄹ란, ㅇ우-닡 낙따굼빠이 시야 사 부-하이]
그는 교육을 많이 받지 못했지만, 인생에 성공하였다.

Edukasyón ang solusyón.
[에두까시욘 앙 솔루시욘]
해결책은 교육이다.

초등학교 교문에 쓰여 있는 구호.

20

수업시간

Nagsísimulâ ang klase sa alás siyete ng umaga.
[낙시-시물라' 앙 끌라-세 사 알라스 시예-떼 낭 우마-가]
수업은 아침 7시에 시작합니다.

Tahimik kayó sa klase.
[따히-믹 까요 사 끌라-세]
수업시간에 조용히들 해라.

Kailangang magíng mapagpupunyagî sa klase ang mga estudyante.
[까일라-ㅇ앙 마깅 마빡뿌뿐야기' 사 끌라-세 앙 망아 에스뚜디쟈-ㄴ떼]
학생들은 수업에 집중해야 한다.

Ang kanyáng kilos sa klase ay hindî mainam.
[앙 깐양 끼-ㄹ로스 사 끌라-세 아이 힌디' 마이-남]
그의 수업태도는 좋지 않다.

Liban siyá sa klase ngayón.
[리-반 시야 사 끌라-세 ㅇ아욘]
그는 오늘 결석했습니다.

Hindî siyá pumasok sa klase ngayón.
[힌디' 시야 뿌마-속 사 끌라-세 ㅇ아욘]
그는 오늘 수업에 들어오지 않았습니다.

Burahín mo ang nakasulat sa pisara.
[부라힌 모 앙 나까수-ㄹ랕 사 삐사-라]
칠판에 쓰여진 글들을 지워라.

Magbigáy kayó muna ng aralíng-bahay ng kahapon.
[막비가이 까요 무-나 앙 아랄링 바-하이 낭 까하-뽄]
우선 어제의 숙제를 제출해라.

Buksán ninyó ang aklát.
[북산 닌요 앙 아끌랕]
책을 펴라.

Mag-ááral tayo ng kasaysayan ng Pilipinas ngayón.
[막아-아-랄 따-요 낭 까사이사-얀 낭 삘리삐-나스 ㅇ아욘]
오늘은 필리핀의 역사에 대해서 공부하겠다.

Si Mark, basahin mo ang aralin apat sa páhináng sandaán.
[시 마크, 바사-힌 모 앙 아라-ㄹ린 아-빹 사 빠-히낭 산다안]
마크군, 100쪽에 있는 과제 4를 읽어라.

Kopyahín ninyó ang mga pangungusap sa pisara.
[꼬삐야힌 닌요 앙 망아 빵웅우-삽 사 삐사-라]
칠판에 있는 문장들을 베껴써라.

Magwastô kayó ng mga malî sa pangungusap.
[막와스또' 까요 낭 망아 말리' 사 빵웅우-삽]
문장에서 잘못된 곳들을 수정하여라.

Si Alberto, lutasín mo ang problemang itó.
[시 알베르토, 루따신 모 앙 쁘로블레-망 이또]
알베르또군, 이 문제를 풀어라.

Alamín ninyó kung tamà ang sagót na itó.
[알라민 닌요 꿍 따-마' 앙 사곹 나 이또]
이 해답이 맞는지 검토해 보아라.

May tanóng ba kayó?
[마이 따농 바 까요?]
너희들 질문 있느냐?

Sir, may isáng tanóng akó.
[써, 마이 이상 따농 아꼬]
선생님(남성), 질문 하나 있습니다.

Mam, gustó ko pong magtanóng.
[맘, 구스또 꼬 뽕 막따농]
선생님(여성), 질문을 드리고 싶습니다.

Mam, puwede pô ba akóng magtanóng?
[맘, 뿌웨-데 뽀' 바 아꽁 막따농?]
선생님, 질문을 드려도 되겠습니까?

20

Kung may tanóng kayó, itanóng ninyó sa akin.
[꿍 마이 따농 까요, 이따농 닌요 사 아-낀]
질문이 있으면, 나에게 질문해라.

Humandá kayó nang mabuti sa iksamen bukas.
[후만다 까요 낭 마부-띠 사 익사-멘 부-까스]
내일 시험 준비를 열심히 해라.

Tapós na ang oras ng iksamen.
[따뽀스 나 앙 오-라스 낭 익사-멘]
시험 시간 끝났다.

Pasá na ang papél ng iksamen.
[빠사 나 앙 빠뻴 낭 익사-멘]
시험지를 앞으로 넘겨라.

Mayroón(Merón) akóng klase mámayáng hapon.
[마이로온(메론) 아꽁 끌라-세 마-마양 하-뽄]
나는 오늘 오후에 수업이 있습니다.

merón은 mayroón의 줄임말로서 회화체에 자주 사용된다.

Walâ akóng klase kaninang umaga.
[왈라′ 아꽁 끌라-세 까니-낭 우마-가]
나는 오늘 오전에 수업이 없었습니다.

20

21 기타 생활상식

가족

lolo[로-ㄹ로]: 할아버지

lola[로-ㄹ라]: 할머니

amá[아마]: 부친, 아버지

iná[이나]: 모친, 어머니

magulang[마구-ㄹ랑]: 부모, 양친

mag-asawa[막아사-와]: 부부

mister ko[미스터 꼬]: 나의 남편

misis ko[미시스 꼬]: 나의 아내

anák[아낙]: 자녀

kapatíd[까빠띧]: 형제, 자매, 오누이

panganay[빵아-나이]: 첫째 자녀

bunsô[분소']: 막내

apó[아뽀]: 손자

sanggól[상골]: 아기

apóng lalaki[아뽕 랄라-끼]: 손자

apóng babae[아뽕 바바-에]: 손녀

ate[아-떼]: 언니, 누나

kuya[꾸-야]: 형, 오빠

ninong[니-농]: 대부

ninang[니-낭]: 대모

bayáw[바야우]: 시동생, 처남, 형부

hipag[히-빡]: 처제, 올케, 시누이

balae[발라-에]: 사돈

biyanán[비야난]: 장인, 장모, 시부모

pinsán[삔산]: 사촌

bilás[빌라스]: 동서

kamag-anak[까-막 아-낙]: 친척

pamangkín[빠망낀]: 조카, 질녀

manugang[마누-강]: 사위, 며느리

batà[바-따']: 어린이, 아이

batang lalaki[바-땅 랄라-끼]: 소년

batang babae[바-땅 바바-에]: 소녀

impó[임뽀]: 할머니

asawang lalaki[아사-왕 랄라-끼]: 남편

asawang babae[아사-왕 바바-에]: 아내

tiya/tita[띠-야/띠-따]: 아주머니(이모, 고모) , 아줌마

tiyo/tito[띠-요/띠-또]: 아저씨, 삼촌, 외삼촌

tatay/itay[따-따이/이-따이]: 아버지, 아빠

nanay/inay[나-나이/이-나이]: 어머니, 엄마

itay, inay : 자기 자신의 부모를 부를 때의 호칭

anák na lalaki[아낙 나 랄라-끼]: 아들

anák na babae[아낙 나 바바-에]: 딸

biyanáng lalaki[비야낭 랄라-끼]: 장인, 시아버지

biyanáng babae[비야낭 바바-에]: 장모, 시어머니

pamangkíng lalaki[빠망낑 랄라-끼]: 조카

pamangkíng babae[빠망낑 바바-에]: 질녀

manugang na lalaki[마누-강 나 랄라-끼]: 사위

manugang na babae[마누-강 나 바바-에]: 며느리

kumpare/kumpadre/pare[꿈빠-레/꿈빠-드레/빠-레]: 자기 자녀의 대부에 대한 호칭

kumare/kumadre/mare[꾸마-레/꾸마-드레/마-레]: 자기 자녀의 대모에 대한 호칭

Silá ang aking mga magulang.
[실라 앙 아-낑 망아 마구-ㄹ랑]
그 분들은 저의 부모님입니다.

Ilán kayó sa pamilya mo?
[일란 까요 사 빠미-ㄹ랴 모?]
너의 가족은 몇 명이냐?

Sinú-sinó ang miyembro ng pamilya mo?
[시누 시노 앙 미예-ㅁ브로 낭 빠미-ㄹ랴 모?]
너의 가족은 누구누구냐?

Ang pamilya ko ay asawa at dalawáng anák.
[앙 빠미-ㄹ랴 꼬 아이 아사-와 앝 달라왕 아낙]
저의 가족은 아내(남편) 와 아이들 둘입니다.

Walâ akóng anák na babae kundî isáng lalaki lang.
[왈라' 아꽁 아낙 나 바바-에 꾼디' 이상 랄라-끼 랑]
나는 딸은 없고 아들 하나만 있습니다.

Itó ay lolo namin.
[이또 아이 로-ㄹ로 나-민]
이 분은 우리 할아버지이세요.

Násaán nakatirá ang pamilya mo?
[나-사안 나까띠라 앙 빠미-ㄹ랴 모?]
너의 가족은 어디에 살고 있느냐?

Sinó ang kasama mo sa bahay?
[시노 앙 까사-마 모 사 바-하이?]
너는 누구와 함께 사느냐?

Ang anák na babae ko ay nakatirá sa Seoul.
[앙 아낙 나 바바-에 꼬 아이 나까띠라 사 서울]
저의 딸은 서울에서 살고 있습니다.

Ang lolo ay nagkúkuwénto ng nakatútuwáng pábulá sa mga apó.
[앙 로-ㄹ로 아이 낙꾸-꾸웨-ㄴ또 낭 나까까-뚜왕 빠-불라 사 망아 아뽀]
할아버지가 손자손녀들에게 재미있는 우화를 얘기해 주고 계십니다.

Namatáy ang aking iná noóng ako'y pitóng taón lamang.
[나마따이 앙 아-낑 이나 노옹 아꼬이 삐똥 따온 라-망]
어머니는 내가 겨우 일곱 살 때 돌아가셨습니다.

Mayroón akóng isáng anák na lalaki lamang.
[마이로온 아꽁 이상 아낙 나 라라-끼 라-망]
저는 아들 하나만 있습니다.

Anó'ng edád niyá?
[아농 에닫 니야?]
그는 몇 살 입니까?

Ang panganay ko ay pitóng taón na.
[앙 빵아-나이 꼬 아이 삐똥 따온 나]
저의 첫째 아이는 현재 7살입니다.

Ang edád ng bunsô ko ay isáng taón lang.
[앙 에닫 낭 분소' 꼬 아이 이상 따온 랑]
저의 막내의 나이는 겨우 1살입니다.

Pinalakí ng impó ang batà.
[삐나라끼 낭 임뽀 앙 바-따']
그 아이는 할머니가 키웠다.

Kumustá ang magulang mo?
[꾸무스따 앙 마구-ㄹ랑 모?]
너의 부모님은 잘 계시느냐?

Ikumustá mo akó sa tatay mo.
[이꾸무스따 모 아꼬 사 따-따이 모]
너의 아버님께 나의 안부인사 전해줘.

21

▶ 주택

bahay[바-하이]: 집, 주택

bahayán[바하얀]: 주택단지

pintô[삔또']: 문

bintanà[빈따-나']: 창문

pintuan[삔뚜-안]: 현관

kísame[끼-사메]: 천장

sala[사-ㄹ라]: 거실

kusinà[꾸시-나']: 부엌

silíd/kuwarto[실릳/꾸와-르또]: 방

palapág[빨라빡]: 층

bubóng[부봉]: 지붕

tárangkahan[따-랑까한]: 대문

padér[빠데르]: 벽

garahe[가라-헤]: 차고

bakod[바-꼳]: 울타리

CR[씨알]: 화장실

banyo[바-ㄴ요]: 욕실

banyera[반예-라]: 욕조

inodoro[이노도-로]: 변기

itaás[이따아스]: 위층

ibabâ[이바바']: 아래층

tíráhan[띠-라-한]: 주소

direksyón[디렉시욘]: 주소, 방향

tsiminea[치미네-아]: 굴뚝

bakuran[바꾸-란]: 울타리 내 토지, 구내

dingdíng[딩딩]: (나무로 된) 벽, 칸막이

hardín/hálamanán[하르딘/하-ㄹ라마난]: 정원

hálamanán ng gulay[하-ㄹ라마난 낭 구-ㄹ라이]: 텃밭, 남새밭

Nakatirá akó sa ikaapat na palapág.
[나까띠라 아꼬 사 이까아-빹 나 빨라빡]
나는 4층에 살고 있습니다.

Anó ang direksyón ng bahay mo?
[아노 앙 디렉시욘 낭 바-하이 모?]
너의 집 주소는 어디야?

Dî ko alám ang tíráhan niyá.
[디‘ 꼬 알람 앙 띠-라-한 니야]
나는 그의 주소를 모른다.

Makipag-usap ka muna sa iyóng abogado bago mo ipagbilí ang bahay.
[마끼빡우-샆 까 무-나 사 이용 아보가-도 바-고 모 이빡빌리 앙 바-하이]
집을 팔기 전에 너의 변호사와 먼저 얘기를 해봐라.

Magtátayô akó ng isáng maliít na bahay.
[막따-따요‘ 아꼬 낭 이상 말리잍 나 바-하이]
나는 자그마한 집을 한 채 지을 예정이다.

Magpápatayô akó ng bahay sa lugár na itó.
[막빠-빠따요‘ 아꼬 낭 바-하이 사 루가르 나 이또]
나는 이 장소에 집을 짓게 하려고 한다.

21

magpa~[막빠]: 사역의 이미를 갖게 하는 능동사용 행위자 중심 접두사
Ex) magpakain[막빠까-인]: 먹게 하다
magpapasok[막빠빠-솤]: 들어가게 하다, 받아들이다

Magandá at malakí ang kaniláng bahay.
[마간다 앝 말라끼 앙 까닐랑 바-하이]
그들의 집은 크고 아름답습니다.

May tatlóng silíd-tulugán ang aming bahay.
[마이 따뜰롱 실릳 뚤루간 앙 아-밍 바-하이]
우리 집은 침실이 3개다.

Bagong pintá ang bahay na iyán.
[바-공 삔따 앙 바-하이 나 이얀]
그 집은 새로 페인트칠을 했다.

Buksán mo ang bintanà.
[북산 모 앙 빈따-나']
창문을 열어라.

Isará mo ang pintô.
[이사라 모 앙 삔또']
문을 닫아라.

Maraming bulaklák sa hardín ng bahay na iyón.
[마라-밍 불락락 사 하르딘 낭 바-하이 나 이욘]
저 집 정원에는 꽃이 많습니다.

Pumanhík ka.
[뿌만힉 까]
위층으로 올라가거라.

Pumanaog pô kayó.
[뿌마나-옥 뽀' 까요]
아래층으로 내려가십시오.

Maalikabók ang loób ng bahay.
[마알리까복 앙 로옵 낭 바-하이]
집안에 먼지가 많다.

Kailangan ko ang bahay na may tatlóng kuwarto at dalawáng CR.
[까일라-ㅇ안 꼬 앙 바-하이 나 마이 따뜰롱 꾸와-르또 앋 달라왕 씨알]
방 3개와 화장실이 2개인 집이 필요합니다.

CR: Comfort Room의 약어

Siyá ay may pinakamainam na bahay sa bayan.
[시야 아이 마이 삐나까마이-남 나 바-하이 사 바-얀]
그는 동네에서 가장 좋은 집을 소유하고 있다.

Inupahan ko ang apartment ni Helen.
[인우빠-한 꼬 앙 아파-트멘트 니 헤-ㄹ렌]
헬렌의 아파트를 임차하였습니다.

Nakatirá akó sa búnggalóng bahay.
[나까띠라 아꼬 사 부-ㅇ갈롱 바-하이]
나는 1층 단독주택에 살고 있습니다.

Ipinagbilí ko ang aking bahay sa halagáng sampúng milyóng piso.
[이삐낙빌리 꼬 앙 아-낑 바-하이 사 할라강 삼뿡 밀용 삐-소]
나는 집을 천만 페소에 팔았습니다.

Gustó kong upahan ang isáng maliít na bahay na may hardín.
[구스또 꽁 우빠-한 앙 이상 말리읻 나 바-하이 나 마이 하르딘]
정원이 있는 작은 집을 임차하고 싶습니다.

Ang kanyáng hardín ay napalíligiran ng alambreng may-tiník.
[앙 깐양 하르딘 아이 나빨리-ㄹ리기란 낭 아라-ㅁ브렝 마이 띠닉]
그의 정원은 철조망으로 둘러 쳐져 있다.

Nagdáraán si Santa Claus sa tsiminea.
[낙다-라안 시 산타 클로스 사 치미네-아]
산타크로스는 굴뚝으로 들어 온다.

Maliít ang banyo namin.
[말리읻 앙 바-ㄴ요 나-민]
우리 욕실은 작다.

Punín mo ng tubig ang banyera.
[뿌닌 모 낭 뚜-빅 앙 반예-라]
욕조에 물을 채워라.

▶ 신체

(1) 명칭

katawán[까따완]: 몸, 신체

ulo[우-ㄹ로]: 머리, 지력

mukhâ[묵하']: 얼굴

noó[노오] : 이마

buhók[부혹]: 머리카락

matá[마따]: 눈

kilay[끼-ㄹ라이]: 눈썹

bibíg[비빅]: 입

labì[라-비']: 입술

ilóng[일롱]: 코

tainga/tenga[따이-ㅇ아/떼-ㅇ아]: 귀

ngipin[ㅇ이-삔]: 이, 치아

babà[바-바']: 턱

pisngí[삐승이]: 뺨, 볼

lalamunan[랄라무-난]: 목구멍, 식도

leég[레엑]: 목

balikat[발리-깥]: 어깨

braso[브라-소]: 팔

dilà[디-ㄹ라']: 혀

dibdíb[딥딥]: 가슴

suso[수-소]: 유방

utóng[우똥]: 젖꼭지

kilikili[낄리끼-ㄹ리]: 겨드랑이

baywáng[바이왕]: 허리

kamáy[까마이]: 손

darilì[다리-ㄹ리']: 손가락

palad[빠-ㄹ랃]: 손바닥

hità[히-따']: 허벅지

bintî[빈띠']: 종아리

paá[빠아]: 발

balakáng[발라깡]: 엉덩이

talampakan[딸람빠-깐]: 발바닥

butó[부또]: 뼈

dugô[두고']: 피

likód[리꼳]: 등

gulugód[굴루곧]: 등뼈

tiyán[띠얀]: 배

tuhod[뚜-혿]: 무릎

pusò[뿌-소']: 심장, 마음

bagà[바-가']: 폐

atáy[아따이]: 간

balát[발랕]: 피부, 가죽

tadyáng[따쟝]: 갈비뼈

pusod[뿌-솓]: 배꼽

puwít[뿌윋]: 궁둥이

matrís[마뜨리스]: 자궁

bukúng-bukong[부꿍 부-꽁]: 발목

siko[시-꼬]: 팔꿈치

utak[우-딱]: 뇌, 지력

kukó[꾸꼬]: 손톱, 발톱

hinlalakí[힌랄라끼]: 엄지손가락

hinlalatò[힌랄라-또']: 가운데손가락

hintuturò[힌뚜뚜-로']: 집게손가락

palásingsingan[빨라-싱싱안]: 약 손가락

21

kálingkingan[까-ㄹ링낑안]: 새끼손가락

darilì ng paá[다리-ㄹ리' 낭 빠아]: 발가락

butas ng puwít[부-따스 낭 뿌윝]: 항문

butas ng ilóng[부-따스 낭 일롱]: 콧구멍

Pasensya ka ngayón, pagká't mabigát ang katawán ko.
[빠세-ㄴ샤 까 ㅇ아욘, 빡깥 마비같 앙 까따완 꼬]
오늘 미안해, 몸 상태가 안 좋기 때문이야.

pagká't[빡깥]: 종속 접속사(~ 때문에, ~ 이유로)

Si Tom ay may malakíng katawán nguni't maliít ang ulo.
[시 톰 아이 마이 말라낑 까따완 ㅇ우닡 말리잍 앙 우-ㄹ로]
톰은 몸은 크지만 머리는 작다.

Násalpók sa padér ang kanyáng ulo.
[나-살뽁 사 빠데르 앙 깐양 우-ㄹ로]
그는 벽에 머리를 부딪쳤다.

Umáágos ang dugô sa kanyáng ilóng.
[움아-아-고스 앙 두고' 사 깐양 일롱]
그의 코에서 피가 흐르고 있다.

Gaano ka kataás?
[가아-노 까 까따아스?]
키가 얼마냐?

Ang tainga ay isáng bahagi ng katawán para makiníg.
[앙 따이-ㅇ아 아이 이상 바하-기 낭 까따완 빠-라 마끼닉]
귀는 듣기 위한 신체의 한 부분이다.

Matulis ang babà ni Jose.
[마뚜-ㄹ리스 앙 바-바' 니 호-세]
호세의 턱은 뾰족하다.

May tiník ng isdâ na humarang sa aking lalamunan.
[마이 띠닉 낭 이스다' 나 후마-랑 사 아-낑 랄라무-난]
저의 식도에 생선뼈가 걸렸어요.

Nangháhabà ang kanyáng leég upang mátanáw na mabuti ang entablado.
[낭하-하-바' 앙 깐양 레엑 우-빵 마-따나우 나 마부-띠 앙 엔따블라-도]
그는 무대를 잘 보기 위해서 목을 쑥 빼고 있다.

Baluktutín mo ang iyóng mga tuhod.
[발룩뚜띤 모 앙 이용 망아 뚜-홑]
너의 양 무릎을 굽혀라.

Masakít ang aking balikat na kaliwâ.
[마사낕 앙 아낑 발리-깥 나 깔리와']
왼쪽 어깨가 아파요.

Yumao si Daisy dahil sa kanser ng suso.
[유마-오 시 데이지 다-힐 사 깐서르 낭 수-소]
데이지는 유방암으로 죽었다.

Kinilitî niyá ang kilikili ng batà at itó'y nátawá.
[끼닐리띠' 냐 앙 낄끼-ㄹ리 낭 바-따' 앝 이또이 나-따와]
그는 아이의 겨드랑이를 간질였고 아이는 웃었다.

Masakít ang aking balikat.
[마사낕 앙 아-낑 발리-깥]
어깨가 아픕니다.

21

Ang pusò ay mahalagáng sangkáp ng katawán.
[앙 뿌-소' 아이 마할라강 상깝 낭 까따완]
심장은 신체의 중요한 기관이다.

Malakí ang kanyáng tiyán.
[말라끼 앙 깐양 띠얀]
그는 배가 많이 나왔다.(올챙이 배다.)

Anó ang tipo ng iyóng dugô?
[아노 앙 띠-뽀 낭 이용 두고']
너의 혈액형은 무엇이냐?

Anó ang taás mo?
[아노 앙 따아스 모?]
너의 키는 얼마냐?

Excuse me pô, anó ang bigát(timbáng) ninyó?
[익스큐스 미 뽀‘, 아노 앙 비갇(띰방) 닌요?]
실례지만 몸무게가 어떻게 되십니까?

Huwág mong tapakan ang aking paá.
[후왁 몽 따빠-깐 앙 아-낑 빠아]
너 내 발 밟지 마.

Nasugatan siyá sa tuhod na kanan.
[나수가-딴 샤 사 뚜-혿 나 까-난]
그는 오른쪽 무릎을 다쳤다.

Sumásákit ang likód ko paminsan-minsan.
[수마-사-낕 앙 리꼳 꼬 빠미-ㄴ산 미-ㄴ산]
이따금 등이 아픕니다.

Bakit marami kang pasâ sa mukhâ?
[바-낕 마라-미 깡 빠사‘ 사 묵하’?]
너의 얼굴에 왜 많은 상처 자국이 있느냐?

May tumór siyá sa matrís.
[마이 뚜모르 시야 사 마뜨리스]
그녀는 자궁에 종양을 가지고 있다.

Makatí ang aking balát.
[마까띠 앙 아-낑 발랕]
피부가 가려워요.

Balî ang tadyáng ko.
[발리‘ 앙 따쟝 꼬]
내 갈비뼈가 부러졌습니다.

Makapál ang balát ng baka.
[마까빨 앙 발랕 낭 바-까]
소의 가죽은 두껍다.

Napilay ang aking bukúng-bukong.
[나삐-ㄹ라이 앙 아-낑 부꿍 부-꽁]
나는 발목을 삐었다.

May sugat siyá sa kanang siko.
[마이 수-갇 시야 사 까-낭 시-꼬]
그는 오른쪽 팔꿈치를 다쳤다.

Magputol ka ng mga kukó.
[막뿌-똘 까 낭 망아 꾸꼬]
손톱을 깎아라.

Huwág mong kagatín ang iyóng kukó.
[후왁 몽 까가띤 앙 이용 꾸꼬]
손톱을 물어뜯지 마라

(2) 감각

paningín[빠닝인]: 시각, 시력

pandamdám[빤담담]: 촉각, 촉감

pangamóy[빵아모이]: 후각

panlasa[빤라-사]: 미각, 입맛

pandiníg[빤디닉]: 청각, 청력

pantandâ[빤딴다ʻ]: 기억력

damdamin[담다-민]: 정신적 느낌, 감정

pakiramdám[빠끼람담]: 육체적 느낌, 기분

Anó ang pakiramdám mo?
[아노 앙 빠끼람담 모?]
(육체적) 느낌이 어떠하냐?

Masamâ ang pakiramdám ko.
[마사마ʻ 앙 빠끼람담 꼬]
몸 상태가 안 좋습니다.

21

Huwág mong sugatan ang kanyáng damdamin.
[후왁 몽 수가-딴 앙 깐양 담다-민]
그의 감정을 상하게 하지마라.

Para siyáng waláng damdamín ng pagkahiyâ.
[빠-라 시양 왈랑 담다민 낭 빡까히야']
그는 부끄러워하는 감정이 없는 것 같다.

Ang pandamdám sa yelo ay malamíg.
[앙 빤담담 사 예-ㄹ로 아이 말라믹]
얼음에 대한 촉감은 차갑다.

Ang aso ay may matalas na pangamóy.
[앙 아-소 아이 마이 마따-ㄹ라스 나 빵아모이]
개는 예민한 후각을 가졌다.

Mahinà ang pandiníg ng matandá.
[마히-나' 앙 빤디닉 낭 마딴다]
노인들의 청력은 약하다.

Ang pagkabulag ay pagkawalâ ng paningín.
[앙 빡까부-ㄹ락 아이 빡까왈라' 낭 빠닝인]
보지 못한다는 것은 시력이 없어진 것이다.

Lumálabò na ang aking paningín.
[루마-라-보' 나 앙 아-낑 빠닝인]
내 시력이 이미 흐려지고 있다.(나빠지고 있다.)

Kainin mo ang masaráp sa iyóng panlasa.
[까이-닌 모 앙 마사랖 사 이용 빤라-사]
너의 입맛에 맞는 것을 먹어라.

Masyadong pihikan ang panlasa niyá.
[마샤-동 삐히-깐 앙 빤라-사 니야]
그의 입맛은 너무 까다롭다.

▶ 스포츠, 오락, 취미

líbángan[리-바-ㅇ안]: 취미

sayáw[사야우]: 춤

básketból[바-스껱볼]: 농구

sabong[사-봉]: 닭싸움(투계)

sabungán[사붕안]: 투계장

báliból[바-ㄹ리볼]: 배구

putbol[뿌-ㅌ볼]: 축구

tenis[떼-니스]: 테니스

ping-pong[삥뽕]: 탁구

beisbol[베이스볼]: 야구

karera[까레-라]: 경마

bilyár[빌야르]: 당구

ahedres[아헤-드레스]: 체스

baraha[바라-하]: 카드

tongit[또-ㅇ잍]: 카드놀이의 일종

21

Naglálarô silá ng básketból.
[낙라-ㄹ라-로‘ 실라 바-스껱볼]
그들은 농구경기를 하고 있습니다.

May isáng lángúyan sa lugár na itó.
[마이 이상 라-ㅇ우-얀 사 루가르 나 이또]
이 부근에 풀장이 있습니다.

Marunong ka ba ng ahedres?
[마루-농 까 바 낭 아헤-드레스?]
너 체스 할 줄 알아?

Maáarì ba tayong magsayáw?
[마아-아-리‘ 바 따-용 막사야우?]
함께 춤을 추실까요?

Hindî akó magalíng sa pagsasayáw.
[힌디' 아꼬 마갈링 사 빡사사야우]
저는 춤을 잘 추지 못합니다.

Naglarô kamí ng putbol kahapon ng hapon.
[낙라-로' 까미 낭 뿌-ㅌ볼 까하-뽄 낭 하-뽄]
우리는 어제 오후 축구경기를 했습니다.

Anó pô ang inyóng paboritong larô?
[아노 뽀' 앙 인용 빠보리-똥 라-로'?]
좋아하는 경기가 무엇이십니까?

Mahilig si Juan maglarô ng beisbol.
[마히-ㄹ릭 시 후안 막라로' 낭 베이스볼]
후안을 야구 경기 하는 것을 좋아합니다.

Nápakapopulár ang sabong sa Pilipinas.
[나-빠까뽀뿔라르 앙 사-봉 사 삘리삐-나스]
필리핀에는 투계(닭싸움) 가 매우 인기가 있습니다.

Magtéténis silá bukas.
[막테-테-니스 실라 부-까스]
그들은 내일 테니스를 할 것입니다.

Magping-pong tayo bukas ng umaga.
[막핑퐁 따-요 부-까스 낭 우마-가]
내일 아침 탁구를 합시다.

May malakíng sabungán sa bayang itó.
[마이 말라낑 사붕안 사 바-양 이또]
이 도시에는 큰 투계장이 있습니다.

Púpustá ka ba sa sabong bukas?
[뿌-뿌스따 빠 바 사 사-봉 부-까스?]
너는 내일 투계에 돈을 걸거냐?

Nanalo kamí sa larô ng básketból kahapon.
[나나-ㄹ로 까미 사 라-로' 낭 바-스껫볼 까하-뽄]
우리는 어제 농구경기에서 이겼습니다.

Natalo silá sa larô ng báliból kamakalawá.
[나따-ㄹ로 실라 사 라-로' 낭 바-ㄹ리볼 까마깔라와]
그들은 그저께 배구경기에서 졌습니다.

Manánálo tayo bukas.
[마나-나-ㄹ로 따-요 부-까스]
우리는 내일 이길 것이다.

Magbilyár tayo mámayáng gabí.
[막빌야르 따-요 마-마양 가비]
우리 오늘 저녁에 당구하자.

May líbángan ba kayó?
[마이 리-바-ㅇ안 바 까요?]
취미가 있습니까?

Anó ang líbángan mo?
[아노 앙 리-바-ㅇ안 모?]
너의 취미는 무엇이냐?

Ang líbángan ko ay pag-iipon ng mga selyo.
[앙 리-바-ㅇ안 꼬 빡이이-뽄 낭 망아 세-ㄹ요]
나의 취미는 우표수집입니다.

Nasísiyahán akó sa pakikiníg ng músiká.
[나시-시야한 아꼬 사 빠끼끼닉 낭 무-시까]
저는 음악 감상을 즐깁니다.

Gustó ko ang sine.
[구스또 꼬 앙 시-네]
저는 영화를 좋아합니다.

Pagbabasá ng aklát ang kanyáng líbángan.
[빡바바사 낭 아끌랕 앙 깐양 리-바-ㅇ안]
독서는 그의 취미입니다.

21

색, 색채

kulay[꾸-ㄹ라이]: 색, 색채, 색조

pulá[뿔라]: 적색(~의) , 빨간 색의

putî[뿌띠']: 흰색, 하얀 것, 백인

maputî[마뿌띠']: 흰색의, 하얀

putián[뿌띠안]: 희끄무레한

itím[이띰]: 검정색, 흑색, 검은

itimán[이띠만]: 거무스름한

asúl[아술]: 푸른, 푸른색의

diláw[딜라우]: 노랑(~의) , 황색(~의)

madiláw[마딜라우]: 노란색의, 황색의

gris[그리스]: 회색(~의)

kulay-abó[꾸-ㄹ라이 아보]: 회색

rosas[로-사스]: 장미, 분홍색(~의)

kulay-rosas[꾸-ㄹ라이 로-사스]: 분홍

kutis[꾸-띠스]: 피부색

kayumanggí[까유망기]: (피부) 갈색의

berde/luntî[베-르데/룬띠]: 녹색의, 초록의, 푸른 잎이 무성한, 신록의

kulay-biyoleta[꾸-ㄹ라이 비욜레-따]: 자줏빛, 자주색

kulay-kapé[꾸-ㄹ라이 까뻬]: 갈색, 커피색

kulay-dalandán[꾸-ㄹ라이 달란단]: 주황색

matingkád na asúl[마띵깓 나 아술]: 감색, 곤색

kulay-langit[꾸-ㄹ라이 라-ㅇ잍]: 하늘 색

kulay na asúl[꾸우-ㄹ라이 나 아술]: 푸른 색, 남청 색

kulay na magulang(matingkád) [꾸-ㄹ라이 나 마구-ㄹ랑(마띵깓)]: 짙은 색

kulay na mura[꾸-ㄹ라이 나 무-라]: 옅은 색

May kontíng kulay na pulá sa kanyáng mga pisngí.
[마이 꼰띵 꾸-ㄹ라이 나 뿔라‘ 사 깐양 망아 삐승이]
그의 양쪽 뺨은 약간 홍조를 띠고 있다.

Siyá ay isáng putî.
[시야 아이 이상 뿌띠‘]
그는 백인이다.

Pulá ang kulay ng kanyáng barò.
[뿔라 앙 꾸-ㄹ라이 낭 깐양 바-로‘]
그의 옷은 적색이다.

Nakasuót siyá ng damit na putî.
[나까수옽 시야 낭 다-밑 나 뿌띠‘]
그는 흰 옷을 입고 있다.

Maputî ang kanyáng buhók.
[마뿌띠‘ 앙 깐양 부홐]
그의 머리카락은 희다.

Maputî ang kutis ni Maria.
[마뿌띠‘ 앙 꾸-띠스 니 마리아]
마리아의 피부색은 희다.

Ang kanyáng balintatáw ay itím.
[앙 깐양 발린따따우 아이 이띰]
그의 눈동자는 흑색이다.

Paborito ko ang kulay na asúl.
[빠보리-또 꼬 앙 꾸-ㄹ라이 나 아술]
나는 푸른색을 좋아한다.

Ang mga Koreano ay nábíbilang sa madiláw na lahì.
[앙 망아 꼬레아-노 아니 나-비-빌랑 사 마딜라우 나 라-히‘]
한국 사람들은 황색인종에 속한다.

Diláw ang kanyáng paboritong kulay.
[딜라우 앙 깐양 빠보리-똥 꾸-ㄹ라이]
그가 좋아하는 색은 노란색이다.

Berdeng(Luntíng) damít ang suót niyá kahapon.
[베-르뎅(룬띵) 다밑 앙 수옽 냐 까하-뽄]
그가 어제 입은 것은 녹색 옷이다.

Ang bukid ay nakákalátan ngayón ng berdeng damó.
[앙 부-낃 아이 나까-까라-딴 ㅇ아욘 낭 베-르뎅 다모]
벌판은 지금 푸른 풀로 뒤덮여 있다.

Ang kutis ng karamihan ng Pilipino ay kayumanggí.
[앙 꾸-띠스 낭 까라미-한 낭 삘리삐-노 아이 까유망기]
대부분 필리핀 사람들의 피부색은 갈색이다.

Ang kulay-biyoleta ay pulá at asúl na pinaghalò.
[앙 꾸-ㄹ라이 비욜레-따 아이 뿔라 앝 아술 나 삐낙하-ㄹ로']
자주색은 빨강색과 푸른색이 섞인 것이다.

Anóng kulay na damít ang gustó mo?
[아농 꾸-ㄹ라이 나 다밑 앙 구스또 모?]
너는 무슨 색의 옷을 좋아하느냐?

Anó ang iyóng paboritong kulay?
[아노 앙 이용 빠보리-똥 꾸-ㄹ라이?]
너는 무슨 색을 좋아하느냐?

Maraming babae ay nagkúkúlay ng buhók.
[마라-밍 바바-에 아이 낙꾸-꾸-ㄹ라이 낭 부혹]
많은 여자들이 머리를 염색한다.

방향, 위치

gawî/dako[가위'/다-꼬]: 방향

lagáy[라가이]: 위치, 자리

lugár[루가르]: 장소, 위치, 공간, 자리

puwesto[뿌웨-스또]: 장소, 위(位)

silangan[실라-ㅇ안]: 동쪽

kanrulan[깐루-ㄹ란]: 서쪽

timog[띠-목]: 남쪽

hilagà[힐라-가']: 북쪽

itaás[이따아스]: 위, 위층

ibabâ[이바바']: 아래, 아래층

haráp/harapán[하랖/하라빤]: 앞, 전면

likód[리꼳]: 뒤, 뒷면

likurán[리꾸란]: 뒤, 뒤의 공간

kanan[까-난]: 오른쪽

kaliwâ[깔리와']: 왼쪽

loób[로옵]: 안

labás[라바스]: 밖

pagitan[빠기-딴]: 사이, 간격

gitnâ[기뜨나']: 한 가운데, 중앙

tabí[따비]: 옆

patungo sa[빠뚜-ㅇ오 사]: ~로 향해

deretso[데레-초]: 똑바로

gawíng(dakong) silangan[가윙(다-꽁) 실라-ㅇ안]: 동쪽 방향

Lumakad siyáng patungo sa hilagà.
[루마-깓 시양 빠뚜-ㅇ오 사 힐라-가']
그는 북쪽을 향해 걸었다.

Walàng lugár doón para sa mesa.
[왈랑 루가르 도온 빠-라 사 메-사]
거기에는 식탁 놓을 공간이 없다.

Nakuha ni Pedro ang unang puwesto sa páligsahan.
[나꾸-하 니 뻬-드로 앙 우-낭 뿌웨-스또 사 빠-ㄹ릭사한]
페드로는 시합에서 1등을 했다.

Itó'y lugár(puwesto) ko.
[이또이 루가르(뿌웨-스또) 꼬]
여기는 내 자리다.

Ang araw sa kanrulan lumúlubóg at sa silangan sumísíkat.
[앙 아-라우 사 깐루-ㄹ란 루무-ㄹ루복 앝 사 실라-ㅇ안 수미-시-깥]
해는 서쪽으로 지고 동쪽에서 뜬다.

Tumingín kayó sa kanan.
[뚜밍인 까요 사 까-난]
오른쪽을 보세요.

Siyá ay nasa itaás.
[시야 아이 나-사 이따아스]
그는 위층에 있다.

May plorera nasa itaás ng mesa.
[마이 쁠로레-라 나-사 이따아스 낭 메-사]
꽃병은 탁자 위에 있다.

Maupô kayó sa gitnâ ng sala.
[마우뽀' 까요 사 깉나' 낭 사-ㄹ라]
너희들은 거실 한 가운데에 앉아라.

Marumí ang loób ng kahóng iyán.
[마루미 앙 로옵 낭 까홍 이얀]
그 상자의 내부는 더럽다.

Nákíta mo ba ang haráp ng bagong gawáng bahay?
[나-끼-따 모 바 앙 하랖 낭 바-공 가왕 바-하이?]
너는 새로 건축된 집의 전면을 보았느냐?

Ang bahay niyá'y nasa harapán ng simbahan.
[앙 바-하이 니야이 나-사 하라빤 낭 심바-한]
그의 집은 교회 앞에 있다.

Sa tabí ng lago may bahay ko.
[사 따비 낭 라-고 마이 바-하이 꼬]
호수 옆에 나의 집이 있다.

Anó kayâ ang nasa likód ng medalya?
[아노 까야' 앙 나-사 리꼳 낭 메다-ㄹ랴?]
메달의 뒷면에는 과연 무엇이 있을까?

May mga aso nasa likurán ng bahay na iyón.
[마이 망아 아-소 나-사 리꾸란 낭 바-하이 나 이욘]
저 집의 뒤에는 개들이 있다.

Isáng linggó ang pagitan ng Paskó at Bagong Taón.
[이상 링고 앙 빠기-딴 낭 빠스꼬 앋 바-공 따온]
크리스마스와 설날 사이에는 일주일 간격이 있다.

Marumí ang ibabâ ng bahay.
[마루미 앙 이바바' 낭 바-하이]
집의 아래층은 지저분하다.

21

▶ 동물

aso[아-소]: 개(dog)

tutà[뚜-따']: 강아지

pusà[뿌-사']: 고양이

kutíng[꾸띵]: 새끼고양이

baboy[바-보이]: 돼지

biík[비익]: 새끼돼지

baka[바-까]: 암소

toro[또-로]: 황소

bisirong baka[비시-롱 바-까]: 송아지

baboy-ramó[바-보이 라모]: 산돼지

elepante[엘레빠-ㄴ떼]: 코끼리

kalabáw[깔라바우]: 물소

oso[오-소]: 곰

tigre[띠-그레]: 호랑이

león[레온]: 사자

unggóy[웅고이]: 원숭이

usá[우사]: 사슴

kabayo[까바-요]: 말

kambíng[깜빙]: 염소

tupa[뚜-빠]: 양

dagâ[다가']: 쥐

lobo[로-보]: 늑대

kuneho[꾸네-호]: 토끼

buwaya[부와-야]: 악어

ahas[아-하스]: 뱀

butikî[부띠끼']: 집 도마뱀

palakâ[빨라까']: 개구리

balyena[발예-나]: 고래

patíng[빠띵]: 상어

pawikan[빠위-깐]: 거북

langgám[랑감]: 개미

bisirong kabayo[비시-롱 까바-요]: 망아지

Nag-áalagà akó ng sampúng baboy.
[낙아-알라-가' 아꼬 낭 삼뿡 바보이]
나는 돼지 10마리를 기르고 있다.

Limá ang kutíng ng aming pusà.
[리마 앙 꾸띵 낭 아-밍 뿌-사']
우리 고양이는 새끼가 5마리다.

Nagpakain akó sa mga pusà at aso.
[낙빠까-인 아꼬 사 망아 뿌-사' 앝 아-소]
나는 고양이와 개들에게 먹이를 먹게 했다.

Bakit kayâ kumákahól ang asong iyón?
[바-낕 까야' 꾸마-까홀 앙 아-송 이욘?]
저 개는 도대체 왜 짖고 있는 거야?

Tumátahól ang aso sa isáng di-kilalá.
[뚜마-따홀 앙 아-소 사 이상 디 낄랄라]
개는 낯선 사람에게 짖는다.

Alíng aso ang kumagát sa iyó?
[알링 아-소 앙 구마같 사 이요?]
어느 개가 너를 물었느냐?

Kinagát akó ng asong iyón.
[끼나같 아꼬 낭 아-송 이욘]
저 개가 나를 물었습니다.

Itabóy mo ang pusang iyón.
[이따보이 모 앙 뿌-상 이욘]
저 고양이를 쫓아 버려라.

21

Magdamág na tumahól ang tutà.
[막다막 나 뚜마홀 앙 뚜-따']
그 강아지는 밤새도록 짖어댔다.

Natátákot siyá sa toro.
[나따-따-꼳 시야 사 또-로]
그는 황소를 무서워 합니다.

Mahilig akó sa pagtakbó ng kabayo.
[마히-ㄹ릭 아꼬 사 빡딱보 낭 까바-요]
나는 승마를 좋아합니다.

Pinakain niyá ang mga baboy.
[삐나까-인 니야 앙 망아 바-보이]
그는 돼지들에게 먹이를 먹였다.

Binigyán din niyá ng pagkain ang mga bibe.
[비닉얀 딘 니야 낭 빡까-인 앙 망아 비-베]
그는 오리들에게도 역시 먹이를 주었다.

Pagkatapos kong pakainin ang baboy ay pakákaínin ng damó ang baka.
[빡까따-뽀스 꽁 빠까이-닌 앙 바-보이 아이 빠까-까이-닌 낭 다모 앙 바-까]
돼지를 먹이고 난 다음 소에게 풀을 먹이겠다.

Ang kabayo ay nakatátakbó nang matulin.
[앙 까바-요 아이 나까따-딱보 낭 마뚜-ㄹ린]
말은 빨리 달릴 수 있다.

nakatátakbó[나까따-딱보]: 달릴 수 있다.(현재형)
makatátakbó[마까따-딱보]: 달릴 수 있을 것이다.(미래형)
nakatakbó[나까딱보]: 달릴 수 있었다.(과거형)
부정사형은 makatakbó[마까딱보]

"maka~"는 "할 수 있다."는 의미를 부여하는 능동사용 접두사.
makakain[마까까-인]: 먹을 수 있다.
makabilí[마까빌리]: 살 수 있다.
makatulog[마까뚜-ㄹ록]: 잘 수 있다.

Ang kalabáw ay kapakí-pakinabang na hayop na pang-araro sa palayan.
[앙 깔라바우 아이 까빠끼 빠끼나-방 나 하욥 나 빵아라-로 사 빨라-얀]
물소는 논에서 쟁기질하는데 매우 유용한 동물이다.

Ang pinakamalakíng hayop sa lupà ay elepante.
[앙 삐나까말라낑 하-욥 사 루-빠‘ 아이 엘레빠-ㄴ떼]
육지에서 가장 큰 동물은 코끼리다.

Nilulón siyá ng balyena.
[닐룰론 샤 낭 발예-나]
고래는 그를 삼켰다.

Pinatáy niyá ang langgám na pulá.
[삐나따이 니야 앙 랑감 나 뿔라]
그는 붉은 개미를 죽였다.

Bugawin mo ang salbaheng asong iyón.
[부가-윈 모 앙 살바-헹 아-송 이욘]
저 망할 놈의 개를 쫓아 버려라.

21

▶ 새, 곤충

ibon[이-본]: 새

ágilá[아-길라]: 독수리

manók[마녹]: 닭

inahín[이나힌]: 암탉

tandáng[딴당]: 수탉

bibi(bibe) [비-비(비-베)]: 오리

gansâ[간사']: 거위

kalapati[깔라빠-띠]: 비들기

loro[로-로]: 앵무새

maya[마-야]: 참새

pabo[빠-보]: 칠면조

layanglayang[라양라-양]: 제비

bubuyog[부부-욕]: 벌

lamók[라목]: 모기

langaw[라-ㅇ아우]: 파리

tutubí[뚜뚜비]: 잠자리

parúparó[빠루-빠로]: 나비

ipis[이-삐스]: 바퀴벌레

Ang ágilá ay malakí, matalino at matapáng na ibon.
[앙 아-길라 아이 말라끼, 마딸리-노 앝 마따빵 나 이-본]
독수리는 크고, 영리하고, 용감한 새다.

Marami akóng alagang ibá't ibáng urì ng ibon.
[마라-미 아꽁 알라-강 이밭 이방 우-리' 낭 이-본]
나는 여러 종류의 새들을 키우고 있다.

Nag-áalagà akó ng kalapati para ipagbilí.
[낙아-알라-가' 아꼬 낭 깔라빠-띠 빠-라 이빡빌리]
나는 비들기를 팔기 위해 키우고 있다.

Bugawin mo ang mga langaw sa pagkain.
[부가-윈 모 앙 망아 라-ㅇ아우 사 빡까인]
음식에서 파리들을 쫓아 버려라.

Kinagát akó ng mga lamók kagabí.
[끼나갇 아꼬 낭 망아 라목 까가비]
나는 어젯밤에 모기들한테 물렸다.

Lumílipád maraming parúparó sa aming hardín.
[루미-리빧 마라-밍 빠루-빠로 사 아-밍 하르딘]
우리 정원에는 많은 나비들이 날아다니고 있습니다.

Humúhúni ang mga ibon sa punò.
[후무-후-니 앙 망아 이-본 사 뿌-노']
나무에서 새들이 지저귑니다.

Lumílipád ang mga bubuyog sa gitnâ ng mga bulaklák.
[루미-리빧 앙 망아 부부-욕 사 긷나' 낭 망아 불락락]
벌들이 꽃들 사이를 날라 다닙니다.

Kung saán nároón ang bubuyog ay nároón ang bulaklák.
[꿍 사안 나-로온 앙 부부-욕 아이 나-로온 앙 불락락]
벌이 있으면, 거기에는 꽃이 있다.

Maraming kulay ang parúparó.
[마라-밍 꾸-ㄹ라이 앙 빠루-빠로]
나비는 색깔이 여러 가지다.

Ibig ng batang ihuli ko siyá ng tutubí.
[이-빅 낭 바-땅 이후-ㄹ리 꼬 시야 낭 뚜뚜비]
그 아이는 내가 잠자리를 잡아 주기를 바라고 있다.

Ibig kong lipulin ang mga ipis sa aking bahay.
[이-빅 꽁 리뿌-ㄹ린 앙 망아 이-삐스 사 아-낑 바-하이]
내 집의 바퀴벌레들을 박멸하고 싶습니다.

Maipis ang bahay namin.
[마이-삐스 앙 바-하이 나-민]
우리 집에는 바퀴벌레가 많아요.

21

▶ 과일

prutas[쁘루-따스]: 과일

bunga[부-ㅇ아]: 열매, 과일, 결실

lansones[란소-네스]: 란소네스

rambután[람부딴]: 람부탄

kamatis[까마-띠스]: 토마토

mansanas[만사-나스]: 사과

saging[사-깅]: 바나나

buko[부-코]: (덜 익은) 코코넛

niyóg[니욕]: (익은) 코코넛

ubas[우-바스]: 포도

manggá[망가]: 망고

dalandán[달란단]: 귤

papaya[빠빠-야]: 파파야

pinyá[삔야]: 파인애플

durián[두리안]: 두리안

pakwán[빡완]: 수박

kalamansî[깔라만시']: 깔라만시

igos[이-고스]: 무화과

kaimito[까이미-또]: 까이미토

bayabas[바야-바스]: 구와바

langkâ[랑까']: jackfruit

manggustán[망구스딴]: 망고스틴

atis[아-띠스]: custard apple

suhà[수-하']: 필리핀 자몽

limón[리몬]: 레몬

santól[산똘]: 산톨

Malinamnám ang durián, mabahò man.
[말리남남 앙 두리안, 마바-호' 만]
두리안은 냄새는 지독하지만 맛은 좋다.

Magkano isáng kilo ng kamatis?
[막까-노 이상 끼-ㄹ로 낭 까마-띠스]
토마토 1키로에 얼마예요?

Bigyán mo akó dalawáng kilo ng lansones.
[빅얀 모 아꼬 달라왕 끼-ㄹ로 낭 란소-네스]
란소네스 2키로 주세요.

Nagkakáhalagá ng sampúng piso ang isáng mansanas.
[낙까까-할라가 낭 삼뿡 삐-소 앙 이상 만사-나스]
사과 한 개는 10 페소의 가격입니다.

Hiláw pa ang pinyáng itó.
[힐라우 빠 앙 삔양 이또]
이 파인애플은 아직 안 익었어요.

Hinóg ba ang pakwáng iyán?
[히녹 바 앙 빡왕 이얀?]
그 수박 잘 익었어요?

Bíbilhín ko ang pakwán iyán.
[비-빌힌 꼬 앙 빡완 이얀]
그 수박 사겠습니다.

Ang manggáng iyón ay mánibaláng.
[앙 망강 이욘 아이 마-니발랑]
저 망고는 설익었어요.

Anó ang iyóng paboritong prutas?
[아노 앙 이용 빠보리-똥 쁘루-따스?]
너가 좋아하는 과일은 무엇이냐?

Anó pô ang inyóng paboritong prutas?
[아노 뽀' 앙 인용 빠보리-똥 쁘루-따스?]
좋아하시는 과일은 무엇입니까?

21

Ang manggá ay aking paboritong prutas.
[앙 망가 아이 아-낑 빠보리-똥 쁘루-따스]
망고는 내가 좋아하는 과일입니다.

Talagáng matamís ang hinóg na rambután.
[딸라강 마따미스 앙 히녹 나 람부딴]
잘 익은 람부탄은 아주 달아요.

Maraming bitamina C sa kalamasî.
[마라-밍 비따미-나 씨 깔라만시']
칼라만시에는 비타민 C가 많습니다.

May ibá-ibáng klase ng saging sa Pilipinas.
[마이 이바 이방 끌라-세 낭 사-깅 사 삘리삐-나스]
필리핀에는 여러 종류의 바나나가 있다.

Sobra ang asim ng hiláw na suhà.
[소-브라 앙 아-심 낭 힐라우 나 수-하']
익지 않은 필리핀 자몽은 무척 십니다.

Masaráp na masaráp ang hinóg na manggá.
[마사랍 나 마사랍 앙 히녹 나 망가]
익은 망고는 정말 맛있습니다.

Iláng kilo ang buwíg ng saging na itó?
[일랑 끼-ㄹ로 앙 부윅 낭 사-깅 나 이또?]
이 바나나 다발은 몇 킬로 나갑니까?

Ang mansanas ay mas matamís kaysá limón.
[앙 만사-나스 아이 마스 마따미스 까이사 리몬]
사과는 레몬보다 달다.

Nag-ani silá ng masaganang prutas noóng isáng taón.
[낙아-니 실라 낭 마사가-낭 쁘루-따스 노옹 이상 따온]
그들은 작년에 과일을 풍성하게 수확했습니다.

Kung anó ang punò, siyá ang bunga.
[꿍 아노 앙 뿌-노', 시야 앙 부-ㅇ아]
그 나무에 그 열매가 열린다.(부전자전)

곡식

bigás[비가스]: 쌀

palay[빠-ㄹ라이]: 벼

kanin[까-닌]: 밥

patatas[빠따-따스]: 감자

kamote[까모-떼]: 고구마

trigo[뜨리-고]: 밀

maís[마이스]: 옥수수

bins[빈스]: 콩

manî[마니']: 땅콩

Magkano ang isáng sakong bigás?
[막까-노 앙 이상 사-꽁 비가스]
쌀 한 포대에 얼마예요?

Lumálakí ang palay sa palayan.
[루마-라끼 앙 빠-ㄹ라이 사 빨라-얀]
논에는 벼가 자라고 있다.

Inani ng mga magsasaka ang kaniláng palay.
[인아-니 낭 망아 막사사-까 앙 까닐랑 빠-ㄹ라이]
농부들이 그들의 벼를 수확했습니다.

Ang harina ay galing sa trigo.
[앙 하리-나 아이 가-ㄹ링 사 뜨리-고]
밀가루는 밀로 만들어진다.

Ang galapóng ay galing sa bigás.
[앙 갈라뽕 아이 가-ㄹ링 사 비가스]
쌀가루는 쌀로 만들어진다.

Isinásáing ko ang bigás na binilí kaninang umaga.
[이시나-사-잉 꼬 앙 비가스 나 비닐리 까니-낭 우마-가]
나는 오늘 아침에 산 쌀로 밥을 짓는 중이다.

Ang kanin ay pángunahíng pagkain sa atin.
[앙 까-닌 아이 빠-ㅇ우나힝 빡까-인 사 아-띤]
밥은 우리에게 주된 음식(main dish) 이다.

Talupan mo ang patatas at gayatin nang maliliít.
[딸루-빤 모 앙 빠따-따스 앝 가야-띤 낭 말릴리잍]
감자 껍질을 벗겨서 잘게 썰어라.

nang[낭]: 형용사를 부사로 의미를 변형시키는 부사용 조사
Ex) mabuti[마부-띠]: 좋은, 훌륭한 → nang mabuti: 열심히
maliít[말리잍]: 작은 → nang maliít: 작게, 잘게

maliliít[말릴리잍]: 형용사 어근의 첫음절을 반복하여 관련 명사가 복수라는 사실을 의미한다.

Matamís na matamís ang kamote itó.
[마따미스 나 마따미스 앙 까모-떼 이또]
이 고구마는 아주 달다.

Mahilig akó sa pinasingáw na maís.
[마히-ㄹ릭 아꼬 사 삐나싱아우 나 마이스]
나는 찐 옥수수를 좋아합니다.

Gustó kong kumain ng sinangág na manî.
[구스또 꽁 꾸마-인 낭 시낭악 나 마니']
볶은 땅콩을 먹고 싶습니다.

▶ 채소

petsay[뻬차-이]: 필리핀 배추

Baguio-petsay[바기오 뻬-차이]: 배추

repolyo[레뽀-ㄹ료]: 양배추

karot[까-롣]: 당근

pipino[삐삐-노]: 오이

kalabasa[깔라바-사]: 호박

litsugas[리추-가스]: 상추

kabutí[까부띠]: 버섯

sibuyas[시부-야스]: 양파

mustasa[무스따-사]: 겨자

pamintá[빠민따]: 후추

bawang[바-왕]: 마늘

labanós[라바노스]: 무

espinaka[에스삐나-까]: 시금치

luya[루-야]: 생강

talóng[딸롱]: 가지

labóng[라봉]: 죽순

toge[또-게]: 콩나물

sili[시-ㄹ리]: 고추(일반적 통칭)

murang sibuyas[무-랑 시부-야스]: 파

ampalayá[암빨라야]: 여주

singkamás[싱까마스]: 순무뿌리

sitaw[시-따우]: 줄기 콩

gulay[구-ㄹ라이]: 야채

siling-habà[시-ㄹ링 하-바‘]: (길게 생긴) 고추

siling-labuyò[시-ㄹ링 라부-요‘]: (작고 매운 야생) 고추

pusò ng saging[뿌-소‘ 낭 사-깅]: 바나나 꽃

21

Maraming gulay sa palengke.
[마라-밍 구-ㄹ라이 사 빨레-ㅇ께]
시장에 채소가 많습니다.

Magkano ang kalahating kilong repolyo?
[막까-노 앙 깔라하-띵 끼-ㄹ롱 레뽀-ㄹ료?]
양배추 반 킬로에 얼마입니까?

Magkano ang labanós sa isáng kilo?
[막까-농 앙 라바노스 사 이상 끼-ㄹ로?]
무는 1 킬로에 얼마예요?

Kailangan ko ang tatlóng kilong sibuyas.
[까일랑-ㅇ안 꼬 앙 따뜰롱 끼-ㄹ롱 시부-야스]
나는 양파 3 킬로가 필요합니다.

Saganà sa talóng ang aming nayon.
[사가-나' 사 딸롱 앙 아-밍 나-욘]
우리 마을은 가지가 풍부하다.

Namímilí akó ng gulay sa tindahang itó nang lagì.
[나미-밀리 아꼬 낭 구-ㄹ라이 사 띤다-항 이또 낭 라-기']
나는 항상 이 가게에서 채소를 삽니다.

Kailangan ang Baguio-petsay para gumawâ ng Kimchi.
[까일라-ㅇ안 앙 바기오 뻬-차이 빠라 구마와' 낭 킴치]
김치를 만들기 위해 배추가 필요합니다.

Ang bawang, Baguio-petsay, pulbós ng puláng sili at patís ay mga pinakaimportanteng sangkáp para sa Kimchi.
[앙 바-왕, 바기오 뻬-차이, 뿔보스 낭 뿔랑 시-ㄹ리 앋 빠띠스 아이 망아 삐나까임뽀따-ㄴ뗑 상깝 빠-라 사 킴치]
마늘, 배추, 고춧가루 그리고 생선액젓은 김치에 있어서 가장 중요한 재료들이다.

Kumákáin ang mga Koreano ng maraming gulay na sariwà.
[꾸마-까-인 앙 망아 꼬레아-노 낭 마라-밍 구-ㄹ라이 나 사리-와']
한국 사람들은 신선한 채소를 많이 먹는다.

Anó ang mga paboritong gulay sa mga Pinóy?
[아노 앙 망아 빠보리-똥 구-ㄹ라이 사 망아 삐노이?]
필리핀 사람들은 무슨 채소들을 좋아합니까?

Ang mga Koreano ay gustóng kumain ng karnéng binalot ng dahon ng litsugas.
[앙 망아 꼬레아-노 아이 구스똥 꾸마-인 낭 까르넹 비나-ㄹ롵 낭 다-혼 낭 리추-가스]
한국 사람들은 상추 잎으로 고기를 싸서 먹는 것을 좋아합니다.

생선

isdâ[이스다]: 생선

tilapyâ[띨라삐야']: 띨라삐야

pusít[뿌싵]: 오징어

hipon[히-뽄]: 새우

lapulapo[라뿌라-뽀]: 라푸라푸

talabá[딸라바]: 굴

dilis[디-ㄹ리스]: 멸치

pugita[뿌기-따]: 문어

sardinas[사르디-나스]: 정어리

patíng[빠띵]: 상어

alimango[알리마-ㅇ오]: 민물 게

alimasag[알리마-삭]: 바닷게

tuna[뚜-나]: 참치

bangús[방우스]: 방우스

oni/salungó[오-니/살룽오]: 성게

Mas malakí ang alimango kaysá alimasag.
[마스 말라끼 앙 알리마-ㅇ오 까이사 알리마-삭]
민물 게는 바닷게보다 크다.

21

Matiník ang bangús.
[마띠닉 앙 방우스]
방우스는 뼈가 많다.

Magkano ang tatlóng kilo ng pusít?
[막까-노 앙 따뜰롱 끼-ㄹ로 낭 뿌싵?]
오징어 3킬로에 얼마예요?

May tiník ng isdâ sa lalamunan ko.
[마이 띠닉 낭 이스다' 사 랄라무-난 꼬]
내 목에 생선 가시가 걸렸어요.

Bigláng nagmura ang presyo ng isdâ sa palengke.
[비글랑 낙무-라 앙 쁘레-쇼 낭 이스다' 사 빨레-ㅇ께]
갑자기 시장의 생선 가격이 내렸다.

Gustó mo ba ang pritong sardinas?
[구스또 모 바 앙 쁘리-똥 사르디-나스?]
튀긴 정어리를 좋아하느냐?

Gustó kong kumain ng pinasingáw na alimango.
[구스또 꽁 꾸마-인 낭 삐나싱아우 나 알리마-ㅇ오]
쪄서 요리한 민물 게를 먹고 싶습니다.

Nag-íihaw siyá ng hipon.
[낙이-이-하우 시야 낭 히-뽄]
그는 새우를 불에 굽고 있습니다.

Iihaw mo sa parilya ang tuna.
[이이-하우 모 사 빠리-ㄹ랴 앙 뚜-나]
참치를 석쇠로 구워라.

각종 단위

piso[삐-소]: 페소(필리핀 화폐단위)

séntimó[세-ㄴ띠모]: 센타보

gramo[그라-모]: 그램

kilo[끼-ㄹ로]: 킬로그램

onsa[오-ㄴ사]: 온스

libra[리-브라]: 파운드

litro[리-뜨로]: 리터

galón[갈론]: 갤런

tonelada[또넬라-다]: 톤

pulgada[뿔가-다]: 인치

talampakan[딸람빠-깐]: 피트

piyé[삐예]: 피트

yarda[야-르다]: 야드

milya[미-ㄹ야]: 마일

metro[메-뜨로]: 미터

kilómetró[낄로-메뜨로]: 킬로미터

ektarya[엑따-랴]: 헥타르

habà[하-바']: 길이

lapad/luwáng[라-빧/루왕]: 넓이, 폭

lalim[라-ㄹ림]: 깊이, 앞과 뒤의 길이

taás[따아스]: 높이, 키

timbáng[띰방]: 몸무게, 체중

piyéng parisukát(kuwadrado) [삐옝 빠리수깥(꾸왇라-도)]: 평방 피트

metrong parisukát(kuwadrado) [메-뜨롱 빠리수깥(꾸왇라-도)]: 평방 미터

pulgadang kúbiko[뿔가-당 꾸-비꼬]: 입방 인치

metrong kúbiko[메-뜨롱 꾸-비꼬]: 입방 미터

21

Sandaáng séntimó ay isáng piso.
[산다앙 세-ㄴ띠모 아이 이상 삐-소]
100센타보는 1페소이다.

Ibilí mo ngâ akó ng isáng kilong karníng-baboy.
[이빌리 모 ㅇ아‘ 아꼬 낭 이상 끼-ㄹ롱 까르닝 바-보이]
돼지고기 1킬로를 좀 사다 줘.

Bigyán mo akó ng dalawáng onsa ng pulbós na iyán.
[빅얀 모 아꼬 낭 달라왕 오-ㄴ사 낭 뿔보스 나 이얀]
그 가루를 2 온스만 줘.

Tumítimbáng akó ng sandaá't sampúng libra.
[뚜미-띰방 아꼬 낭 산다앝 삼뿡 리-브라]
나의 몸무게는 110파운드이다.

Ang kargada ay tumítimbáng ng dalawáng tonelada.
[앙 까르가-다 아이 뚜미-띰방 낭 달라왕 또넬라-다]
화물 무게는 2톤입니다.

Kailangan ko ang limáng yarda ng telang itó.
[까일라-ㅇ안 꼬 앙 리망 야-르다 낭 떼-ㄹ랑 이또]
나는 이 천으로 50야드가 필요합니다.

Gaano ang taás ng gusaling iyón?
[가아-노 앙 따아스 낭 구사-ㄹ링 이욘?]
저 건물의 높이는 얼마입니까?

Ang kotse ay tumátakbó ng apatnapúng milya isáng oras.
[앙 꼬-체 아이 뚜마-딱보 낭 아빹나뿡 미-ㄹ야 이상 오-라스]
그 차는 시간당 40마일로 달립니다.

Ang taás ko ay limáng talampakan at anim na pulgada.
[앙 따아스 꼬 아이 리망 딸람빠-깐 앝 아-님 나 뿔가-다]
나의 키는 5피트 6인치입니다.

Iláng kilómetró ang nilakad ninyó?
[일랑 낄로-메뜨로 앙 닐라-깓 닌요?]
당신들은 몇 킬로미터를 걸었습니까?

Iláng ektaryang lupà ang pinatamnán mo ng palay?
[일랑 엑따-랴 루-빠' 앙 삐나땀난 모 낭 빠-ㄹ라이?]
너는 몇 헥타르의 땅(논) 에 벼를 심었느냐?

Magkano isáng metrong parisukát(kuwadrado) ng loteng iyán?
[막까-노 이상 메-뜨롱 빠리수깥(꾸왇라-도) 낭 로-뗑 이얀?]
그 땅은 평방미터당 얼마입니까?

Anó ang lapad ng mesa?
[아노 앙 라-빧 낭 메-사?]
테이블의 폭은 얼마입니까?

개념상 작은 것에 대한 폭을 말할 때는 lapad를 사용한다.

Anó ang luwáng ng daán?
[아노 앙 루왕 낭 다안?]
도로의 폭은 얼마입니까?

Labindalawáng piyéng lapad ang silíd.
[라빈달라왕 삐옝 라-빧 앙 실릳]
그 방은 12피트의 폭입니다.

Ang lapad ng eruplano ay animnapúng talampakan.
[앙 라-빧 낭 에루쁠라-노 아이 아님나뿡 딸람빠-깐]
비행기의 폭은 60피트입니다.

Ang lalim ng prídyedér ay sampúng pulgada.
[앙 라-ㄹ림 낭 쁘리-제데르 아이 삼뿡 뿔가-다]
냉장고의 깊이는 10인치입니다.

Ang habà ng patpát ay isáng metro.
[앙 하-바' 낭 빹빹 아이 이상 메-뜨로]
지팡이의 길이는 1미터입니다.

Nag-order akó ng isáng galón ng mineral water.
[낙오-더 아꼬 낭 이상 갈론 낭 미네랄 워터]
생수 한 통(갤런)을 주문했습니다.

Bilangin mo ang iyóng pera bago ka bumayad.
[빌라-ㅇ인 모 앙 이용 뻬-라 바-고 까 부마-얃]
지불하기 전에 너의 돈을 세어봐라.

21

22 필리핀 더 알기

크리스마스 선물준비(실전회화)

〈**A, B:** 여성, 친구사이, 슈퍼마켓에서〉

A : Uy! Talagáng marami kang nag-shopping.
[우이! 딸라강 마라-미 깡 낙샤핑]
와! 정말 많이도 샀다.
Kahún-kahóng spaghetti, maraming pagkaing de lata at keso-de-bola ang binilí mo.
[까훈 까홍 스파게티, 마라-밍 빡까-잉 데 라-따 앗 께-소 데 보-ㄹ라 앙 비닐리 모]
네가 산 것들은 스파게티 박스들, 많은 캔 식품들과 치즈덩어리들이네.

B : Ipanréregálo sa mga empleyado ng kompanyá sa Paskó.
[이빤레-레가-ㄹ로 사 망아 엠쁠레야-도 낭 꼼빠냐 꼬 사 빠스꼬]
성탄절에 회사 직원들에게 줄 선물용이야.

ipang~[이빵]: "~용으로 쓰이게 되다"의 의미를 갖게하는 수동사용 접두사. 연결되는 단어의 첫 글자가 d, l, r, s, t인 경우 ipan[이빤]이 되고, b와 p인 경우 ipam[이빰]이 된다.

Pang-Notsebuena nilá.
[빵노체부에-나 닐라]
그 사람들의 성탄전야에 먹을 것들이지.

pang~[빵]: "~ 용, ~ 목적"의 의미를 갖게 하는 형용사용 접두사.

Notsebuena[노체부에-나]: 성탄전야

Bumilí akó sapagká't abalá ang asawa ko, e.
[부밀리 아꼬 사빡깥 아발라 앙 아사-와 꼬, 에]
남편이 바빠서 내가 샀어.

A : Siguradong mágugustuhán nilá iyán.
[시구라-동 마-구구스뚜한 닐라 이얀]
그 사람들 분명히 그거 좋아할거야.
Bastá pagkain, patók sa mga Pinóy.
[바스따 빡까-인, 빠똑 사 망아 삐노이]
음식이라면, 필리핀 사람들은 항상 고마워하거든.

B : Ikáw? Binilí mo na ba ang regalo?
[이까우? 비닐리 모 나 바 앙 레가-ㄹ로?]
너는? 이미 선물 샀어?

A : Hindî pa ngâ, e. Kasí, walâ pa akóng oras.
[힌디' 빠 ㅇ아', 에. 까시, 왈라' 빠 아꽁 오-라스]
아직 안샀어. 아직 시간이 없어서.
Malamáng pera na lang ang ibíbigáy ko.
[말라망 뻬-라 나 랑 앙 이비-비가이 꼬]
아마도 그냥 돈을 주게 될 거야.
Magpáparesérba akó ng maraming bagong perang papél sa bangko.
[막빠-빠레세-르바 아꼬 낭 마라-밍 바-공 뻬-랑 빠뻴 사 바-ㅇ꼬]
은행에 새 지폐를 많이 구해달라고 주문할 예정이지.

B : Kung sa bagay, mas práktikál iyón.
[꿍 사 바-가이, 마스 쁘라-ㅋ띠깔 이욘]
실제에 있어서도, 그것이 더 실용적이겠다.
Silá na ang bahalang bumilí ng gustó nilá.
[실라 나 앙 바하-ㄹ랑 부밀리 낭 구스또 닐라]
그들이 원하는 것을 스스로 알아서 사니까.
Sinú-sino ang bíbigyán mo?
[시누 시-노 앙 비-비그얀 모?]
누구누구에게 줄 예정이야?

22

A : Bukód sa kasambaháy, bíbigyán ko rin ang guwárdiyá, tagapag-deliver ng diyaryo, mineral water at LPG.
[부꼳 사 까삼바하이, 비-비그얀 꼬 린 앙 구와-르디야, 따가빡딜리버 낭 지야-료, 미네랄 워터 앝 엘피지]
가정부 외에도 경비원, 신문, 생수 그리고 엘피지 가스 배달하는 사람들에게나누어 줄 예정이야.

B : Ang dami palá!
[앙 다-미 빨라!]
정말 많다.

A : Oo. Pasasalamat iyón sa isáng taóng serbisyo nilá.
[오-오. 빠사살라-맡 이욘 사 이상 따옹 세르비-쇼 닐라]
응. 그것은 한 해 동안 그들의 봉사에 대한 감사의 표시야.

B : E, anó ang regalo sa mga batà?
[에, 아노 앙 레가-ㄹ로 사 망아 바-따'?]
그런데, 애들한테 주는 선물은 뭐야?

A : Karaniwan, pera rin.
[까라니-완, 뻬-라 린]
일반적으로 역시 돈이야.
Mahirap na siláng regaluhan ng damít.
[마히-랖 나 실랑 레갈루-한 낭 다밑]
그들에게 옷 선물하는 것은 어려워.
Dî ko alám kasí ang lakí ng damít, kung matagál ko na siláng hindî nákikita.
[디' 꼬 알람 까시 앙 라끼 낭 다밑, 꿍 마따갈 꼬 나 실랑 힌디' 나-끼끼따]
오랫동안 그들을 만나지 못했다면, 옷 치수를 모르니까.

B : Oo ngâ. Pera rin ang regalo ko sa mga batà pag Paskó.

[오-옹아'. 뻬-라 린 앙 레가-ㄹ로 꼬 사 망아 바-따' 빡 빠스꼬]

그래 맞아. 나도 크리스마스가 오면 애들한테 돈으로 선물해야지.

pag[빡] 또는 kapág[까빡]: 주기적으로 반복되는 특정한 날이나 행사 등에 대한 종속접속사로서 "~할 때는 항상, ~이 오면 항상, ~일 때는 항상, ~하기만 하면"의 의미를 갖는다.

Ex) Umáakyát akó sa bundók pag Linggó.

[움아-아끼얏 아꼬 사 분독 빡 링고]

일요일이 오면 항상 등산한다.

Kapág nagágálit siyá, lumálabás akó sa silíd.

[까빡 나가-가-ㄹ릿 시야, 루마-라바스 아꼬 사 실릳]

그가 화를 내기만 하면, 나는 방을 나간다.

22

새해맞이(실전회화)

〈**A**: 외국인 남성 **B**: 필리핀 남성, 친구사이〉

A : Bakit ka nagmámadalî ng gayón?
[바-낕 까 낙마-마달리' 낭 가욘?]
왜 그렇게 서두르는 거야?
Alás dose pa namán ang medyanotse, ah.
[알라스 도-세 빠 나만 앙 메쟈노-체, 아-]
새해맞이 전야파티는 자정 12시잖아.

ah[아-]: 문장 끝에 붙여서 전체적인 내용을 강조, 확인하는 문미조사.

medyanotse[메쟈노-체]: 성탄전야 또는 새해 전날 밤 자정에 열리는 파티.

B : Alám ko. Pero ayoko lang abután tayo ng dilím sa daán.
[알람 꼬. 뻬-로 아요-꼬 랑 아부딴 따-요 낭 딜림 사 다안]
알고 있어. 그렇지만 길에서 우리가 어둠 속에 갇히는 것은 싫어.

A : Bakit namán?
[바-낕 나만?]
도대체 왜 그래?

B : Sa gabí kasí nagsísimulâ ang paputók.
[사 가비 까시 낙시-시물라' 앙 빠뿌똑]
밤이 되면 폭죽 터뜨리기가 시작되기 때문이야.

A : Anó 'yon?
[아노 욘?]
그게 뭔데?

B : Paputók ang karaniwang ginágámit ng mga Pilipino para gumawâ ng ingay.
[빠뿌똑 앙 까라니-왕 기나-가-밑 낭 망아 삘리삐-노 빠-라 구마와' 낭 이-ㅇ아이]
폭죽은 필리핀 사람들이 소리를 내기위해 통상적으로 사용하는 것이야.
Kaugalián na mag-ingay pag malapit nang magpalít ang taón.
[까우갈리안 나 막이-ㅇ아이 빡 말라-삩 낭 막빨맅 앙 따온]
해가 바뀌는 자정이 가까워 졌을 때 소리를 내게 하는 것은 풍습이지.

A : Bakit kailangang mag-ingay?
[바-낕 까일라-ㅇ앙 막이-ㅇ아이?]
무슨 이유로 소리를 내도록 해야 하는 거야?

B : Para itabóy ang masamáng espíritú at salubungin ang suwerte ng bagong taón.
[빠-라 이따보이 앙 마사망 에스삐-리뚜 앋 살루부-ㅇ인 앙 수웨-르떼 낭바-공 따온]
악한 영혼을 쫓아내고 새해의 행운을 맞이하기 위해서야.

A : Hindî ba delikado ang paputók?
[힌디' 바 델리까-도 앙 빠뿌똑?]
폭죽은 위험하지 않아?

B : Delikado ngâ. Maraming isinúsúgod sa ospitál dahil diyán.
[델리까-도 ㅇ아'. 마라-밍 이시누-수-곧 사 오스삐딸 다-힐 지얀]
정말 위험해. 그것 때문에 많은 사람들이 병원으로 급히 이송되지.
Napúputúlan ng mga dalirì o kamáy ang karaniwang kaso.
[나뿌-뿌뚜-ㄹ란 낭 망아 달리-리' 오 까마이 앙 까라니-왕 까-소]
보통의 경우에는 손가락들이나 손이 짤라져.
Paminsan-minsan pinagmúmulán pa iyán ng sunog.
[빠미-ㄴ산 미-ㄴ산 삐낙무-물란 빠 이얀 낭 수-녹]
때때로 화재의 원인이 되기도 해.

22

A : Sa palagáy ko, mas mabuting itigil ang paggamit ng paputók.
[사 빨라가이 꼬, 마스 마부-띵 이띠-길 앙 빡가-밑 낭 빠뿌똑]
내 생각에는, 폭죽 사용을 중단시키는 것이 더 좋겠다.

B : Sa palagáy ko rin, pero hindî madalíng alisín ang kaugalián.
[사 빨라가이 꼬 린, 뻬-로 힌디' 마달링 알리신 앙 까우갈리안]
내 생각에도 그렇지만 풍습을 없앤다는 것은 쉽지 않아.

A : Walâ bang ibáng puwedeng ipang-ingay?
[왈라' 방 이방 뿌웨-뎅 이빵이-ㅇ아이?]
소리를 내게 할 수 있는 다른 방법이 없을까?

B : Bakit walâ? Halimbawà, pag-ihip ng torotót o pagkalampág ng kaldero.
[바-낕 왈라'? 할림바-와' 빡이-힢 낭 또로똩 오 빡깔람빡 낭 깔데-로]
왜 없겠어? 예를 들면, 나팔 불기나 솥 두들기기 같은 거.

A : Mas mabuti iyón. Waláng disgrasya.
[마스 마부-띠 이욘. 왈랑 디스그라-샤]
그게 훨씬 좋겠다. 다치는 것도 없고.
OK, handâ na akó. Tayo na.
[오케이, 한다' 나 아꼬. 따-요 나]
자, 나 준비됐어. 가자.

아이 보는 여자(실전회화)

〈**A**, **B**: 여성, 친구 사이〉

A : Saán ka nakákúha ng yaya?
[사안 까 나까-꾸-하 낭 야-야?]
아이 보는 여자를 어디서 구할 수 있었어?

B : Nirekomenda ng kumare ko.
[니레꼬메-ㄴ다 낭 꾸마-레 꼬]
아이의 대모가 추천했어.
Mabuti nang nagbábantáy sa batà habang nasa trabaho akó.
[마부-띠 낭 낙바-반따이 사 바-따' 하-방 나-사 뜨라바-호 아꼬]
내가 일하는 동안 아이를 돌보고 있어서 좋아.

A : Magtátrabaho ka ba ulî?
[막따-뜨라바호 까 바 울리'?]
너 다시 일을 시작할 예정이야?(다시 회사에 나갈 예정이야?)

B : Oo, medyo matagál din akóng humintó sa pagtatrabaho at magsísimulâ ulî akó sa isáng buwán.
[오-오, 메-죠 마따갈 딘 아꽁 후민또 사 빡따뜨라바-호 앝 막시-시물라'울리' 아꼬 사 이상 부완]
응, 일 안한지 꽤 오래되기도 해서 다음 달에 다시 시작할 예정이야.
Sa kasalukuyan, sinásánay ko ang yaya sa routine na kailangan ng batà.
[사 까사루꾸-얀, 시나-사-나이 꼬 앙 야-야 사 루티-ㄴ 나 까일라-ㅇ안 낭 바-따']
지금은 아이 보는 여자에게 아이한테 일상적으로 필요한 것들을 습득시키고 있는 중이야.

routine[루티-ㄴ]: "일상적인, 반복되는"의미의 영어 단어

22

A : Iláng taón na siyá?
[일랑 따온 나 시야?]
그 여자 지금 몇 살이야?

B : Mga tatlumpúng taón na.
[망아 따뜰룸뿡 따온 나]
30살 쯤 된 거 같아.

A : Kumustá namán siyá sa batà?
[꾸무스따 나만 시야 사 바-따'?]
그 여자, 아이한테 얼마나 잘하는데?

B : Mabuti ang pakikitungo niyá sa batà.
[마부-띠 앙 빠끼끼뚜-ㅇ오 니야 사 바-따']
아이에 대한 그 여자의 마음가짐이 좋아.
Maasikaso siyá at may malasakit.
[마아시까-소 시야 앝 마이 말라사-낕]
그녀는 잘 돌보고, 또 관심(흥미) 을 보여주고 있지.
Inóorásan niyá ang pagkain at pagtulog ng batà.
[인오-오라-산 니야 앙 빡까-인 앝 빡뚜-ㄹ록 낭 바-따']
아이의 식사시간과 잠자는 시간을 관리하고 있어.

A : Mukháng sanáy na siyá sa pag-aalagà.
[묵항 사나이 나 시야 사 빡아알라-가']
그녀는 아이 돌보는 일에 숙달되어 보여.

B : Sabi niyá, siyá ang nag-alagà ng mga nakababatang kapatíd sa probinsya.
[사-비 니야. 시야 앙 낙알라-가' 낭 망아 나까바바-땅 까빠띧 사 쁘로비-ㄴ샤]
그녀는 시골에서 동생들을 돌보았다고 얘기했어.
Namasukan din siyáng yaya noón.
[나마수-깐 딘 시양 야-야 노온]
그녀는 그 당시 아이 보는 여자의 일도 했었어.

A : Bihasa na ngâ.
[비하-사 나 ㅇ아‘]
매우 익숙하겠다.

B : At isá pang gustó ko sa kanyá, masáyáhin siyáng kausap.
[앝 이사 빵 구스또 꼬 사 깐야, 마사-야-힌 시양 까우-삽]
또 하나 마음에 드는 것은 대화 상대를 즐겁게 만들어.

A : Makúkúha ng anák mo ang magandáng ugalì ng yaya niyá.
[마꾸-꾸-하 낭 아낰 모 앙 마간당 우가-ㄹ리 낭 야-야 니야]
너의 아이는 자기를 보아 주는 여자의 좋은 성격을 닮겠다.

B : Panatag ang loób kong iwan ang anák ko sa kanyá.
[빠나-딱 앙 로옵 꽁 이-완 앙 아낰 꼬 사 깐야]
내 아이를 그녀에게 맡기는 것으로 마음을 굳혔어.
Hindî akó mag-áalalá sa kaligtasan niyá kahit walâ akó sa bahay.
[힌디‘ 아꼬 막아-알랄라 사 까릭따-산 니야 까-힡 왈라‘ 아꼬 사 바-하이]
내가 집에 있지 않아도 아이의 안전을 걱정하지 않을 수 있잖아.

A : Parang pangalawáng nanay.
[빠-랑 빵알라왕 나-나이]
마치 두 번째 엄마 같겠다.

B : Talagá.
[딸라가]
정말 그러네.

22

은퇴생활(실전회화)

〈**A** : 옛 직장 부하 직원, **B** : 은퇴자〉

B : Mabuti at bumista ka sa akin.
[마부-띠 앝 부미-스따 까 사 아-낀]
찾아 주어서 반갑네.

A : Kumustá pô ang buhay-retirado?
[꾸무스따 뽀' 앙 부-하이 레띠라-도?]
은퇴생활은 어떠십니까?

B : Nasísiyahán kamí sa balík-probinsya.
[나시-시야한 까미 사 발릭 쁘로비-ㄴ샤]
귀향했더니 우리는 즐겁네.

A : Talagáng mukháng masayá kayó, misis ninyó rin.
[뭌하 닌용 마사야, 미-시스 닌요 린]
정말 행복해 보이십니다, 사모님도 그렇고요.

rin[린] : din[딘]의 앞에 오는 단어의 마지막 철자가 모음일 경우 rin으로 변화한다.

din : 역시, 또한, 마찬 가지로

Anó pô ang ginágawâ araw-araw?
[아노 뽀' 앙 기나-가와' 아-라우 아-라우?]
매일매일 무얼 하십니까?

B : Nagtátaním kamí ng mga gulay at prutas.
[낙따-따님 까미 낭 망아 구-ㄹ라이 앝 쁘루-따스]
우리는 야채와 과일들을 재배하고 있다네.

Merón din kamíng maliít na mánúkan.
[메론 딘 까밍 말리잍 나 마-누-깐]
자그마한 닭장도 가지고 있지.

A : Walâ pa rin kayóng kupás sa kasipagan.
[왈라' 빠 린 까용 꾸빠스 사 까시빠-간]
부지런함은 아직도 변하지 않으셨습니다.

B : Sanáy kasí akó na laging may ginágawâ.
[사나이 까시 아꼬 나 라-깅 마이 기나-가와']
항상 일을 하는 것에 길들여져 있기 때문이지.
At lumálákad kamí sa aplaya tuwíng madalíng araw.
[알 루마-라-깓 까미 사 아쁠라-야 뚜윙 마달링 아-라우]
그리고 우리는 매일 이른 아침에 해변을 걷는다네.
At sakâ umáakyát sa bundók na iyón minsan sa isáng linggó.
알 사까' 움아-아꺌 사 분독 나 이욘 미-ㄴ산 사 이상 링고]
그리고 또 일주일에 한 번씩 저 산을 등산하고 있지.

A : Kayâ palá! Mukháng mas malusóg kayó kaysá noón.
[까야' 빨라! 묵항 마스 말루속 까요 까이사 노온]
그래서 그렇군요! 전보다 더 건강해 보이십니다.

B : Pag tumigil akó, pakiramdám ko lalû akóng manghíhinà.
[빡 뚜미-길 아꼬, 빠끼람담 꼬 랄루' 아꽁 망히-히-나']
뭔가 하지 않고 있으면, 더 약해질 것 같은 기분이 드네.

pag[빡]: ~때, ~하면, ~일 경우, 등을 의미하는 종속접속사

A : Mabuti pa kayó. Hawak ninyó na ang oras ninyó.
[마부-띠 빠 까요. 하-왁 닌요 나 앙 오-라스 닌요]
더 좋으시겠습니다. 시간을 원하는 대로 사용할 수 있어서요.
Puwede na kayóng magpahingá kahit kailán gustó ninyó.
[뿌웨-데 나 까용 막빠힝아 까-힡 까일란 구스또 닌요]
원하실 때는 언제든지 쉬실 수 있군요.

22

B : Iyán din ang akalà ko noóng una.
[이얀 딘 앙 아까-ㄹ라‘ 꼬 노옹 우-나]
처음에는 나도 그렇게 생각했었네.
Pero alám mo, nakapápágod din ang sobrang pahingá.
[뻬-로 알람 모, 나까빠-빠-곧 딘 앙 소-브랑 빠힝아]
그러나 너무 쉬기만 하는 것도 역시 피곤하다는 것을 알아 두게.
Kumustá namán kayó sa opisina?
[꾸무스따 나만 까요 사 오삐시-나]
사무실은 다들 잘 있는가?

A : Pareho pô ng dati. Araw-araw maraming ginágawâ.
[빠레-호 뽀‘ 낭 다-띠. 아-라우 아-라우 마라-밍 기나-가와’]
예전이나 마찬가지입니다. 매일매일 바쁩니다.

B : Ikumustá mo akó sa lahát sa opisina.
[이꾸무스따 모 아꼬 사 라핱 사 오삐시-나]
사무실 모두에게 안부 전해주게.

A : Opò. Úuwî na akó. Paalam na pô.
[오-뽀‘. 우-우위’ 나 아꼬. 빠아-ㄹ람 나 뽀‘]
예, 알겠습니다. 이제 돌아가겠습니다. 안녕히 계십시오.

임산부(실전회화)

〈**A**: 임산부의 친구, **B**: 임산부〉

A : Mukháng malapit na 'yan, a.

[묵항 말라-삘 나 얀, 아]

그거 멀지 않은 것 같다.(곧 출산할거 같이 보여.)

'yan[얀]은 iyán[이얀]의 회화체용 줄임말

a[아]: 자신의 예상을 강조하는 문미조사

B : Mabigát na ngâ. Sabi ng O.B. ko, ngayóng linggó na raw.

[마비갇 나 ㅇ아'. 사-비 낭 오비 꼬, ㅇ아욘 링고 나 라우]

많이 무거워. 내 담당 산과의사 말이 요번 주 중이래.

O.B.: obstetrician(산과의사, 産科醫師)

raw[라우]: daw[다우](~라고 말하다.) 가 앞에 오는 단어의 마지막 철자가 모음일 경우 raw로 바뀐다.

Mabigát na ngâ.: 실제 발음은 [마비갇 낭아']이다

A : Siguradong sabík na sabík ang mga lolo't lola.

[시구라-동 사빅 나 사빅 앙 망아 로-ㄹ롵 로-ㄹ라]

틀림없이 할아버지와 할머니가 무척 흥분해 계시겠다.

B : Oo ngâ. Unang apó itó, e.

[오-오 ㅇ아'. 우-낭 아뽀 이또, 에]

정말 그래. 첫 번째 손자이니까.

Oo ngâ.: 실제 발음은 [오–옹아']이다

A : May pangalan na ba?

[마이 빵아-ㄹ란 나 바?]

이름은 이미 가지고 있어?

22

B : Merón na. Sunód sa pangalan ng lolo't tatay niyá.
[메론 나. 수놑 사 빵아-ㄹ란 낭 로-ㄹ롵 따-따이 니야]
가지고 있지. 아이의 할아버지와 아버지의 이름을 따랐어.
Sana magmana sa kabáitan ng lolo at kasipagan ng tatay niyá.
[사-나 막마-나 사 까바-이-딴 낭 로-ㄹ로 앋 까시빠-간 낭 따-따이 니야]
할아버지의 온화한 마음씨와 아버지의 부지런함을 물려받았으면 좋겠는데.

A : Waláng duda.
[왈랑 두-다]
의심할 여지가 없지.
Saán ka mangánganák?
[사안 까 망아-ㅇ아낙?]
출산은 어디서 할 예정이야?

B : Sa Ospitál ng Maynila. Doón din nagpápa-check up.
[사 오삐스딸 낭 마이니-ㄹ라. 도온 딘 낙빠-빠첵엎]
마닐라 병원이야. 거기에서 (태아) 검사도 역시 받아 오고 있어.(태아 검사를 시키고 있어.)

magpa~: "사역"의 의미를 부가하는 능동사용 접두사

Ex) Nagpápapagawâ siyá ng bahay.
[낙빠-빠가와' 시야 낭 바-하이]
그는 집을 짓도록 (다른 사람들에게) 시키고 있다.
Nagpainit akó ng kuwarto.
[낙빠이-닡 아꼬 낭 꾸와-르또]
나는 방을 따뜻하게 하라고 시켰다.

A : Kumustá ang pagbubuntís mo?
[꾸무스따 앙 빡부분띠스 모?]
태아상태는 어때?

B : Sa awà ng Diyós, hindî maselan ang pagbubuntís ko.
[사 아-와' 낭 지요스, 힌디' 마세-ㄹ란 앙 빡부분띠스 꼬]
하느님의 가호 덕분에 태아에 특별한 문제는 없어.
Normál din daw mailálabás ang batà.
[노르말 딘 다우 마일라-ㄹ라바스 앙 바-따']
아기는 정상으로 분만될 거라고도 말했어.

A : Mabuti namán. E, paano pagkapanganák mo?
[마부-띠 나만. 에, 빠아-노 빡까빵아낙 모?]
정말 다행이다. 그런데, 출산 후에는 어떻게 할 거야?

pagka~: "~ 후에, ~를 하고 나서"의 의미를 갖게 하는 종속접속사용 접두사.
Ex) pagkatapos ng ~[빡까따-뽀스 낭]: ~를 끝내고 나서
pagkamisa[빡까미-사]: 미사 후에
pagkakain[빡까까-인]: 식사 후에

B : Títígil muna sa amin si Nanay nang iláng linggó.
[띠-띠-길 무-나 사 아-민 시 나-나이 낭 일랑 링고]
우선은 엄마가 몇 주일간 우리한테 머무르기로 하셨어.
Magpápaturò akó sa kanyáng mag-alagà at magpaligò ng batà.
[막빠-빠뚜-로' 아꼬 사 깐양 막알라-가' 앋 막빠리-고' 낭 바-따']
아기 돌보고 또 목욕 시키고 하는 거를 가르쳐 달라고 할 예정이야.

A : Masuwerte ka. May tútúlong sa iyó.
[마수웨-르떼 까. 마이 뚜-뚜-ㄹ롱 사 이요]
너는 복이 많구나. 너를 도와줄 사람이 있어서.

B : Masayá akó na magprisintá siyá.
[마사야 아꼬 나 막쁘리신따 시야]
엄마가 스스로 해 주신다고 하시니까 나는 마음이 놓여.
Ganyán daw ang mga nanay, "Iná na Laging Saklolo".
[간얀 다우 앙 망아 나-나이. "이나 나 라-깅 사끌로-ㄹ로]
"어머니는 영원한 조력자다."라고 엄마들은 그렇게 말씀하시지.

22

A : Sinabi mo pa. Magpápasúso ka ba?
[시나-비 모 빠. 막빠-빠수-소 까 바?]
네 말이 맞아. 아기는 모유로 키울 거야?

B : Oo. Gustó kong magpasuso hanggáng puwede.
[오-오. 구스또 꽁 막빠수-소 항강 뿌웨-데]
응, 할 수 있는데까지 모유로 키우고 싶어.
Para magíng malusóg ang anák ko at malapit sa akin.
[빠-라 마깅 말루속 앙 아낙 꼬 앝 말라-삩 사 아-낀]
내 아이가 건강해지고 또 나와 친밀해지기 위해서야.
Mabuting paraán din iyón para bumalík ang timbáng ko sa dati.
[마부-띵 빠-라안 딘 이욘 빠-라 부말릭 앙 띰방 꼬 사 다-띠]
그것은 예전의 내 몸무게로 돌아가는데 역시 좋은 방법이잖아.

A : Sang-ayon akó riyán. At walâ pang gastós.
[상 아-욘 아꼬 리얀. 앝 왈라' 빵 가스또스]
거기에는 나도 찬성이야. 또 추가되는 비용도 없잖아.

riyán[리얀]: 앞 단어의 마지막 철자가 모음인 관계로 발음의 편의상 diyán[지얀]이 변화한 것임.

B : Oo ngâ palá. Náhuhuli ang apat na ibon sa pamamagitan ng isáng bató.
[오-옹아' 빨라. 나-후훌리 앙 아-빹 나 이-본 사 빠마마기-딴 낭 이상 바또]
정말 그래. 1석4조인 셈이지.

성묘일(실전회화)

천주교의 축일인 All Saints' Day(모든 성인의 날, 11월 1일) 은 필리핀어로 Undás[운다스] 또는 Undrás[운드라스]라고 한다.

이날은 가족 모두가 조상의 묘소를 찾아가는 성묘일로서 객지에 나가 있던 가족들도 대부분 고향으로 내려오는 큰 명절중 하나이다.

〈**P: Pinóy**(필리핀인) , **D: Dayuhan**(외국인) 〉

D : Mga araw na itó napansín ko, nagtítindá ng maraming bulaklák. Bakit?
[망아 아-라우 나 이또 나빤신 꼬 낙띠-띤다 낭 마라-밍 불락락. 바-낕?]
요즈음 꽃을 많이 팔고 있다는 느낌이 들어. 왜?

P : Malapit na kasí ang Undás.
[말라-삗 나 까시 앙 운다스]
운다스가 며칠 안 남았기 때문이야.

D : Anó ang Undás?
[아노 앙 운다스?]
운다스가 뭔데?

P : Iyón ang Araw ng mga Patáy.
[이욘 앙 아-라우 낭 망아 빠따이]
그건 "돌아가신 분들의 날"이라는 뜻이야.
Ipinagdárasál namin ang káluluwá ng mga namatáy na kamag-anak.
[이삐낙다-라살 나-민 앙 까-ㄹ룰루와 낭 망아 나마따이 나 까-막 아-낙]
돌아가신 일가친척들의 영혼을 위해 기도해.
At bumíbisíta kamí sa sementeryo.
[앋 부미-비시-따 까미 사 세멘떼-료]
그리고 공동묘지에 성묘를 가지.

D : Anó ang ginágawâ ninyó sa sementeryo?
[아노 앙 기나-가와' 닌요 사 세멘떼-료?]
공동묘지에서는 뭐 하는데?

P : Naglálagáy ng bulaklák sa ibabaw ng puntód at nagtítírik ng kandilà.
[낙라-라가이 낭 불락락 사 이바-바우 낭 뿐똗 앝 낙띠-띠-릭 낭 깐디-ㄹ라']
무덤위에 꽃을 놓고 초를 세워.

Maghapon kamí roón. Minsan hanggáng hatinggabí.
[막하-뽄 까미 로온. 미-ㄴ산 항강 하띵가비]
하루 종일 우리는 거기에 있어. 한 번은 자정까지도 있었어.

roón[로온]: 앞 단어의 마지막 철자가 모음인 관계로 발음의 편의상 doón[도온]이 변화한 것임.

D : Kailangan ninyóng dalhín ang pagkain at ínúmin, dî ba?
[까일라-ㅇ안 닌용 달힌 앙 빡까-인 앝 이-누-민, 디' 바?]
음식과 마실 거를 가져가야 하겠다. 안 그래?

P : Oo, at marami. Kasí piyesta rin ang Undás.
[오-오, 앝 마라-미. 까시 삐예-스따 린 앙 운다스]
맞아, 그것도 많이. 운다스도 축제일이거든.

At sakâ, marami namáng mabíbilhán sa paligid ng sementeryo.
[앝 사까' 마라-미 나망 마비-빌한 사 빨리-긷 낭 세멘떼-료]
그 뿐만이 아니고 공동묘지 주변에는 살 수 있는 곳도 매우 많아.

D : Siguradong matao at siksikan.
[시구라-동 마따-오 앝 식시-깐]
사람이 많아서 복잡하겠다.

P : Laging ganoón taún-taón.
[라-깅 가노온 따운 따온]
해마다 항상 그래.

D : Kailán ang Undás?
[까일란 앙 운다스?]
운다스는 언제야?

P : Tuwíng unang araw ng Nobyembre.
[뚜윙 우-낭 아-라우 낭 노비예-ㅁ브레]
매년 11월 첫날이야.

D : Mahalagá palá ang araw na 'yon.
[마할라가 빨라 앙 아-라우 나 욘]
그 날은 정말 의미 있는 날이구나.

대화에서 iyón[이욘]을 'yon[욘]으로 자주 사용한다. 또한 iyán[이얀]은 'yan[얀]으로 사용.

P : Kung gustó mo, sumama ka sa amin sa Undás.
[꿍 구스또 모, 수마-마 까 사 아-민 사 운다스]
마음이 내키면, 운다스 날에 우리하고 함께 가자.

D : Anóng araw ang unang araw ng Nobyembre?
[아농 아-라우 앙 우-낭 아-라우 낭 노비예-ㅁ브레]
11월 첫날이 무슨 요일이지?

P : Sábado, e.
[사-바도, 에]
토요일이야.

D : Nakú! Hindî akó puwede. May biyahe akó sa Maynila.
[나꾸! 힌디' 아꼬 뿌웨-데. 마이 비야-헤 아꼬 사 마이니-ㄹ라]
이런! 갈 수 없어. 마닐라로 가야 해.

P : Sayang!
[사-양!]
섭섭하네!

22

조문(실전회화)

〈**P: Pinóy**(필리핀인) , **D: Dayuhan**(외국인) , 관계: 친구) 〉

P : Púpuntá akó sa lamay mámayáng gabí.
[뿌-뿐따 아꼬 사 라-마이 마-마양 가비]
나는 오늘밤 장례 철야추모식에 갈려고 해.

D : Ha? Sino ang namatáy?
[하? 시-노 앙 나마따이?]
뭐라고? 누가 죽었는데?

P : Yung tatay ng kawaní ng kompanyá namin.
[융 따-따이 낭 까와니 낭 꼼빠냐 나-민]
돌아가신 분은 우리 회사의 직원 아버지야.

yung[융]은 영어의 정관사(the) 나 지시형용사(that) 와 같은 의미로서 대화중에 거론되는 대상을 말할 때 사용한다.

D : Anó ang ikinamatáy?
[아노 앙 이끼나마따이?]
왜 돌아 가셨는데?/무엇이 그를 죽게 했는데?

ika~ : 원인, 이유 중심의 수동사용 접두사

Ex) ikagulat: 놀라게 하다.
(과거: ikinagulat, 현재: ikinagúgúlat, 미래: ikagúgúlat)
Ikinagulat kong náriníg ang aksidente.
[이끼나구-ㄹ랃 꽁 나-리닉 앙 악시데-ㄴ떼]
그 사고 소식을 듣고 놀랏습니다.
Anó ang ikinagulat niyá?
[아노 앙 이끼나구-ㄹ랃 냐?]
무엇이 그를 놀라게 했습니까?

P : Atake ng pusò. Biglaan, e.
[아따-께 낭 뿌-소‘. 비글라-안, 에]
심장발작이야. 갑작스럽게도....

D : Saán nakaburol ang patáy?
[사안 나까부-롤 앙 빠따이?]
시신은 어디에 안치되어 있어?

P : Nakaburol sa kaniláng bahay na malapit dito. Sásáma ka ba?
[나까부-롤 사 까닐랑 바-하이 나 말라-삗 디-또. 사-사-마 까 바]
여기서 가까운 그들의 집에 안치되어 있어. 같이 갈래?

D : Oo ngâ. Sásáma akó.
[오-ㅇ아'. 사-사-마 아꼬]
그래. 같이 갈게.
Sino bíbigyán ko ng abuloy?
[시-노 비-빅얀 꼬 낭 아부-ㄹ로이]
조의금은 누구한테 줘야 해?

P : Iabót mo iyán sa biyuda o pinakamalapit na kamag-anak.
[이아볻 모 이얀 사 비유-다 오 삐나까말라-삗 나 까-막 아-낙]
미망인이나 가장 가까운 친척에게 주면 돼.

D : Okay, gágawín ko nang tulad ng sinabi mo.
[오케이, 가-가윈 꼬 낭 뚜-ㄹ랃 낭 시나-비 모]
알았어. 네가 말 한대로 할게.

22

필리핀 애국가

제목 : Lupang Hinirang[루-빵 히니-랑]: 사랑하는 조국

Bayang magiliw, perlas ng Silanganan, alab ng pusò sa dibdíb mo'y buháy.
[바-양 마기-ㄹ리우, 뻬-를라스 낭 실랑아-난 아-ㄹ랍 낭 뿌-소' 사 딥딥 모이 부하이]
사랑하는 조국, 동방의 진주, 그대 가슴 속 심장의 불은 타 오른다.

Lupang hinirang, duyan ka ng magiting, sa malulupig dî ka pasisiíl.
[루-빵 히니-랑, 두-얀 까 낭 마기-띵, 사 마루루-삑 디' 까 빠시시일]
사랑하는 조국, 용맹스런 영웅을 배출하여 침략자를 물리친다.

Sa dagat at bundók sa simoy at sa langit mong bugháw.
[사 다-같 앝 분독 사 시-모이 앝 사 라-ㅇ잍 몽 북하우]
바다와 산에는 산들바람이 불고, 그대의 하늘은 푸르다.

May dilág ang tulâ at awit sa paglayang minámahál.
[마이 딜락 앙 뚤라' 앝 아-윁 사 빡라-양 미나-마할]
소중한 자유를 칭송하는 시와 음악은 장엄하다.

Ang kisláp ng watawat mo'y tagumpáy na nagníningníng.
[앙 끼슬랖 낭 와따-왙 모이 따굼빠이 나 낙니-닝닝]
그대의 국기가 뿜어내는 광채는 찬란한 영광.

Ang bituín at araw niyá'y kailán pa ma'y dî magdídilím.
[앙 비뚜인 앝 아-라우 니야이 까일란 빠 마이 막디-딜림]
그것(국기) 의 별과 해는 영원히 꺼지지 않을 것이다.

Lupà ng araw, ng luwalhatì't pagsintá, buháy ay langit sa piling mo.
[루-빠' 낭 아-라우, 낭 루왈하-띹' 빡신따, 부하이 아이 라-ㅇ잍 사 삐-ㄹ링 모]
영광과 찬미와 사랑으로 가득 찬 조국, 천국의 행복이 그대 곁에 있으리.

Aming ligaya na pag may mang-aapi ang mamatáy nang dahil sa iyó.
[아-밍 리가-야 나 빡 망아아-삐 앙 마마따이 낭 다-힐 사 이요]
적이 쳐 들어오면, 그대를 위해 기꺼이 목숨을 바치리라.

필리핀 정부 부서 명칭

Pangulo
[빵우-ㄹ로]
대통령: President

Tanggapan ng Pangalawáng Pangulo
[땅가-빤 낭 빵알라왕 빵우-ㄹ로]
부통령실: Office of the Vice President(OVP)

Sangguniáng Pang-koordinasyón sa Pabahay at Pambayang Pagpapaunlád
[상구니앙 빵꼬오르디나숀 사 빠바-하이 앝 빰바-양 빡빠빠운랃]
주택 및 도시개발 조정 위원회
Housing and Urban Development Coordinating Council(HUDCC)

Kágawarán ng Ugnayang Panlabás
[까-가와란 낭 우그나-양 빤라바스]
외무부: Department of Foreign Affairs(DFA)

Tanggapan ng Kalihim Tagapagpaganáp
[땅가-빤 낭 깔리-힘 따가빡빠가낲]
국무총리실: Office of the Executive Secretary(OES)

Tanggapan ng Tagapagsalitâ ng Pangulo
[땅가-빤 낭 따가빡살리따' 낭 빵우-ㄹ로]
대통령 대변인실: Office of the Presidential Spokesperson(OPS)

Kágawarán ng Pananalapî
[까-가와란 낭 빠나날라삐']
재부부: Department of Finance(DOF)

Kágawarán ng Katárúngan
[까-가와란 낭 까따-루-ㅇ안]
법무부: Department of Justice(DOJ)

Kágawarán ng Interyór at Pámahalaáng Lokál
[까-가와란 낭 인떼리요르 앝 빠-마할라앙 로깔]
내무 및 지방자치부: Department of the Interior and Local Government(DILG)

Kágawarán ng Kalúsúgan
[까-가와란 낭 깔루-수-간]
보건부: Department of Health(DOH)

Kágawarán ng Pagsasaka
[까-가와란 낭 빡사사-까]
농무부: Department of Agriculture(DA)

Kágawarán ng Pagáwáing Bayan at Lansangan
[까-가와란 낭 빠가-와-잉 바-얀 앝 란사-ㅇ안]
공공사업 및 도로 관리부
Department of Public Works and Highways(DPWH)

Kágawarán ng Transportasyón at Komunikasyón
[까-가와란 낭 뜨란스뽀르따숀 앝 꼬무니까숀]
교통 통신부: Department of Transportation and Communications (DOTC)

Kágawarán ng Edukasyón
[까-가와란 낭 에두까숀]
교육부: Department of Education(DepEd)

Kágawarán ng Kagalingáng Panlipunan at Pagpapaunlád
[까-가와란 낭 까갈링앙 빤리뿌-난 앝 빡빠빠운랃]
복지 및 사회개발부
Department of Social Welfare and Development(DSWD)

Kágawarán ng Paggawâ at Empleyo
[까-가와란 낭 빡가와' 알 엠쁠레-요]
노동 및 고용부: Department of Labor and Employment(DOLE)

Kágawarán ng Pagbabadyet at Pamamahalà
[까-가라완 낭 빡바바-젵 앝 빠마마하-ㄹ라]
예산 계획 및 관리부: Department of Budget and Management (DBM)

Kágawarán ng Tanggulang Pambansâ
[까-가와란 낭 땅구-ㄹ랑 빰반사']
국방부: Department of National Defense(DND)

Kágawarán ng Aghám at Teknolohiya
[까-가와란 낭 아그함 앝 떽놀로히-야]
과학 기술부: Department of Science and Technology(DOST)

Kágawarán ng Repormang Pansakahán
[까-가와란 낭 레뽀-르망 빤사까한]
농지 개혁부: Department of Agrarian Reform(DAR)

Kágawarán ng Turismo
[까-가와란 낭 뚜리-스모]
관광부: Department of Tourism(DOT)

Kágawarán ng Kálakalán at Indústriyá
[까-가와란 낭 까-ㄹ라깔란 앝 인두-스뜨리야]
통상 산업부: Department of Trade and Industry(DTI)

Kágawarán ng Kapaligirán at Likás na Kayamanan
[까-가와란 낭 까빨리기란 앝 리까스 나 까야마-난]
환경 및 천연 자원부
Department of Environment and Natural Resources(DENR)

Kágawarán ng Enerhiyá
[까-가와란 낭 에네르히야]
에너지부: Department of Energy(DOE)

Komisyón sa Lalong Mataás na Edukasyón
[꼬미시욘 사 라-ㄹ롱 마따아스 나 에두까숀]
고등교육 관리 위원회: Commission on Higher Education(CHED)

필리핀 속담

Ang taong matiyagâ, nagkákamít ng biyayà.
[앙 따-옹 마띠야가', 낙까-까밑 낭 비야-야']
인내하는 자가 행운을 잡는다.

Ang sa ibá'y ginawâ mo, siyá ring gágawín sa iyó.
[앙 사 이바이 기나와' 모, 시야 링 가-가윈 사 이요]
다른 사람에게 베풀면, 그 만큼 돌아온다.

Ang kasipagan ay kapatíd ng kayamanan, ang katámáran ay kapatíd ng kagutuman.
[앙 까시빠-간 아이 까빠띧 낭 까야마-난; 앙 까따-마-란 아니 까빠띧 낭 까구뚜-만]
근면은 부와 형제이고, 게으름은 배고픔과 형제이다.

Kung anó ang itinaním ay ang siyáng áaníhin.
[꿍 아노 앙 이띠나님 아이 시양 아-아니-힌]
뿌린 대로 거둔다.

Kapág ang agos ay maingay, ang ilog ay mababaw.
Kapág ang tubig ay matining, ang ilog ay malalim.
[까빡 앙 아-고스 아이 마이-ㅇ아이, 앙 이-ㄹ록 아이 마바-바우; 까빡 앙 뚜-빅 아이 마띠-닝, 앙 이-ㄹ록 아이 말라-ㄹ림]
소리 내며 흐르는 강은 바닥이 얕고, 조용히 흐르는 강은 바닥이 깊다.

Huwág mong hatulan ang isáng aklát sa pamamagitan ng kanyáng pabalát.
[후왁 몽 하뚜-ㄹ란 앙 이상 아끌랕 사 빠마마기-딴 낭 깐양 빠발랕]
책 표지만 보고 책 내용을 판단하지 마라.

Lumílípas ang kagandahan nguni't hindî ang kabáítan.
[루미-리-빠스 앙 까간다-한 ㅇ우-닡 힌디' 앙 까바-이-딴]
아름다운 외모는 사라지지만 아름다운 마음씨는 사라지지 않는다.

Mabuti pa ang muntíng akin kaysá malakí ngâ ay habilin.
[마부-띠 빠 앙 문띵 아-낀 까이사 말라끼 ㅇ아' 아이 하비-ㄹ린]
죽어서 크게 남겨주는 유산보다 작아도 지금 받는 것이 더 좋다.

Saán ang gubat ay may ahas.
[사안 앙 구-밭 아이 마이 아-하스]
숲이 있는 곳에 뱀이 있다.

Kung saán nároón ang bubuyog ay nároón ang bulaklák.
[꿍 사안 나-로온 앙 부부-욕 아이 나-로온 앙 불락락]
벌이 있는 곳에 꽃이 있다.

Taong masalitâ, kulang sa gawâ.
[따-옹 마살리따', 꾸-ㄹ랑 사 가와']
말이 많은 사람은 실천력이 모자란다.

Mabuti pa ang nag-íisá kaysá may masamáng kasama.
[마부-띠 빠 앙 낙이-이사 까이사 마이 마사망 까사-마]
사이 나쁜 둘보다 혼자가 훨씬 낳다.

Mabuti pa ang maliít na dampâ kaysá malakíng gusalì na nakasanglâ.
[마부-띠 빠 앙 말리잍 나 담빠' 까이사 말라낑 구사-ㄹ리' 나 나까상라']
빚을 내 산 저택보다 작은 오두막에 사는 것이 훨씬 낫다.

Mabuti ang isáng ibiníbigáy na kaysá dalawáng ipagpabukas pa.
[마부-띠 앙 이상 이비니-비가이 나 까이사 달라왕 이빡빠부-까스 빠]
내일로 미루어진 두 개보다 지금 받는 한 개가 더 낫다.

22

Pag ikáw ay nagparaán, paráraanín namán.
[빡 이까우 아이 낙빠라안, 빠라-라아닌 까 나만]
너가 남에게 길을 양보 했다면, 너도 길을 양보 받을 것이다.

Pag ang batà'y barumbado, tumandá ma'y tarantado.
[빡 앙 바-따'이 바룸바-도, 뚜만다 마이 따란따-도]
버릇없이 자란 아이가 역시 염치를 모르는 어른이 된다.

ma'y: "man ay"의 줄임말

Pag madalíng tinipon, madalî ring matátápon.
[빡 마달링 띠니-뽄, 마달리' 링 마따-따-뽄]
쉽게 들어 온 것은 역시 쉽게 나가게 된다.

ring: rin + 연결어(na)

Papuri sa haráp, sa likód paglibák.
[빠뿌-리 사 하랖, 사 리꼳 빡리박]
면전에서 사탕발림하는 사람이 뒤에서는 험담한다.

Kung anó ang punò, siyá ang bunga.
[꿍 아노 앙 뿌-노', 시야 앙 부-ㅇ아]
그 나무에 그 열매가 열린다.(부전자전)